Intercambios

James M. Hendrickson

Spanish for Global Communication

Second Edition

Intercambios

James M. Hendrickson

Spanish for Global Communication

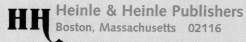

Second Edition

HH Heinle & Heinle Publishers
Boston, Massachusetts   02116

I(T)P **A division of International Thomson Publishing, Inc.**

New York • London • Bonn • Boston • Detroit • Madrid • Melbourne • Mexico City • Paris
Singapore • Tokyo • Toronto • Washington • Albany NY • Belmont CA • Cincinnati OH

The publication of **Intercambios 2/e** was directed by the members of the Heinle and Heinle College Spanish and Italian Publishing Team:

Vincent R. Di Blasi, Team Leader, Vice President of Sales & Marketing
Carlos Davis, Editorial Director
Patrice Titterington, Production Services Coordinator
Marisa Garman, Marketing Development Director

Also participating in the publication of this program were:

Publisher: *Stanley J. Galek*
Director of Production: *Elizabeth Holthaus*
Project Manager: *Kristin Swanson*
Interior and Cover Designer: *Jean Hammond*
Cover Art: *"Mundo," Alejandro Xul Solar, courtesy Galería Ramés Barquet, Monterrey, Mexico*
Illustrators: *Michael Keyes, Ellen J. Sasaki*

Hendrickson, James M.
    Intercambios : Spanish for global communication / James M. Hendrickson.
        p.   cm.
    Includes index.
    ISBN 0-8384-5954-4
    1. Spanish language—Textbooks for foreign speakers—English.
I. Title.
PC4129.E5H45   1994
468.2'461—dc20   94-26366
                                                   CIP

Manufactured in the United States of America
ISBN 0-8384-5954-4 Student

10   9   8   7   6   5   4   3   2

To my adventurous friends,
Verlen and Becky Kruger.

Intercambios: Spanish for Global Communication 2/e is a short, introductory language program. The main purposes of the program are to develop students' listening, reading, speaking and writing skills in Spanish and to help students become familiar with various Hispanic cultures as part of the world community. Highly integrated sections in the program provide many opportunities to learn and practice Spanish vocabulary, pronunciation and grammar in situations relevant to their lives.

What's New in the Second Edition?

Based on extensive feedback from many users of the first edition of **Intercambios,** the following changes have been made in this second edition to make the program even more useful and enjoyable.

New Features in the Textbook

- The multicultural global approach of the program was strengthened by including a wider diversity of ethnic and socio-economic settings and characters, and by adding a cultural spread, *Perspectivas*, at the end of each *Paso.*

- The reading passages in the *En contexto* sections have been rewritten to make them more linguistically and culturally authentic.

- The *Vocabulario esencial* sections were expanded to include additional vocabulary items and communication activities. In two of these sections, preterite forms of regular and several irregular verbs are presented as vocabulary to enable students to communicate early about recent activities in their lives.

- The sequence of structures presented in the *Gramática esencial* has been revised and additional examples have been provided. Grammar explanations are still concise. Some of the explanations now appear in shorter subsections to make learning and practicing them more manageable for students. Many new exercises and activities have been provided to develop students' accuracy and fluency in oral and written Spanish.

- The *Cultura* information in the culture boxes was completely updated. More than 75 percent of the text's cultural notes now appear in Spanish.

- A new culture section, entitled *Perspectivas,* was added after each *Paso* which provides interesting and culturally rich information pertinent to the geographical region presented in the *Paso.* Included in this new section are: *Imágenes,* a brief cultural reading with photos which provides highlights of the *Paso's* geographical location; *¡A leer!,* a popular section from the first edition designed to develop students' reading skills; and *¡A escribir!,* a new writing section presenting specific writing strategies and activities to help students develop their writing skills in Spanish using a process approach.

- The number of lessons in the *Intercambios 2/e* program has been reduced from 17 to 16 to make the program even more compact and flexible. The theme on global concerns and issues, however, has been retained as the culminating and central theme of the text's final lesson.

- New drawings depicting authentic situations have been added. The art program is designed to support the goal of communication and some illustrations are picture stories that can serve as a catalyst for speaking and writing practice.

- All the photographs in the text are now captioned in Spanish to provide additional cultural information and reading practice.

- A set of 30 full-color transparencies is integrated with the program and cross-referenced throughout the *Instructor's Annotated Edition.*

- The textbook is fully integrated and cross-referenced with the Spanish video series, *Mosaico cultural: Images from Spanish-speaking cultures* and with *Atajo,* a computerized writing assistant.

New in the Ancillary Program

- The *Instructor's Annotated Edition* contains over 50% more marginal notes on teaching suggestions, activity expansions, answers to close-ended exercises, cross-references to supplemental grammar explanations (*Gramática suplemental*) and communicative activities (*Extensión comunicativa*) in the *Worksheet Portfolio,* as well as to the transparency program, *Mosaico cultural* and *Atajo.*

- In the *Worksheet Portfolio,* *Extensión comunicativa* worksheets were added to provide speaking practice based on specific grammatical structures presented in the textbook. The worksheets, which were called *Extensión* in the first edition of the *Worksheet Portfolio,* provided additional **writing** practice of the main text's grammar points. These points have been relocated and integrated into the grammar section of the *Workbook/Laboratory Manual.* The *Gramática suplemental* worksheets, which were called *Ampliación* worksheets in the first edition, were completely revised and expanded for the second edition. The *Worksheet Portfolio* now contains country profiles consisting of a small map and a brief, up-to-date profile of each of the five Spanish-speaking regions presented in the text's *Pasos.*

- The *Workbook/Laboratory Manual* includes many new exercises and activities to develop students' proficiency in written Spanish and understanding spoken Spanish; it also includes the following new sections: *Gramática esencial,* which provides additional practice of the grammatical structures presented in the main text; and *¡A mirar!,* which is a new section consisting of activities designed to support and enhance the students' comprehension of *Intercambios's* new video series, *Mosaico cultural: Images from Spanish-speaking Cultures.* In addition, an optional self-check section, *Póngase a prueba,* was added near the end of each lesson in the workbook so that students can evaluate their progress and prepare for the corresponding lesson test or *Paso* examination. The audio portion of the *Póngase a prueba* section is located on a separate audiocassette, included with the laboratory tapes.

- The *Pronunciación esencial* sections now span one-half of the **Workbook/Laboratory Manual** and provide more practice of specific sounds in Spanish. The examples in this section now appear in a dialogue format and reflect the theme of the lesson.

- A set of 30 full-color **Overhead Transparencies** was added to help students learn and practice vocabulary items, grammatical structures and language functions presented in the textbook. Each transparency is cross-referenced at specific points in the **Instructor's Annotated Edition.**

- The **Testing Program** was revised to make it even more compatible with the **Intercambios 2/e** program.

- A new video series, **Mosaico cultural: Images from Spanish-speaking Cultures,** is fully integrated with and cross-referenced to supporting activities in the student text and the **Workbook/Laboratory Manual.**

- *Atajo,* a state-of-the-art writing assistant software program for Spanish, is fully integrated with and cross-referenced to specific writing activities in each lesson as well as to the new writing section, *¡A escribir!*, located in *Perspectivas* at the end of every *Paso.*

- An **Electronic Study Guide** is now available for purchase with **Intercambios 2/e.** Available in both DOS and MAC formats, the electronic study guide provides students with additional practice in grammar, vocabulary, writing and reading with feedback on specific functions from the text, as well as self-tests for every lesson.

Intercambios 2/e has several features that make it distinctive:

Global theme. The themes of cross-cultural communication, global awareness, international understanding and cultural pluralism are carefully integrated throughout the entire program. This multicultural approach to language acquisition and acculturation is evident in the dialogues, exercises, activities, quotations, cultural notes and realia.

Compactness. This program is ideal for short courses of Spanish. The authors have chosen to include only vocabulary commonly used in daily life situations, high-frequency grammatical structures and cultural information of the most interest and usefulness. In the **Laboratory Tape Program**, students practice the most troublesome sounds for native speakers of English.

Flexibility. The program's activity-based, cultural approach accommodates different teaching backgrounds and styles, levels of language proficiency, pedagogical preparation and classroom experience. The **Worksheet Portfolio** allows the instructor flexibility to expand grammar explanations, provide extra oral communicative practice of grammar presented in the text and utilize additional authentic readings. These worksheets are on blackline masters, ready to duplicate for classwork or homework. A correlation chart in the *Instructor's Annotated Edition* coordinates the *Portfolio* worksheets with the text material.

Textbook Organization

The textbook begins with a preliminary lesson that introduces students to the Hispanic world from a global perspective. It contains a sequence of exercises to acquaint students with world geography and the Hispanic world. This short lesson is followed by 15 additional lessons divided into five units (*Pasos*), each of which focuses on one geographical region: Mexico, Central America (Guatemala), South America (Chile), Hispanic United States (Los Angeles) and Western Europe (Spain). Each lesson in *Intercambios* contains the following major components:

- *Enfoque* lists the communicative goals, language functions, vocabulary themes, grammatical structures and cultural information of the lesson. This feature allows instructors and students to understand exactly what each lesson contains.

- *En contexto* provides diverse contexts for developing reading comprehension skills and acquiring linguistic and cultural insights. It consists of a dialogue in Spanish which forms the basis of a realistic story line set in a Spanish-speaking country or region. These dialogues, which incorporate the general theme of the *Paso* and the specific topic of the lesson, include vocabulary items and grammatical structures new to the lesson, as well as words, phrases and structures recycled from previous lessons. Cognates, photographs, line drawings, marginal glosses and special highlighting features facilitate comprehension of the language samples. Brief explanations in English of cultural aspects in the language samples appear in the *Notas de texto*. These cultural commentaries aid reading comprehension and provide a better understanding of the Hispanic world. Post-reading exercises (*¿Comprendió usted?*) evaluate students' comprehension of the language samples and encourage them to think about what they have read. Varied formats are used to check reading comprehension: question-answer, sentence completion, multiple choice, ranking and inference matching.

- *Vocabulario esencial* presents pictorial vocabulary displays of high-frequency words and phrases based on the lesson's theme. In *Practiquemos*, students practice this vocabulary in a variety of exercises and communicative activities to further develop their proficiency in Spanish. This vocabulary reappears in subsequent exercises and activities for purposes of reinforcement and retention.

- *Gramática esencial* usually introduces two major grammatical structures of Spanish that are explained clearly and concisely. The sentences given as examples relate to the lesson's theme, illustrate the explanations and further reinforce vocabulary and grammar presented in previous lessons. *Practiquemos* includes a sequence of exercises designed to manipulate a grammatical structure in various situational contexts, as well as exercises and activities to practice this structure in writing. These exercises are followed by oral communication activities with particular emphasis on pair work, small group work and imaginative problem solving.

- The *Cultura* sections provide insights into important social customs and traditions of native speakers of Spanish. This cultural information, which is closely related to the theme of the lesson, appears in different formats: quotations from famous Hispanics, puns, captioned cartoons, suggestions for travel abroad, descriptions of specific Hispanic customs and pictorial realia with captions and commentary.

- *Así se dice* is the end-of-lesson vocabulary list which includes only the words and idiomatic expressions in a lesson that students are expected to use when speaking and writing. This vocabulary, along with other words introduced to develop students' listening and reading comprehension skills, appears in the *Glosario inglés-español* and the *Glosario español-inglés* at the end of the textbook.

  Following each of the five *Pasos* is a section entitled *Perspectivas* which includes three subsections. First, *Imágenes* consists of photos and a brief reading whose themes focus on social, cultural, economic or political interactions between countries such as Thor Heyerdahl's voyage aboard the "Kon Tiki" from Peru to Easter Island and the North American Free Trade Agreement between Mexico, the United States and Canada. Second, *¡A leer!* consists of one or more strategies for developing reading comprehension skills in Spanish. Students learn first hand that reading is an active learning process that can help them read Spanish meaningfully and efficiently. This is followed by an authentic journalistic or literary reading passage thematically related to the *Paso* and a comprehension exercise. Third, *¡A escribir!* provides a strategy designed to help students develop their writing proficiency in Spanish. After the strategy is explained and modeled, students are given an opportunity to write on a theme related to chapter content. All of the *¡A escribir!* presentations are correlated with and complemented by the Spanish writing assistant software program, ***Atajo.***

How the Intercambios 2/e *Works: A Mutually Supportive Network of Learning Components*

- ***Intercambios 2/e*** student textbook
- The ***Workbook/Laboratory Manual*** provides additional practice in developing vocabulary and grammar usage, listening and reading comprehension and writing skills. The **Laboratory Manual** (and accompanying tape program) is designed to improve students' oral proficiency, with emphasis on learning strategies to understand and reproduce authentic oral discourse in Spanish. Presented throughout the **Laboratory Manual** are several marginal hints that suggest to the student areas to recall or review. Students may find them useful when completing the corresponding activities. A new optional, self-check

section, *Póngase a prueba,* is located near the end of every lesson in the ***Workbook/Laboratory Manual.*** This section allows the students to check their progress in the lesson while also providing additional practice of the material presented in the lesson. A separate ***Workbook Answer Key*** will be available to instructors.

- The ***Laboratory Tape Program*** accompanies the ***Workbook/Laboratory Manual*** and consists of approximately 30 minutes of listening practice per lesson. The tapes provide a variety of listening comprehension exercises and activities, in addition to pronunciation practice, to which students respond in the **Laboratory Manual.** The themes and functions are practiced with creative and meaningful listening tasks suitable for first-year students. The additional audio material presented in *Póngase a prueba* (an optional self-check section in the ***Workbook/Laboratory Manual***) is located on its own audiocassette and included in the Laboratory Tape Program. A complete transcript for the ***Laboratory Tape Program,*** including the *Póngase a prueba* section, is included in the ***Worksheet Portfolio.***

- The ***Worksheet Portfolio*** functions as an extension of the textbook. It contains *Gramática suplemental* worksheets which are optional and present grammatical explanations and practice of minor grammatical structures that do not appear in the textbook. These worksheets are cross-referenced at specific points in the ***Instructor's Annotated Edition.*** The ***Worksheet Portfolio*** also contains extra oral communicative practice of the grammatical structures presented in the textbook. These worksheets, entitled *Extensión comunicativa,* are also cross-referenced in the ***Instructor's Annotated Edition.*** Correlation charts of the grammatical structures presented and practiced in the ***Worksheet Portfolio*** are provided in the ***Instructor's Annotated Edition.***

    The ***Worksheet Portfolio*** also contains *Lecutra* worksheets based on authentic documents to enhance reading proficiency and country profiles of the five Spanish-speaking regions featured in the textbook. A tapescript of the laboratory tape program and answer keys to the *Gramática suplemental* and *Lectura* worksheets are also included. The portfolio worksheets can be photocopied and distributed to students at the discretion of the instructor.

- The ***Instructor's Annotated Edition (IAE)*** is an annotated version of the student textbook. The numerous marginal notes suggest ways to modify or expand specific exercises and activities, provide suggestions for instruction and supply answers to the closed-ended exercises in the text. The *IAE* also includes a lesson organization chart including those activities best suited for in-class or out-of-class work and suggested syllabi for several types of course settings, broken down into contact hours and weeks: one-semester, two-semester, three-semester and three-quarter sequences.

    The *IAE* is fully integrated and cross-referenced to the following components: ***Intercambios 2/e*** video series ***Mosaico cultural: Images*** *of Spanish-speaking cultures,* a set of 30 full-color transparencies and the computerized Spanish writing assistant, *Atajo.* Also provided in the IAE is a chart showing the correlation between the textbook and the *Worksheet Portfolio's Gramática suplemental* and *Extensión comunicativa* worksheets.

- The *Testing Program* evaluates linguistic and communicative competence for each lesson in the program. It consists of two quizzes and one lesson test for each lesson, plus a midterm and final examination. An answer key is provided.

- The *Overhead Transparency Program* contains 30 full-color transparencies, including maps of all the Spanish-speaking countries as well as vocabulary displays and pictorial situations which help students practice language functions, corresponding vocabulary and grammar presented in the textbook. Specific cross-references to the transparency program are provided in the margins of the *Instructor's Annotated Edition.*

- The *Heinle & Heinle Course Organizer* includes the instructor's materials that are essential to effective language teaching. Materials include the *Workbook/Laboratory Manual, Worksheet Portfolio, Testing Program* and *Overhead Transparencies.* You can find a complete description of each of these items earlier in this preface.

Instructors may also purchase:

- *Mosaico cultural: Images from Spanish-speaking cultures* is a new video series for *Intercambios 2/e.* Filmed on location in Spain, Mexico, Bolivia, Puerto Rico, Costa Rica and the United States, *Mosaico cultural* provides insight into the wide variety of Spanish-speaking cultures and communities. The videotape consists of 15 ten-minute programs, each cross-referenced in every lesson in the main text. A complete tapescript and video guide are available with the purchase of the video program.

- *Atajo* is the new computerized writing assistant for Spanish that helps students practice their writing skills. It is available for both IBM and Macintosh computer systems. The program contains a bilingual dictionary, a verb conjugator, a grammar reference, an index to functional phrases and a thematic dictionary. This software is specifically correlated to *Intercambios 2/e* with corresponding writing activities in the textbook and workbook.

- An Electronic Study Guide is now available for purchase with *Intercambios 2/e.* Available in both DOS and MAC formats, the electronic study guide provides students with additional practice in grammar, vocabulary, writing and reading with feedback on specific functions from the text, as well as self-tests for every lesson.

ACKNOWLEDGMENTS

I wish to express my sincere appreciation to the following people at Heinle & Heinle Publishers who contributed to the production of the *Intercambios* program: Charles Heinle, president of the company, who supported the project; Stan Galek, Vice-President, who initiated it; Carlos Davis, Editor of College Spanish and Italian, who supervised it; and especially to Kimberly Etheridge, Assistant Editor of College Spanish and Italian, who provided a tremendous amount of professional expertise throughout every stage of the editorial process. I want to thank my copyeditor, Mary Lemire, who polished the manuscript into its final form, my proofreaders, Camilla Ayers and Esther Marshall, my production editor, Patrice Titterington, and project manager, Kris Swanson, whose meticulous work is reflected in a product of high quality. Many thanks to Jean Hammond, the designer; Michael Keyes, the illustrator; and the many photographers whose photos appear in this book, for making the program visually attractive yet functionally practical. Thanks also to the native speakers Patricia Linares and Sandra Rueda, who proofed the manuscript, and all the native speakers who recorded the audiotapes for the program.

I wish to thank all the instructors who reviewed and commented on the first edition, as well as the following instructors who made many valuable suggestions for improving the manuscript of the second edition:

Marcel C. Andrade, University of North Carolina/Asheville

Pilar Ara, Pasadena City College

Lynn B. Bryan, Macon College

Toney J. Davis III, University of the District of Columbia

Aida E. Díaz, Valencia Community College

Alexandrina Esparza, San José City College

Ronna S. Feit, Nassau Community College

James F. Ford, University of Arkansas

Alfonso Hernández, Santa Barbara City College

Bernadette Houldsworth, Wheaton College

Susan Janssen, Mendocino College

Sara B. Landon, Nassau Community College

Guadelupe López-Cox, Austin Community College

Claire J. Paolini, Loyola University

Joy Renjilian-Burgy, Wellesley College

Mary-Anne Vetterling, Regis College

Carmen Vigo-Acosta, Mesa Community College

Barbara Ward, Bridgewater State College

Some information in the cultural notes of the textbook was adapted and updated from two Learning Aids which were produced and published by Brigham Young University: *España* and *Latin America*. These and other cultural materials are currently available from the David M. Kennedy Center for International Studies, 280 HRCB, Provo, UT 84602. I would like to express my appreciation to Deborah L. Coon, Manager of Publication Services at the Center, for granting permission to adapt and reprint this cultural information.

My sincerest wish is that this program will make a small contribution to peace in our world. With hard work, courage and faith, we **can** make it liveable again.

COMMENTS: I am very interested in receiving your comments on the *Intercambios 2/e* program. Your viewpoints and experiences using the program will be extremely helpful. Please send your feedback to me: c/o Heinle & Heinle Publishers, 20 Park Plaza, Boston, MA 02116. *¡Muchísimas gracias!*

James M. Hendrickson

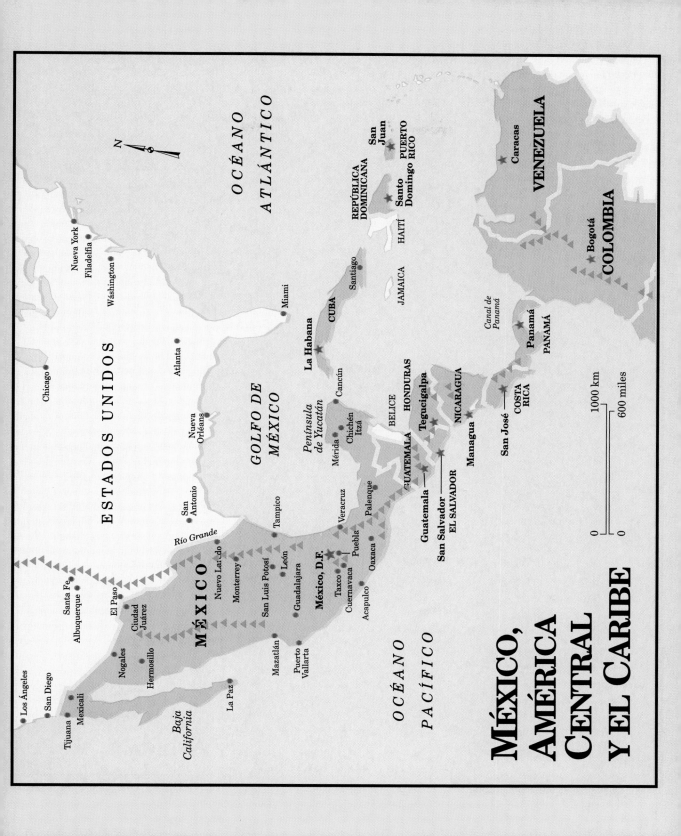

MÉXICO, AMÉRICA CENTRAL Y EL CARIBE

OCÉANO ATLÁNTICO

OCÉANO PACÍFICO

ESTADOS UNIDOS

GOLFO DE MÉXICO

MÉXICO

N

Los Ángeles
San Diego
Tijuana
Mexicali
Nogales
Hermosillo
Santa Fe
Albuquerque
El Paso
Ciudad Juárez
La Paz

Baja California

Chicago

Atlanta

Nueva York
Filadelfia
Wáshington

Miami

Nueva Orléans

San Antonio

Río Grande

Nuevo Laredo
Monterrey
San Luis Potosí
León
Guadalajara
Tampico
Mazatlán
Puerto Vallarta

México, D.F.
Taxco
Cuernavaca
Acapulco
Puebla
Oaxaca

Veracruz
Palenque
Mérida
Chichén Itzá
Cancún

Península de Yucatán

La Habana

CUBA

Santiago

HAITÍ

JAMAICA

REPÚBLICA DOMINICANA
Santo Domingo

San Juan
PUERTO RICO

Caracas
VENEZUELA

Bogotá
COLOMBIA

Canal de Panamá

Panamá
PANAMÁ

San José
COSTA RICA

Managua
NICARAGUA

Tegucigalpa
HONDURAS

San Salvador
EL SALVADOR

Guatemala
GUATEMALA

BELICE

1000 km

600 miles

0
0

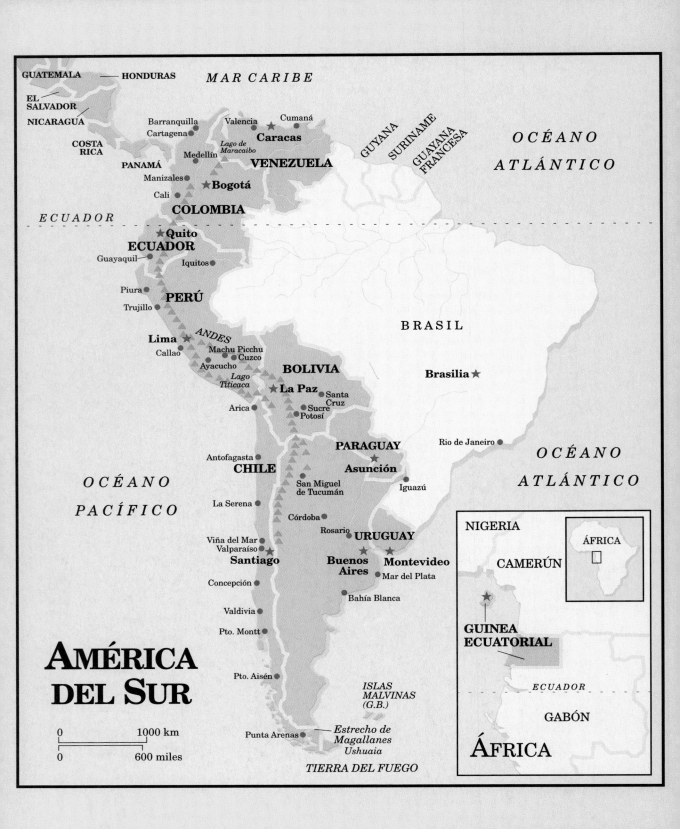

GUATEMALA — HONDURAS
EL SALVADOR
NICARAGUA
COSTA RICA
PANAMÁ

MAR CARIBE

Barranquilla   Valencia   Cumaná
Cartagena
                 Lago de   **Caracas**
Medellín   *Maracaibo*
Manizales   **VENEZUELA**
Cali   ★ **Bogotá**
         COLOMBIA

GUYANA   SURINAME   GUAYANA FRANCESA

OCÉANO ATLÁNTICO

ECUADOR

★ **Quito**
ECUADOR
Guayaquil   Iquitos

Piura
Trujillo   **PERÚ**

Lima ★   *ANDES*
Callao   Machu Picchu
           Cuzco
        Ayacucho
        Lago   **BOLIVIA**
        Titicaca
Arica   ★ **La Paz**   Santa Cruz
                 Sucre
                 Potosí

BRASIL

Brasilia ★

Rio de Janeiro

OCÉANO ATLÁNTICO

Antofagasta   **PARAGUAY**
CHILE   ★ **Asunción**

            San Miguel   Iguazú
            de Tucumán
La Serena
            Córdoba
        Rosario
Viña del Mar   **URUGUAY**
Valparaíso   ★ **Buenos** ★ ★ **Montevideo**
Santiago   **Aires**   Mar del Plata

Concepción   Bahía Blanca

OCÉANO PACÍFICO

Valdivia

Pto. Montt

AMÉRICA DEL SUR

Pto. Aisén

ISLAS MALVINAS (G.B.)

0		1000 km
0		600 miles

Punta Arenas   *Estrecho de Magallanes*
                Ushuaia

TIERRA DEL FUEGO

NIGERIA

ÁFRICA

CAMERÚN

★
GUINEA ECUATORIAL

ECUADOR

GABÓN

ÁFRICA

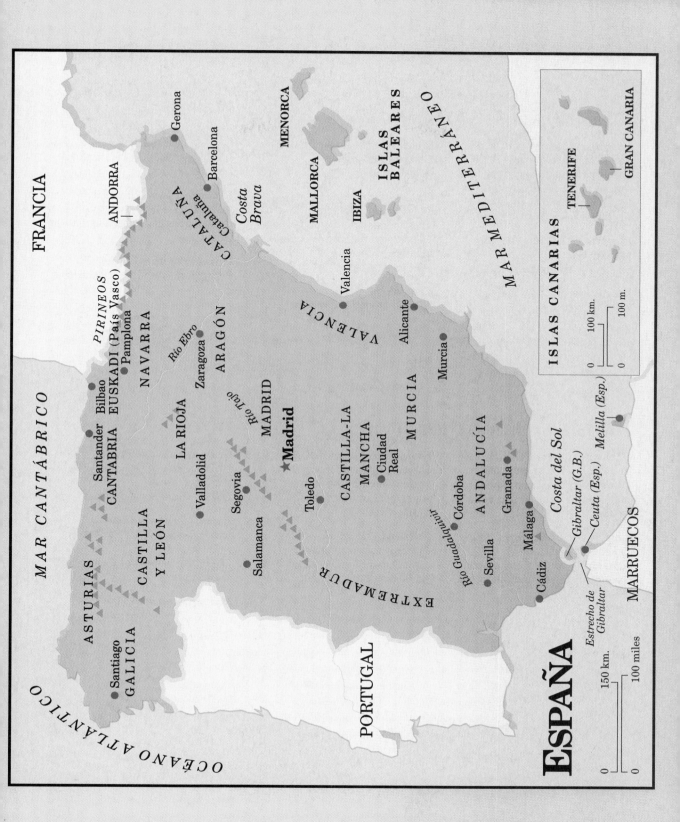

ESPAÑA

FRANCIA

OCÉANO ATLÁNTICO

MAR CANTÁBRICO

MAR MEDITERRÁNEO

PORTUGAL

MARRUECOS

GALICIA
Santiago

ASTURIAS

CANTABRIA
Santander

Bilbao
EUSKADI (País Vasco)

PIRINEOS

NAVARRA
Pamplona

ANDORRA

CATALUÑA
Gerona
Barcelona
Costa Brava

CASTILLA Y LEÓN

LA RIOJA

Valladolid

Salamanca

Segovia

Río Ebro
Zaragoza
ARAGÓN

Río Tajo

MADRID
★ Madrid

Toledo

EXTREMADURA

CASTILLA-LA MANCHA
Ciudad Real

VALENCIA
Valencia

Alicante

MURCIA
Murcia

ANDALUCÍA
Río Guadalquivir
Córdoba
Sevilla
Granada
Málaga
Cádiz

Costa del Sol

Gibraltar (G.B.)
Ceuta (Esp.)
Melilla (Esp.)

Estrecho de Gibraltar

MENORCA
MALLORCA
IBIZA
ISLAS BALEARES

ISLAS CANARIAS
TENERIFE
GRAN CANARIA

150 km.
0
100 miles
0

100 km.
0
100 m.
0

CONTENIDO

PERSPECTIVAS

Lección 6 • ¡Uy! ¡Hace mucho calor aquí! • 106

PERSPECTIVAS

Paso 3 • ¡A divertirnos mucho!

Setting: Chile

Paso 5 • ¡Buen viaje!

Setting: Western Europe

Lección 15 • ¡Estamos en una crisis ambiental! • 284

PERSPECTIVAS

Apéndices

• Lección preliminar •

Nuestro mundo

ENFOQUE

COMMUNICATIVE GOALS

You will be able to name in Spanish the principal geographic regions of the world as well as the Spanish-speaking countries and the nationalities of their citizens.

LANGUAGE FUNCTIONS

Naming places
Specifying nationalities

VOCABULARY THEMES

Geographic regions
Hispanic nationalities

GRAMMATICAL STRUCTURES

Definite and indefinite articles
The contractions *al* and *del*
Gender and number of nouns
The verb form *hay*
Sentence negation

CULTURAL INFORMATION

Spanish around the world

 EN CONTEXTO

Learning the names and locations of the principal geographic regions of the world is a basic step toward understanding the relationship between ourselves and the global community in which we live. Look at the map on pages 4–5, then complete the activities that follow.

¿Comprendió usted? (Did you understand?)

• A • **¿En qué continente está el país?**   Name each country and the continent on which it is located.

Ejemplo: el Perú   *El Perú está en Sudamérica.*

PAÍSES	CONTINENTES
1. Bolivia	Asia
2. Egipto	Europa
3. México	África
4. la China	Australia
5. Australia	Sudamérica
6. el Brasil	Norteamérica
7. Madagascar	
8. Inglaterra	
9. las Filipinas	
10. los Estados Unidos	

• B • **¿Qué país es?**   Read each statement, then name the country it describes.

Ejemplo: Este país asiático tiene más de 1.300.000.000 de personas.
Es la China.

España	Egipto	Francia	la India	Belice
Italia	México	el Japón	la China	Australia

1. En la capital de este país europeo hay un monumento famoso: la Torre Eiffel.

2. Es un país asiático industrializado, que exporta autos, computadoras, radios y televisores a todas partes del mundo.

3. Este país africano es famoso por sus pirámides, la Esfinge y los tesoros de la tumba del Rey Tutankamón.

4. Este país asiático tiene muchos habitantes, especialmente en las ciudades de Calcuta, Bombay y Delhi.

5. En este país centroamericano la lengua oficial es el inglés, no el español.

6. En la capital de este país europeo hay un monumento famoso: el Coliseo construido por los romanos.

7. En este país hispano, que está directamente al sur de los Estados Unidos, hay ruinas aztecas y mayas.

8. Este país europeo, que está en la Península Ibérica, es famoso por su música flamenca y por el artista contemporáneo, Pablo Picasso.

9. Este país es un continente y una isla. Es famoso por su vasto desierto árido y sus animales curiosos como el canguro.

•C• **Personas famosas del mundo.**   Match these famous world figures with their importance.

Ejemplo: Mahatma Ghandi
Mahatma Ghandi fue (was) un líder religioso de la India.

PERSONA FAMOSA	IMPORTANCIA
1. Dalai Lama	es un líder budista del Tibet
2. Nelson Mandela	es un líder socialista de Iraq
3. Julio Iglesias	es el presidente de África del Sur
4. Isabel Allende	es un cantante romántico de España
5. Saddam Hussein	es una autora contemporánea de Chile
6. Agatha Christie	es una tenista buena de la Argentina
7. Igor Stravinsky	fue un compositor maravilloso de Rusia
8. Gabriela Sabatini	fue una novelista popular de Inglaterra

•D• **Los productos del mundo.**   First, name a country in Spanish that you associate with each of the following products. (Use the world map on pages 4–5 to locate the Spanish name of the countries.) Afterwards, compare your answers with those of a classmate.

Ejemplo: los autos *el Japón*

1. el café
2. el vodka
3. el perfume
4. las bananas
5. el tequila
6. el petróleo
7. el chocolate
8. los cigarros
9. la fruta kiwi
10. la música jazz
11. las computadoras
12. los vídeos de rock

El mundo y los países de habla española

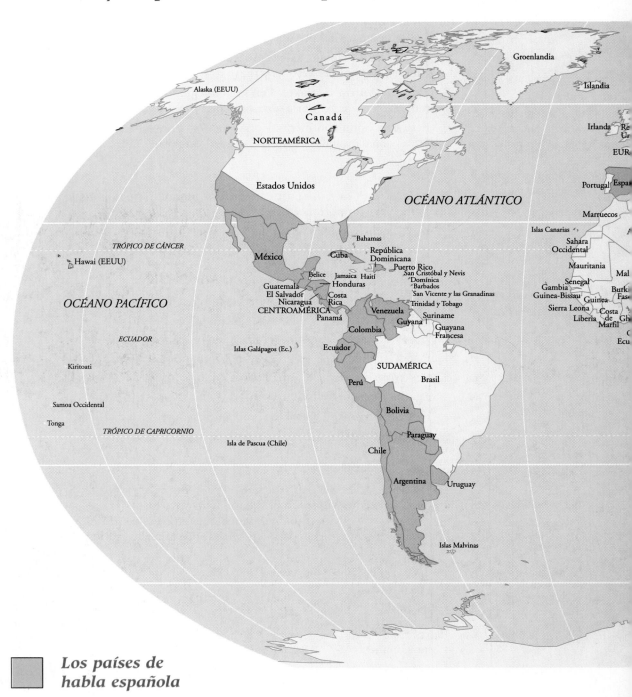

Los países de
habla española

Yugoslavia: Croacia, Serbia, Bosnia, Eslovenia, Macedonia, Montenegro

andia
Estonia
Latvia
.ania
ielorrusia

Rusia

ia Ucrania
a Moldavia
umania
lgaria Mar
a Negro Georgia
Turquía Armenia
Siria
El Líbano
Israel
Jordania

Egipto

Sudán

olica
fricana

aire Uganda
Ruanda Kenia
Burundi
Tanzanía

Zambia
Zimbabwe Malawi
swana Madagascar
Mozambique
rica Suazilandia
Sur Lesotho

ASIA

Kazakstán

Mar
Caspio

Uzbekistán

Kirgistán

Mongolia

Turkmenistán

Azerbaiján

Afganistán

Irán

China

Kuwait
Bahrain Katar
Emiratos
Árabes
Unidos

Arabia
Saudita

Omán

Paquistán

Nepal

Bután

India

Bangladesh

Birmania

Laos

Yemen

Tailandia

Vietnam

Jíbuti

Cambodia

Etiopía

Somalia

Sri Lanka

Maldivas

Comores

Seychelles

OCÉANO ÍNDICO

Mauricio

Corea del
Norte

Corea del
Sur

Japón

Taiwán

OCÉANO PACÍFICO

Filipinas

Namu

ECUADOR

Brunei
Malasia

Papua Nueva Guinea

Indonesia

Islas Salomón

Singapur

Vanuatu

Fiji

AUSTRALIA

Nueva
Zelanda

• **E** • **¿Cierto o falso?**   Read each sentence, then say whether it is true (*cierto*) or false (*falso*), according to the map of Spain above. If a statement is false, restate it in a true sentence.

1. La capital de España es Lisboa.
2. Madrid está en el centro de España.
3. España está dividida en secciones.
4. Barcelona es la capital de Portugal.
5. Galicia está en el sur de España.
6. Portugal y España forman una península.
7. El Océano Atlántico está al este de España.
8. Málaga está en la costa del Mar Mediterráneo.
9. Las Islas Baleares están en el Océano Atlántico.
10. La comunidad de Andalucía está al sur de España.

•**F**• **¿Dónde está?** (*Where is it?*)   Say where each country is located in relation to another country. Refer to the map above for the words for **north, south, east** and **west.**

    Ejemplo: Guatemala / México   *Guatemala está al sur de México.*

1. Cuba / México
2. Belice / Guatemala
3. Costa Rica / Panamá
4. Nicaragua / Costa Rica
5. México / los Estados Unidos
6. la República Dominicana / Jamaica

•**G**• **Las capitales de Centroamérica y del Caribe.**   Say the capital of each country, using the map above if necessary.

    Ejemplo: Cuba   *La capital de Cuba es La Habana.*

1. Honduras
2. Nicaragua
3. Costa Rica
4. El Salvador
5. Puerto Rico
6. la República Dominicana

•H• **Las capitales de Sudamérica.**   Match each capital with its South American country below. Use the map if necessary.

Ejemplo: Venezuela   *Caracas es la capital de Venezuela.*

CAPITAL

1. Lima
2. Quito
3. Bogotá
4. La Paz
5. Caracas
6. Cayenne
7. Santiago
8. Brasilia
9. Georgetown
10. Buenos Aires

PAÍS

Chile
el Perú
Bolivia
Guayana
Colombia
el Brasil
Venezuela
el Ecuador
la Argentina
Guayana Francesa

•I• **Asociaciones.**   Give the Spanish name of the South American country that you associate with the following people, places, events or things. There may be more than one answer for each item.

Ejemplo: el río Amazonas   *el Brasil*

1. el café
2. los incas
3. las llamas
4. los Andes
5. el carnaval
6. los gauchos
7. el progreso
8. las bananas
9. el petróleo

C • U • L • T • U • R • A

Spanish Around the World

Spanish is the native language of over 300 million people, as shown in the shaded areas of the world map on pages 4–5. It is the official language of Spain, Mexico, Cuba, the Dominican Republic, every Central American country except Belize, and all South American nations except the Guayanas and Brazil. Spanish is the first language of millions of people of Hispanic origin in the United States, the Caribbean, Europe, northern Morocco, Equatorial Guinea, the Philippines and Guam. In addition, tens of millions of people study Spanish, and it is the most popular foreign language among American students of all ages. Your proficiency in Spanish will enable you to communicate with over a half-billion people worldwide!

Guinea Ecuatorial—La lengua oficial de este país es el español, pero muchos de los habitantes también hablan el **fang,** el **bubi** o el **ibo.**

¿Español o inglés?

English has borrowed many words from Spanish.

1. What do the following words mean to you?

   taco   burro   amigo   aficionado
   vino   fiesta   pronto   Los Angeles

2. List several other Spanish words that English speakers commonly use.

Los países no hispanos

The citizens of several countries in the Caribbean as well as in Central and South America speak a language other than Spanish. Match their country with their official language.

PAÍS	LENGUA
1. Haití	inglés
2. Belice	francés
3. Guayana	holandés
4. Jamaica	portugués
5. Suriname	
6. el Brasil	
7. Guayana Francesa	

MOSAICO CULTURAL □
Preliminary Program—A caballo (the horse and the expansion of the Spanish empire)

VOCABULARIO ESENCIAL

In this section you will learn the nationalities of people from Spanish-speaking countries.

Las nacionalidades

Centroamericanos

guatemalteco(a)
hondureño(a)
salvadoreño(a)
nicaragüense
costarricense
panameño(a)

Sudamericanos

colombiano(a)
venezolano(a)
ecuatoriano(a)
peruano(a)
boliviano(a)
paraguayo(a)
uruguayo(a)
chileno(a)
argentino(a)

Caribeños

cubano(a)
dominicano(a)
puertorriqueño(a)

Otras nacionalidades

español(a)
mexicano(a)
guineo(a) ecuatorial

Practiquemos (Let's practice)

•A• **Países y nacionalidades.**   Say each national group of people with their country.

Ejemplo: panameños   *Los panameños son de Panamá.*

1. chilenos
2. mexicanos
3. españoles

4. bolivianos
5. salvadoreños
6. costarricenses

7. guatemaltecos
8. puertorriqueños
9. guineoecuatoriales

"—Soy española.
—Ah, ¿mexicana?
—No, española.
—¿De Puerto Rico?
—No, española, de Madrid, España, de Europa.
—¡Ah, española de Europa! ¡Ah... qué interesante!"

—Rosa Montero
periodista española, "Estampas Bostonianas",
El País (España), 1985

• • • • • • • • • • • • • • • • •

•B• **Personas famosas.**   Say where the following people are from and their nationality.[1]

Ejemplos: el presidente Fidel Castro / Cuba
El presidente Fidel Castro es de Cuba. Es cubano.

la autora Isabel Allende / Chile
La autora Isabel Allende es de Chile. Es chilena.

1. el director Luis Buñuel / España
2. la poeta Gabriela Mistral / Chile
3. la cantante Gloria Estefan / Cuba
4. el novelista Carlos Fuentes / México
5. la autora Rigoberta Menchú / Guatemala
6. la presidenta Violeta Chamorro / Nicaragua
7. el autor Gabriel García Márquez / Colombia
8. el futbolista Diego Maradona / la Argentina

---

[1] Note that words that describe males end in *-o;* words that describe females end in *-a.*

GRAMÁTICA ESENCIAL

In this section you will learn to specify people, places and things.

Definite and Indefinite Articles

A noun names a person (*Isabel, autora*), a place (*Paraguay, país*), a thing (*auto, teléfono*) or a concept (*clase, español*). In Spanish all nouns are classified as having a gender—either masculine or feminine.[1] A noun is often preceded by a definite article: *el, la, los, las* (the), or by an indefinite article: *un, una* (a, an), *unos, unas* (some). Definite and indefinite articles must match the gender (masculine or feminine) of the nouns they modify.

How to determine gender of nouns

1. In Spanish, nouns referring to males and most nouns ending in *-o* are masculine. Nouns referring to females and most nouns ending in *-a* are feminine. Two exceptions to this rule are *el día* (day) and *la mano* (hand).

Es **el / un** profesor.	Es **la / una** profesora.
Es **el / un** teléfono.	Es **la / una** fiesta.
Es **el / un** día.	Es **la / una** mano.

2. Most nouns ending in *-l* or *-r* are masculine and most nouns ending in *-d* or *-ión* are feminine.

Es **el / un** español.	Es **la / una** universidad.
Es **el / un** actor.	Es **la / una** lección.

3. Some nouns do not conform to the rules stated here. One way to remember the gender of these nouns is to learn the definite articles and the nouns together; for example, *la clase*.

How to form the contractions *al* and *del*

The definite article *el* combines with the words *a* (to) and *de* (of, from) to form the words *al* and *del*.[2]

España está **al** sur de Francia.	*Spain is to the south of France.*
El español es una lengua **del** mundo.	*Spanish is a language of the world.*

---

[1] Spanish speakers do not consider nouns as being male or female (except when referring to people or animals), so *masculine* and *feminine* are simply labels for classifying nouns. When you learn a noun in Spanish, it is very important to remember its gender in order to communicate accurately.

[2] **¡CUIDADO!** *(Be careful!)* Do not contract *a* or *de* with *el* when the definite article is capitalized. Compare: *Lima es la capital **del** Perú. / San Salvador es la capital **de El** Salvador.*

Practiquemos

•A• **Geomundo.**   Complete the following sentences with an appropriate definite article (*el, la, los, las*). Use the contraction *del* where necessary.

1. _____ China y _____ India son dos países enormes. _____ población

   _____ continente asiático es numerosa.

2. _____ lenguas oficiales <u>del</u> Canadá son <u>el</u> inglés y _____ francés.

   _____ residentes de _____ ciudad de Montreal son bilingües.

3. Costa Rica es uno de _____ países más democráticos _____ mundo.

   _____ democracia y _____ educación son dos aspectos importantes en

   _____ sociedad costarricense.

•B• **¿Sabe usted?** (*Do you know?*)   Complete the following sentences with an appropriate indefinite article (*un* or *una*) plus an appropriate word in parentheses.

   Ejemplo: Corea es... (país / continente).   *Corea es un país.*

1. Kiwi es... (fruta / isla).
2. El Caribe es... (océano / mar).
3. Alma Ata es... (persona / ciudad).
4. La Paz es... (capital / montaña).
5. Fujiyama es... (montaña / isla).
6. Namibia es... (continente / país).
7. El portugués es... (lengua / provincia).
8. La Florida es... (estado / continente).

•C• **Un país sudamericano.**   Complete the following paragraph with appropriate definite and indefinite articles. Use contractions (*al, del*) when necessary.

   _____ Ecuador es _____ país _____ sur de Colombia. Los Andes, son montañas principales situadas en parte _____ Ecuador. _____ capital _____ Ecuador es Quito, _____ ciudad maravillosa. _____ lengua oficial _____ país es _____ español, pero muchas personas hablan el quechua, que es _____ lengua indígena.

Plural of Nouns

How to make nouns plural

In Spanish all nouns are either singular or plural. Definite and indefinite articles must match the gender (masculine or feminine) and the number (singular or plural) of the nouns they modify.

To make Spanish nouns plural, add -s to nouns ending in a vowel (*a, e, o*). Otherwise, add -es.[1]

SINGULAR		PLURAL	SINGULAR		PLURAL
el amigo	→	**los** amigo**s**	una clase	→	**unas** clase**s**
la amiga	→	**las** amiga**s**	un profesor	→	**unos** profesor**es**

PRÁCTICA: To practice this material immediately, complete exercise **D** below.

The Verb Form *hay*

A useful Spanish verb form is *hay*, which means **there is** and **there are** (or **is there** and **are there** in questions). Use *hay* to indicate the existence of people, places and things; *hay* may be followed by a singular or plural noun.

—¿Cuántas personas **hay** en tu clase de español?	*How many persons are there in your Spanish class?*
—**Hay** una profesora y veintisiete estudiantes.	*There is a teacher and twenty-seven students.*
—¿**Hay** algunos estudiantes japoneses?	*Are there some Japanese students?*
—No **hay** japoneses, pero **hay** tres estudiantes de Taiwan.	*There are no Japanese, but there are three students from Taiwan.*

How to make a sentence negative

To negate a Spanish sentence, place the word *no* in front of the verb.

—¿Es Maracaibo la capital de Venezuela?	*Is Maracaibo the capital of Venezuela?*
—No, Maracaibo **no es** la capital. Caracas es la capital.	*No, Maracaibo isn't the capital. Caracas is the capital.*

Practiquemos

• D • **Lección de geografía.** Complete the following sentences logically and correctly with the words in the right-hand column.

Ejemplo: Luisiana y la Florida son...
Luisiana y la Florida son estados.

---

[1] Here are two additional rules for making nouns plural:

1. Nouns ending in *-án, -és* or *-ión:* drop the accent mark before adding *-es.*
   el / un alem**án**   el / un japon**és**   la / una lecc**ión**
   los / unos alem**anes** **los / unos** japon**eses** **las / unas** lecc**iones**
2. Nouns ending in *-z:* drop the *-z,* then add *-ces.*
   la / una actri**z** →   **las / unas** actri**ces**

1. Everest y Kilimanjaro son...   país
2. Europa, África y Asia son...   ciudad
3. París, Moscú y Auckland son...   océano
4. Colorado y Nuevo México son...   estado
5. El Atlántico y el Pacífico son...   montaña
6. México, el Japón y Francia son...   provincia
7. Ontario, Alberta y Quebéc son...   continente

• **E** • **¿Y usted?**   State some facts about your school and your Spanish class.

1. En mi universidad hay (no hay)...

   a. un gimnasio.   d. clases de japonés.

   b. una cafetería.   e. profesores de otros países.

   c. un laboratorio de lenguas. f. estudiantes internacionales.

2. En mi clase de español hay (no hay)...

   a. exámenes.   d. puertorriqueños.

   b. computadoras.   e. cubanoamericanos.

   c. mapas en español.   f. estudiantes asiáticos.

ASÍ SE DICE

Sustantivos   *(Nouns)*
la clase *class*
el día *day*
el español *Spanish*
los Estados Unidos   *United States*
la mano *hand*
el mundo *world*
el país *country*

Las direcciones
norte *north*
sur *south*
este *east*
oeste *west*

Las nacionalidades hispanas
argentino(a) *Argentinian*
boliviano(a) *Bolivian*

chileno(a) *Chilean*
colombiano(a) *Colombian*
costarricense *Costa Rican*
cubano(a) *Cuban*
dominicano(a) *Dominican*
ecuatoriano(a) *Ecuadorian*
español(a) *Spanish*
guineo(a) ecuatorial *Ecuatorial Guinean*
guatemalteco(a) *Guatemalan*
hondureño(a) *Honduran*
mexicano(a) *Mexican*
nicaragüense *Nicaraguan*
panameño(a) *Panamanian*
paraguayo(a) *Paraguayan*
peruano(a) *Peruvian*
puertorriqueño(a) *Puerto Rican*

salvadoreño(a) *Salvadoran*
uruguayo(a) *Uruguayan*
venezolano(a) *Venezuelan*

Verbos
fue *was*
hay *there is, there are*

Los artículos
el, la, los, las *the*
un, una *a, an, one*
unos, unas *some*

Preguntas   *(Questions)*
¿Dónde? *Where?*
¿Qué? *What?*

México

Entre amigos

Jessica Harris, a student from Michigan, meets the Martínez family in Puebla, Mexico, where she has come to study for the summer. At school Jessica gets acquainted with students from many different countries. Later, one of her Mexican friends invites her to his Saint's Day party.

• Lección 1 •

¡Bienvenida a Puebla!

ENFOQUE

COMMUNICATIVE GOALS

You will be able to greet others, introduce yourself and others and describe yourself and your family.

LANGUAGE FUNCTIONS

Greeting others
Introducing yourself and others
Saying where you and others are from
Describing people
Saying good-bye

VOCABULARY THEMES

Greetings
Personal introductions
Personal titles
Leave-taking expressions

GRAMMATICAL STRUCTURES

Subject pronouns
Present tense of the verb *ser*
Agreement of descriptive adjectives

CULTURAL INFORMATION

Customs for greeting and meeting others
Addressing others: *tú* and *usted*

EN CONTEXTO

Jessica Harris has just arrived at the home of her host family in Puebla, Mexico.(1) This afternoon she meets Ernesto Martínez and his wife, Blanca, their 27-year-old son, Jesús,(2) his 8-year-old sister, Teresa, and their maternal grandmother, Carmen.(3)

	BLANCA: Buenas tardes, Jessica. Me llamo Blanca Martínez.
Nice to meet you	JESSICA: Mucho gusto°, señora.
My pleasure / I want	BLANCA: El gusto es mío°. Quiero° presentarte a mi esposo Ernesto y a mi mamá.
	JESSICA: ¡Mucho gusto!
Mucho gusto / Welcome	CARMEN: Encantada°, Jessica. Bienvenida° a Puebla.
	JESSICA: Muchas gracias, señora.
son	ERNESTO: Soy Ernesto. Mucho gusto. Mi hijo° Jesús...
where	JESÚS: Encantado, Jessica. ¿De dónde° eres?
	JESSICA: Soy de Michigan... en los Estados Unidos.
	ERNESTO: ...y mi hija Teresa.
	JESSICA: ¡Hola, Teresa!
	TERESA: ¡Hola!
How old are you?	JESSICA: ¿Cuántos años tienes°?
	TERESA: Ocho.

Notas de texto

1. Puebla is located 125 kilometers (81 miles) southeast of Mexico City. It has a population of over two million people.

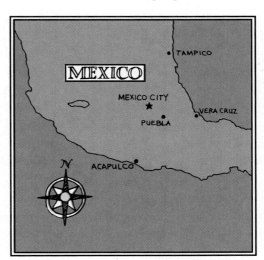

2. *Jesús* is a common name among Spanish speakers.

3. In the Spanish-speaking world, several generations of a family may live together in the same household. This arrangement provides emotional and sometimes financial stability to the family. Children often live at home until they marry, regardless of their age.

¿Comprendió usted?

Read each statement, then answer *cierto* or *falso*. If the statement is false, correct it.

1. Jessica es de México.
2. Teresa tiene ocho años.
3. Puebla está en España.
4. Jesús es el hijo de Carmen.
5. Blanca es la hija de Ernesto.
6. Jessica es estudiante de español.
7. La familia Martínez es colombiana.
8. La esposa de Ernesto se llama Blanca.

✦•ᵃ⌣ VOCABULARIO ESENCIAL ⌣ᵃ•✦

In this section you will learn how to greet people and make introductions.

Cómo saludar y conocer a la gente (*How to greet and meet people*)

Situaciones formales

Practiquemos

• A • ¡**Mucho gusto, profesor(a)!**   Your instructor is going to greet you, ask your name and where you are from. Answer him or her, using the following example and phrases appropriately.

Ejemplo: —Buenas tardes. Soy Javier Gómez. ¿Cómo se llama usted?
—Me llamo Jessica Harris.
—Encantado, Jessica.

---

[1] *Adiós* carries a more definitive sense of good-bye than does *hasta luego*. Use *adiós* when you do not expect to see the other person for a while such as the rest of the day.

—Mucho gusto, profesor.

—El gusto es mío. ¿De dónde es usted?

—Soy de Michigan.

Encantado (men say this)		**profesor**	*male instructor*
Encantada (women say this)		**profesora**	*female instructor*
Mucho gusto (men and women say this)		**Soy de** (+ place)	

Personal Titles

The following personal titles and their abbreviations are used in formal interactions between people. There is no standard Spanish equivalent for *Ms.*; use *señorita* or *señora*, as appropriate.

señor (Sr.)	*Mr., sir*
señora (Sra.)	*Mrs., ma'am*
señorita (Srta.)	*Miss*

Some Spanish speakers use the titles *don* and *doña* when speaking or referring to a highly esteemed or older person. These two titles are used with the first name of a man (*don*) or a woman (*doña*) to convey a feeling of affection and respect, while maintaining formality.

Buenas tardes, don Ernesto.	*Good afternoon, Ernesto.*
Buenas noches, doña Carmen.	*Good evening / night, Carmen.*

Situaciones informales

Practiquemos

• **B** • **¡Hola! ¿Qué tal?**   Greet several of your classmates and introduce yourself to them by modifying the following conversation.

JESSICA: ¡Hola! ¿Cómo estás?
KENTARO: Bien. Y tú, ¿qué tal?
JESSICA: Muy bien, gracias. Me llamo Jessica. ¿Cómo te llamas?
KENTARO: Soy Kentaro. ¡Mucho gusto!

JESSICA: El gusto es mío. ¿De dónde eres, Kentaro?
KENTARO: Soy del Japón. ¿Y tú, Jessica?
JESSICA: Soy de Michigan, Estados Unidos.

A: ¡Hola! ¿Cómo estás?
B: _____. Y tú, ¿qué tal?
A: _____, gracias. Me llamo _____. ¿Cómo te llamas?
B: _____. ¡Mucho gusto!
A: _____. ¿De dónde eres, _____?
B: Soy de _____. ¿Y tú, _____?
A: _____.

• C • **En una recepción.** Imagine that you are attending a reception for students and faculty at the Universidad de las Américas. Create short conversations with one or more classmates, using the cues below.

1. A: ¡Hola! ¿Qué tal?
   B: _____. ¿Y _____?
   A: _____, gracias.

2. A: ¡Hola! Soy _____.
   B: Me llamo _____.
   A: _____.
   B: _____.

3. A: ¿De dónde eres?
   B: _____. ¿Y tú?
   A: _____.

4. A: ¡Hasta mañana!
   B: _____.
   A: _____.

5. Introduce one of your friends to a classmate, using the following example.

JESSICA: Hillary, quiero presentarte a Kentaro.
HILLARY: ¡Hola, Kentaro!
KENTARO: ¡Hola! Mucho gusto, Hillary.

A: _____, quiero presentarte a _____.
B: ¡Hola, _____!
C: ¡_____! _____, _____.

C • U • L • T • U • R • A

Meeting and Greeting Others

Being warm, friendly and affectionate are traits of Spanish-speaking cultures. In social situations, Spanish speakers usually exchange physical hellos and good-byes; for example, Hispanic men and women often shake hands when greeting each other and when saying good-bye. Simple handshakes, however, may not convey enough warmth among relatives and close friends. Men who know each other well often follow a handshake by a hug and several pats on the back.

Often, when close male friends have not seen each other for a long time, they give one another an *abrazo*, which is a hearty embrace accompanied by several slaps on the back. Spanish-speaking teenage girls, adult women and a male and female who are good friends often greet one another by placing their cheeks lightly together and kissing the air.

When being introduced in Spanish-speaking countries, men and women always shake hands, and two young females or a young male and female may kiss lightly on the cheek. A nod of the head, a wave of the hand or saying *¡Mucho gusto!* are not enough. In fact, if you do not shake hands when introduced to a Spanish speaker, he or she may think you are unfriendly or ill-mannered.

Conversación

Write a short conversation in Spanish for each photograph.

Estas dos amigas, que son estudiantes universitarias, se saludan con un beso en un parque.

Estos tres arquitectos se saludan en la famosa Universidad de México en México, D. F.

GRAMÁTICA ESENCIAL

In this section you will learn to discuss people and where they are from.

Subject Pronouns and Present Tense of Ser

What are verbs and subject pronouns?

A verb is a word that expresses action (e.g., *speaks*) or indicates a state of being (e.g., *is*). A subject pronoun identifies who does the action of a verb (e.g., **She** is from Mexico.). Study the Spanish subject pronouns along with the present tense forms of the verb *ser* (to be). Then read how they are used in the example conversations.

ser (*to be*)

SINGULAR

(yo) **soy**	I am
(tú) **eres**	you (informal) are
(usted, él / ella) **es**	you (formal) are; he / she is

PLURAL

(nosotros / nosotras) **somos**   we are
(vosotros / vosotras) sois   *you (informal) are*[1]
(ustedes, ellos / ellas) **son**   you are; they are

—¿De dónde **eres,** Manfred?   *Where are you from, Manfred?*
—**Soy** del sur de Alemania.   *I'm from Southern Germany.*

—Mi familia **es** de Toronto.   *My family is from Toronto.*
—¡Mi papá **es** de Montreal!   *My Dad is from Montreal!*
—Usted y yo **somos** canadienses. *You and I are Canadian.*

How to use subject pronouns

1. In Latin America, *ustedes* is the plural form for both *tú* and *usted*.

2. *Ellos* can refer to males or to a group of males and females; *ellas* refers to a group of females only.

3. Because Spanish verb endings usually indicate the subject of a sentence, subject pronouns (e.g., *yo, ella, ustedes*) are used less often than in English. However, Spanish speakers do use subject pronouns to clarify or to emphasize the subject of a sentence.

—¿Son ustedes de México?   *Are you from Mexico?*
—No, señor. Somos de Centro-   *No, sir. We are from Central*
américa. **Ella** es de Nicaragua *America. **She** is from Nicaragua*
y **yo** soy de Honduras.   *and **I** am from Honduras.*

Practiquemos

•**A**• **¿Quiénes son?** (*Who are they?*) Complete the sentences below with appropriate names and the correct verb form: *es* or *son*.

Ejemplo: _____ → un actor famoso
Kevin Costner es un actor famoso.

PERSONA(S)		PROFESIÓN
1. _____	→	un actor famoso
2. _____	→	dos actrices famosas
3. _____	→	artistas importantes
4. _____	→	profesores interesantes
5. _____	→	un primer ministro excelente
6. _____	→	un presidente muy inteligente

---

[1] In most of Spain, the plural form of *tú* is *vosotros* (referring to males only or to a mixed group of males and females) and *vosotras* (referring to females only).

you are *vosotros* ⎤ *sois*   —*Alicia y Regina, ¿de dónde **sois**?*
you are *vosotras* ⎦   —*De Madrid. ¿**Sois** vosotros de Cuba?*

Note: In **Intercambios,** the verb forms for *vosotros / vosotras* appear in italics so that you will recognize their meaning when you hear or read them.

•B• **¿De dónde son?**   Say where Jessica, her new friends and some people you know are from, using appropriate forms of the verb *ser*.

Ejemplo: Ernesto → Puebla, México
Ernesto es de Puebla, México.

1. Jessica, tú   → Lansing, Michigan
2. Los Martínez → Puebla, México
3. Kentaro Iwao → Tokio, Japón
4. Mi profesor(a) → _____
5. Yo   → _____

•C• **¿Y usted?**   Write the following sentences on a separate sheet of paper adding information that applies to you and your parents.

Me llamo _____. Soy de _____. Mi papá se llama _____ y mi mamá se llama _____. Mi papá es de _____ y mi mamá es de _____.

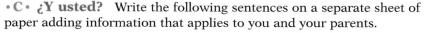

ATAJO
Vocabulary: continents; countries

•D• **Dos estudiantes.**   Speak with another student.

ESTUDIANTE A
1. ¡Hola! Me llamo _____.
3. _____. ¿De dónde eres?
5. _____. ¿_____ estudiante?

ESTUDIANTE B
2. Me llamo _____. ¡Encantado(a)!
4. Soy de _____. ¿Y tú?
6. Sí, yo _____ estudiante de español.

C•U•L•T•U•R•A

Addressing Others: tú and usted

When Spanish speakers address one person, they express the word **you** in one of two ways: *tú* or *usted*.

Tú is an informal form of address. In general, use *tú* with someone with whom you are on a first-name basis. For example, Spanish speakers use *tú* when addressing a relative, a close friend, a person of the same age or social position, a classmate, a small child and a pet.[1] You will use the *tú* form when speaking to a classmate while participating in the oral activities in this textbook.[2]

Usted (abbreviated *Ud.*) is a formal form of address. In general, use *usted* when speaking or writing to a person with a title such as *señorita*, *doctor* and *profesora*. Spanish speakers use *usted* when addressing a stranger an acquaintance other than a child, a person much older than themselves and a person in a formal position or in a position of authority such as a supervisor or a store clerk. When you are unsure about whether to use *tú* or *usted*, it is wisest to use *usted*.

• • • • • • • • • • • • • • • • • • • •

[1] In Guatemala, children usually address their parents using *usted*.

[2] In Argentina, Uruguay, Paraguay, in some parts of Chile, Ecuador and Colombia and in most of Central America, most Spanish speakers use *vos* instead of *tú*. You will be understood perfectly, however, when you use *tú* in those locations.

¿Tú o usted?

How would **you** address the following people?

1. your Spanish instructor
2. one of your classmates
3. Teresa Martínez, an 8-year-old girl
4. Blanca, the child's mother
5. Jessica Harris, an American student
6. Carmen, the mother of Blanca Martínez

 GRAMÁTICA ESENCIAL

In this section you will learn how to describe people more accurately.

Agreement of Descriptive Adjectives

Adjectives are words that describe nouns or pronouns. In Spanish, descriptive adjectives must match the gender (masculine or feminine) and number (singular or plural) of the noun or pronoun they describe.

How to match adjectives with their nouns

1. Adjectives ending in -*o* change to -*a* to indicate feminine gender and add -*s* to indicate plural.

	SINGULAR	PLURAL
Masculine	amigo generos**o**	amigos generos**os**
Feminine	amiga generos**a**	amigas generos**as**

2. Most other adjectives have only two forms, singular and plural.

SINGULAR	PLURAL
amigo (amiga) inteligent**e**	amigos (amigas) inteligent**es**

Where to place adjectives

1. Most Spanish adjectives follow the nouns they describe, as you have seen in the examples.
2. Spanish adjectives of **quantity** precede the nouns they describe, as in English.

—¿**Cuántos** niños tienes?   *How many children do you have?*

—Tengo **una** hija.   *I have one daughter.*

Las características físicas

alto   bajo   **delgado   gordo**

joven   anciana   **guapo**[1]   **feo**

bonito	*pretty*		**feo**	*ugly*
grande	*big*		**pequeño**	*small*
nuevo	*new*		**viejo**[2]	*old*

La personalidad

bueno	*good*		**malo**	*bad*
simpático	*nice*		**antipático**	*unpleasant*
trabajador	*hardworking*		**perezoso**	*lazy*

---

[1] The adjective *guapo* is used to describe a good-looking person, usually a male. The adjective *bonito* is used to describe someone who is pretty (usually a female) and to describe places and things; for example: *Es un auto bonito.* In summary:

Male persons: *guapo / guapos*

Female persons: *guapa / guapas; bonita / bonitas*

Places and things: *bonito / bonita / bonitos / bonitas*

[2] The adjective *viejo* is used to describe things and places; it usually has a derogatory connotation when it refers to people.

Practiquemos

•A• **¿Quién es?**   Your instructor will describe aloud each person illustrated. Listen to each description, then write the person's name on a separate sheet of paper.

1.   2.   3.

4.   5.   6.

•B• **¿Cómo son?**   Describe the following people using the appropriate form of the adjective in parentheses. The three dots (…) indicate that you should use an appropriate adjective you know.

   Ejemplo: Doña Carmen es una señora *simpática*. (simpático)

1. Blanca y Ernesto Martínez son _____. (trabajador)
2. Carmen y Blanca no son personas _____. (perezoso)
3. Jessica es una persona _____. (simpático)
4. Mis libros de español son (no son) _____. (nuevo)
5. Mi profesor(a) de español es _____. (…)
6. Mis compañeros de clase son _____. (…)
7. Yo soy un(a) estudiante _____ y muy _____. (…) / (…)

•C• **Opiniones personales.**   Speak with a classmate. One person asks the following questions, and the other person answers them with his or her book closed.

1. ¿Es (*name of your school*) nueva o vieja? ¿Es bonita o fea?
2. ¿Cómo son los estudiantes aquí: jóvenes o ancianos?
3. Y los profesores aquí, ¿son simpáticos o antipáticos?
4. ¿Es nuestra clase de español pequeña o grande? ¿Es buena o mala?
5. Y tú, ¿eres estudioso(a) o perezoso(a)?

• D • La familia de Jessica.   Read Jessica's description of her Mexican family. Then, on a separate sheet of paper, complete the chart in English with appropriate information from the description.

Me llamo Jessica Harris. Soy de Lansing, Michigan, situado en los Estados Unidos. Tengo 21 años y ahora soy estudiante de la Universidad de las Américas en Cholula, México. Aquí en Puebla vivo con una familia muy simpática. Mi papá mexicano se llama Ernesto y mi mamá mexicana se llama Blanca. Ernesto es ingeniero; tiene 55 años. Es un hombre alto, un poco gordo y muy trabajador. Blanca tiene 50 años, es muy bonita y es muy trabajadora también. Ella es una de las secretarias de mi universidad. Ernesto y Blanca tienen un hijo de 27 años. Se llama Jesús y es arquitecto. También tienen una hija de ocho años; se llama Teresa. La mamá de Blanca vive con nosotros; ella se llama Carmen y tiene 75 años. Qué familia, ¿eh?

LA FAMILIA DE JESSICA HARRIS

	NAME	AGE	ADDITIONAL INFORMATION
	Jessica	*21*	*Is from Lansing, Michigan. Studies at...*
FATHER			
MOTHER			
BROTHER			
SISTER			
GRANNY			

• E • Mi familia y yo.   Speak with a classmate using the cues provided and appropriate adjectives from page 27.

Ejemplo: JESSICA: *Soy joven. No soy perezosa. ¿Y tú?*

KENTARO: *Soy trabajador. No soy muy alto.*

A: Soy _____. No soy _____. ¿Y tú?
B: Soy _____. No soy muy _____.

A: Mi mamá es _____, pero no es muy _____. ¿Y la tuya *(yours)*?
B: Mi madre es _____, pero no es _____.

A: Mi padre es _____ y un poco _____. ¿Y el tuyo?
B: Mi papá es muy _____ y un poco _____.

A: Mi esposo(a) es _____, pero es un poco _____. ¿Y el (la) tuyo(a)?
B: Mi hijo(a) es _____, pero es un poco _____. ¿Y el (la) tuyo(a)?

• F • **Los signos del Zodíaco.**   Describe two or three people you know, using information from the following horoscope. Express your opinions freely as in the examples.

Ejemplos: *Mi esposa es Libra. Ella es muy justa y sincera, pero no es romántica. Yo soy Tauro. Soy tolerante y agradable, pero no soy afortunado y no soy extravagante.*

Aries (21 marzo–20 abril): valiente, independiente, impaciente, ambicioso

Tauro (21 abril–21 mayo): tolerante, afortunado, extravagante

Géminis (22 mayo–21 junio): intelectual, flexible, enérgico, intranquilo

Cáncer (22 junio–23 julio): tímido, práctico, introspectivo, modesto, idealista

Leo (24 julio–23 agosto): responsable, arrogante, dramático, generoso, ambicioso

Virgo (24 agosto–23 septiembre): inteligente, lógico, organizado, intolerante

Libra (24 septiembre–23 octubre): justo, sincero, romántico, tolerante

Escorpión (24 octubre–22 noviembre): nervioso, decidido, extremista, devoto

Sagitario (23 noviembre–22 diciembre): sincero, honesto, optimista, generoso

Capricornio (23 diciembre–20 enero): reservado, organizado, decidido

Acuario (21 enero–19 febrero): original, dinámico, intuitivo, curioso, espontáneo

Piscis (20 febrero–20 marzo): generoso, idealista, modesto, pacífico, reservado

MOSAICO CULTURAL
Program 1—Personajes inolvidables (*mini-portraits of famous people*)

ASÍ SE DICE

La gente   (People)
la esposa   wife
el esposo   husband
el (la) estudiante   student
la familia   family
la hija   daughter
el hijo   son
el (la) profesor(a)   instructor, teacher, professor

Títulos personales
señor (Sr.)   Mr., sir
señora (Sra.)   Mrs., ma'am
señorita (Srta.)   Miss

Las características físicas
alto   tall
anciano   elderly
bajo   short (in height)
bonito   pretty
delgado   thin
feo   ugly
gordo   fat
grande   big, large
guapo   good-looking, handsome
joven   young
nuevo   new
pequeño   small
viejo   old

La personalidad
antipático   unpleasant
bueno   good
malo   bad
perezoso   lazy
simpático   nice
trabajador(a)   hardworking

Otros adjetivos
nuestra   our

Pronombres   (Pronouns)
él   he
ella   she
ellos(as)   they
nosotros(as)   we
tú   you
usted(es)   you
vosotros(as)   you
yo   I

Verbos
ser   to be

Preguntas
¿Cómo?   How? What?
¿De dónde?   From where?
¿Quién?   Who?

Otras palabras   (Other words)
bien   well, fine
con   with
mi(s)   my
muy   very
y   and

Cómo saludar   (How to greet)
¡Buenos días!   Good morning!
¡Buenas noches!   Good evening!; Good night!
¡Buenas tardes!   Good afternoon!
¿Cómo está usted?   How are you? (formal)
¿Cómo estás?   How are you? (informal)
¡Hola!   Hi!
¿Qué tal?   How's everything?

Cómo contestar   (How to answer)
Bien. Muchas gracias.   Fine. Thank you very much.
Más o menos.   So-so.

Cómo conocer a la gente   (How to meet people)
¿Cómo se llama usted?   What's your name? (formal)
¿Cómo te llamas?   What's your name? (informal)
Me llamo…   My name is . . .
Quiero presentarte a…   I want you to meet . . .
Encantado(a).   Nice to meet you.
Mucho gusto.   My pleasure.
El gusto es mío.   Nice to meet you.

Cómo despedirse   (How to say good-bye)
¡Adiós!   Good-bye!
¡Chao!   Bye!
¡Hasta luego!   See you later!
¡Hasta mañana!   See you tomorrow!

Cómo pedir información   (How to ask for information)
¿Cuántos años tienes?   How old are you?
¿De dónde eres (es usted)?   Where are you from?

Expresiones idiomáticas
bienvenido(a)   welcome

• Lección 2 •

¿Te gusta nuestra clase de español?

ENFOQUE

COMMUNICATIVE GOALS

You will be able to learn more about your classmates and their daily activities.

LANGUAGE FUNCTIONS

Naming academic subjects
Saying your address
Saying your telephone number
Saying your age
Stating ownership
Indicating relationships
Expressing likes and dislikes
Describing daily activities

VOCABULARY THEMES

Classmates and friends
Academic subjects
Numbers 0–99

GRAMMATICAL STRUCTURES

Present tense of the verb *tener*
Possessive adjectives
Possession with *de(l)*
Present tense of regular *-ar* verbs
Me gusta + infinitive

CULTURAL INFORMATION

Study abroad programs

EN CONTEXTO

Jessica Harris y Kentaro Iwao son compañeros de clase en la Universidad de las Américas en Cholula, México.(1) Ahora están tomando un café en la cafetería de la universidad.

Do you like

KENTARO: ¿Te gusta° nuestra clase de español?

JESSICA: Sí, me gusta mucho. El profesor Gómez es muy interesante.

speaks

KENTARO: Me gusta la clase también. Pero el profesor habla° muy rápido, ¿no?

JESSICA: Sí, habla muy rápido. Oye,(2) Kentaro ¿cómo está tu familia?

KENTARO: Muy bien, gracias. Ahora mi esposa Keiko y nuestro hijo Hiroshi están en el zoológico en el centro°.

downtown

JESSICA ¿Cuántos años tiene tu hijo?

KENTARO: Cuatro. Es un niño muy inteligente.

Like

JESSICA: Como° su papá.

KENTARO: ¡Gracias, Jessica! Oye, ¿cómo están los Martínez, tu familia mexicana?

brother

JESSICA: Bien. Son muy simpáticos. Mi "hermano"° Jesús trabaja como arquitecto y mi "hermana" Teresa va al colegio.(3) Mis "padres"(4) trabajan mucho también.(5)

KENTARO: ¡Como nosotros en la clase! ¿Quieres otro café?

to go home

JESSICA: No, gracias. Ahora necesito ir a casa°. Hasta luego, Kentaro.

KENTARO: Chao, Jessica. ¡Hasta mañana!

Notas de texto

1. *La Universidad de las Américas* is located 6 miles (10 kilometers) west of the city of Puebla. It has a large enrollment of international students.

2. *Oye* (literally **hear**) is an expression that Spanish speakers use to signal to someone to listen carefully or to change the subject. It is the equivalent of the English **listen** as in the statement: **Listen . . . I want to tell you something.**

3. A *colegio* is generally a private school for children up to the age of about 17. In some *colegios,* courses are taught entirely in a foreign language, such as in a *colegio francés* or a *colegio alemán.* The Spanish word *colegio* is a false cognate in English; the word for **college** is *universidad.*

4. The word *padre* means **father;** however, the plural form *padres* means **parents.**

5. Notice how Jessica identifies people with their work, which is a common practice in the United States. Spanish speakers often associate people with their social relationships (e.g., *Ella es la hija del señor Gómez.*) or personality (e.g., *Ella es muy simpática.*).

¿Comprendió usted?

Complete las siguientes oraciones con palabras de la conversación. (*Complete the following sentences with words from the conversation.*)

1. ¿Dónde están Jessica y Kentaro ahora? Están en _____.
2. ¿Qué es el señor Gómez? Es _____.
3. ¿Cómo se llama la señora Iwao? Se llama _____.
4. ¿Quién es Hiroshi? Es el _____ de Kentaro.
5. ¿Cuántos años tiene el niño? Tiene _____ años.
6. ¿Cómo es Hiroshi? Es muy _____.
7. ¿Cómo son los Martínez? Son muy _____.

time

C•U•L•T•U•R•A

Programas para estudiantes internacionales

Cada vez° más nuestro planeta es una comunidad internacional. En los Estados Unidos, algunas organizaciones que ofrecen programas para estudiantes de otros países son las siguientes:

- The American Field Service Intercultural Programs
  220 East 42nd Street, New York, NY 10017
  teléfono: (800) AFS-INFO.

- Elderhostel (para personas mayores de 60 años)
  75 Federal Street, Boston, MA 02110
  teléfono: (617) 426-8056.

- World Learning Inc., Kipling Road
  P.O. Box 676, Brattleboro, VT 05302
  teléfono: (800) 858-0292.

- Youth for Understanding International Exchange
  3501 Newark Street, N.W., Washington, DC 20016
  teléfono: (202) 966-6800.

- The Fulbright Exchange Program, Institute of International Education
  809 United Nations Plaza, New York, NY 10017
  teléfono: (212) 883-8200.

- The National Registration Center for Study Abroad
  823 N. 2nd Street P.O. Box 1393, Milwaukee, WI 53201
  teléfono: (414) 278-0631; fax: (414) 271-8884.

¡El inglés es muy importante!

English has become an important international language. Read the following advertisement, then answer the questions about it.

para = to indicate a future time: *para el futuro*

para = purpose: *para estudiantes internacionales*

INGLES
SU PASAPORTE PARA EL FUTURO.
Aprenda a mejorar en los EE.UU.,
Canadá o Inglaterra
Cursos intensivos para estudiantes, adultos y ejecutivos desde 2 semanas hasta un año.
- Escoja 20, 30, ó 40 lecciones por semanas.
- Grupos pequeños o individual, a todos niveles.
- Inglés especializado en su profesión.
- Hospedaje en dormitorios, hoteles o con familias.
- Altamente recomendado por referencia local

Para folletos e información favor de llamar a:
JEAN CORNELIUS LANGUAGE AND VACATION PROGRAMS
Tel. 723-9006 • 723-6796

INGLES para jóvenes 6-17 años en campamentos con deportes, actividades, cultura y excursiones en Inglaterra, Suiza, Canadá y EE.UU.

1. This ad is aimed at . . .
   a. adults.
   b. children.
   c. professional people.
   d. all of the people mentioned in a, b and c.

2. According to the ad, in which countries could people learn English?

3. What kinds of accommodations are available for these students?

4. What sorts of instructional programs are offered in the ad?

5. How can people obtain more information about these programs?

❧ VOCABULARIO ESENCIAL ❧

In this section you will learn to describe your classmates and friends, name the courses you are taking and state your address, telephone number and age.

Los amigos

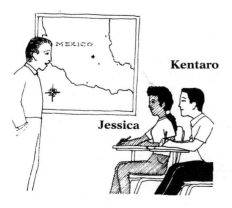

_____ es **el compañero de clase** de _____. / _____ es **la compañera de clase** de _____.

_____ y _____ son **compañeras de cuarto.**

_____, _____, _____ y _____ son **amigos.**

_____ es **el novio** de _____.

Practiquemos

• A • **Mis amigos.**   Complete las siguientes oraciones. Luego léaselas (*read them*) a un(a) compañero(a) de clase.

Ejemplo: Mi compañero de clase se llama <u>Steve</u>.
   Él es <u>modesto</u>.

1. Mi compañero de clase se llama _____.
   Él es (sincero / tímido / modesto).

2. Mi compañera de clase se llama _____.
   Ella es (sincera / tímida / modesta).

3. Mi compañero(a) de cuarto se llama _____.
   Él / Ella es (paciente / responsable / interesante).

4. Mi amigo preferido se llama _____.
   Él es _____ (bilingüe / liberal / religioso).

5. Mi amiga preferida se llama _____.
   Ella es _____ (inteligente / independiente / sociable).

6. Mi novio(a) se llama _____.
   Él / Ella es (romántico[a] / sincero[a] / generoso[a]).

• B • **En mi opinión…**   Exprese sus opiniones, completando las siguientes oraciones con palabras que usted sabe (*know*).

Ejemplos: *El amigo ideal es simpático y honesto.*
   La novia ideal es interesante y romántica.

1. El amigo (La amiga) ideal es…

2. El novio (La novia) ideal es…

3. El esposo (La esposa) ideal es…

¿Qué cursos toma usted?

> **¡CUIDADO!** Academic courses are not capitalized in Spanish.

Practiquemos

para = for a purpose: *para una clase de lenguas*

•**C**• **Asociaciones.**   Identifique para qué se usan los siete libros de la lista.

Ejemplo: *Intercambios   Es para una clase de lenguas.*

LIBROS DE TEXTO	CLASES
1. *Plantas raras de Costa Rica*	letras
2. *Las novelas de Carlos Fuentes*	física
3. *Las teorías de Albert Einstein*	lenguas
4. *El período azul de Pablo Picasso*	bellas artes
5. *Medicina moderna: la cardiología*	ciencias sociales
6. *Historia de la gramática española*	ciencias naturales
7. *Problemas socioeconómicos de México*	estudios profesionales

•**D**• **Mis estudios y mis libros.**   ¿Qué estudia usted y cómo se llaman sus libros?

> **Ejemplo:**   Estudio *español.*
> Mi libro de *español* se llama ***Intercambios.***

1. Estudio _____. Mi libro de _____ se llama _____.

2. Estudio _____. Mi libro de _____ se llama _____.

3. También estudio _____. Mi libro de _____ se llama _____.

Los números 0 a 99

0 **cero**	4 **cuatro**	8 **ocho**	12 **doce**
1 **uno**	5 **cinco**	9 **nueve**	13 **trece**
2 **dos**	6 **seis**	10 **diez**	14 **catorce**
3 **tres**	7 **siete**	11 **once**	15 **quince**

16 **dieciséis**[1]	23 **veintitrés**
17 **diecisiete**	24 **veinticuatro**
18 **dieciocho**	25 **veinticinco**
19 **diecinueve**	26 **veintiséis**
20 **veinte**	27 **veintisiete**
21 **veintiuno**[2]	28 **veintiocho**
22 **veintidós**	29 **veintinueve**

30 **treinta**
40 **cuarenta**
50 **cincuenta**
60 **sesenta**
70 **setenta**
80 **ochenta**
90 **noventa**

y uno
y dos
y tres
y cuatro
y cinco
y seis
y siete
y ocho
y nueve

Ejemplos: 45   *cuarenta y cinco*
76   *setenta y seis*
98   *noventa y ocho*

[1] The numbers 16 to 19 and 21 to 29 can be written either as one word (*dieciséis*) or as three words (*diez y seis*); most Spanish speakers prefer the single word.

[2] The number *veintiuno* changes to *veintiún* before a plural noun; for example: *Somos veintiún estudiantes.* (We are twenty-one students.)

Practiquemos

• E • **Información personal.**   Converse con otro(a) estudiante.

1. KENTARO: ¿Cuál es tu número de teléfono?
   JESSICA: 238-4678 (dos, treinta y ocho; cuarenta y seis, setenta y ocho).[1]

   A: ¿Cuál es tu número de teléfono?

   B: ———. ¿Y el tuyo?

   A: ———.

   B: Gracias.

2. KENTARO: ¿Cuál es tu dirección?
   JESSICA: Avenida Saginaw, número 3547 (treinta y cinco, cuarenta y siete), apartamento número 9 (nueve); Lansing, Michigan, Estados Unidos.

   A: ¿Cuál es tu dirección?

   B: ———. ¿Y la tuya?

   A: ———.

   B: Muchas gracias.

3. JESSICA: ¿Cuántos años tienes?
   KENTARO: Treinta años. ¿Y tú?
    JESSICA: Veintiuno.

   A: ¿Cuántos años tienes?

   B: ———. ¿Y tú?

   A: ———.

GRAMÁTICA ESENCIAL

In this section you will learn how to state ownership and describe social relationships.

Present Tense of tener

One way to indicate ownership or social relationships is to use the verb *tener*, meaning **to have.** Its present tense forms are as follows:

tener (*to have*)

(yo) **tengo**	I have
(tú) **tienes**	you (informal) have
(usted, él / ella) **tiene**	you (formal) have; he / she has
(nosotros / nosotras) **tenemos**	we have
(*vosotros / vosotras*) ***tenéis***	*you (informal) have*
(ustedes, ellos / ellas) **tienen**	you have; they have

---

[1] Spanish speakers tend to pair numbers when saying telephone numbers; for example, here they would say the first number singly, then the rest of the numbers in pairs.

Practiquemos

• A • **¿Qué tienen?**   Diga (*Tell*) qué tienen estas personas, usando **tengo, tienes, tiene, tenemos** o **tienen.**

Ejemplo: Don Ernesto *tiene* una esposa simpática.

1. Ernesto y Blanca _____ una familia pequeña.
2. La familia Martínez _____ una casa grande.
3. Jessica, tú _____ amigos de otros países.
4. Teresa _____ padres simpáticos y trabajadores.
5. Mis amigos y yo _____ profesores fantásticos.
6. Y yo _____….

• B • **¿Y ustedes?**   Pregúntele (*Ask*) a otro(a) compañero(a) de clase si (*if*) tiene las siguientes cosas (*things*).

Ejemplo: A: ¿Tienes un auto?

B: **Sí, tengo un Toyota, y es muy bueno.**

O   B: No, no tengo auto.

En la casa de los Martínez

auto

perro

bicicleta

gato

En el dormitorio de Jessica

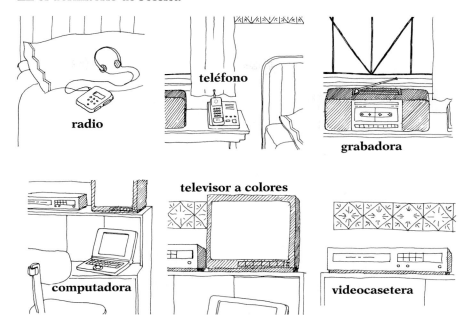

radio

teléfono

grabadora

computadora

televisor a colores

videocasetera

Possessive Adjectives

Possessive adjectives indicate ownership or relationships.

How to match possessive adjectives with their nouns

In Spanish, possessive adjectives must match the gender (masculine or feminine) and number (singular or plural) of the nouns they describe.

1. The possessive adjectives *mi, tu* and *su* have two forms: singular and plural.

	SINGULAR	PLURAL
my	**mi** amigo(a)	**mis** amigos(as)
your (informal)	**tu** hijo(a)	**tus** hijos(as)
his, her, its, your (formal), their	**su** profesor(a)	**sus** profesores(as)

2. The possessive adjective *nuestro,* meaning **our,** has four forms: masculine, feminine, singular and plural.[1]

---

[1] Like *vosotros, vuestro* (your) is used primarily in Spain when addressing more than one person in a familiar way; in Latin America, *su* is used instead. Like *nuestro,* the possessive adjective *vuestro* also has four forms: masculine, feminine, singular and plural.

Masculine	Feminine	
vuestro hermano	vuestra familia	**Singular**
vuestros hermanos	vuestras familias	**Plural**

MASCULINE	FEMININE	
nuestro hermano	nuestra familia	SINGULAR
nuestros hermanos	nuestras familias	PLURAL

PRÁCTICA: To practice this material immediately, do exercises C and D on this page and page 43.

How to use possessive adjectives

1. The possessive adjectives *su* and *sus* are equivalent to the English **his, her, its, your, their.** Usually, context clarifies their meaning.

—Aquí tiene usted **su** diccionario, profesor. Gracias.
Here is your dictionary, professor. Thank you.

—Y aquí tiene **sus** exámenes, Jessica. Son excelentes.
And here are your tests, Jessica. They're excellent.

—Gracias. ¡Ah! Kentaro está en el hospital con **su** hijo, pero aquí tiene **su** trabajo.
Thank you. Oh! Kentaro is at the hospital with his son, but here is his work.

2. You can clarify or emphasize the meaning of *su* and *sus* by using the word *de* with a subject pronoun (*de él, de ella, de usted, de ellos, de ellas, de ustedes*).

—Blanca es la mamá **de ella,** no **de él.** *Blanca is her Mom, not his.*

3. English speakers express possession by attaching an *'s* to a noun. Spanish speakers show this same relationship by using *de* with a noun.

—Blanca es **la esposa de Ernesto.** *Blanca is Ernesto's wife.*

Practiquemos

•C• **Entre amigos.** Complete la conversación con los adjetivos **mi(s), tu(s), su(s)** o **nuestro(a/os/as).**

JESSICA: ¿Es grande _____ familia, Kentaro?

KENTARO: No, _____ familia es pequeña. Somos tres personas.

JESSICA: En _____ casa en Michigan somos seis: _____ padres, _____ hermano, _____ dos hermanas y yo.

KENTARO: ¿Cómo se llaman _____ hermanas?

JESSICA: Cheryl y Joyce. Son muy inteligentes.

KENTARO: ¿Estudian mucho _____ lecciones?

JESSICA: No. ¡_____ hermanas tienen cuatro años!

KENTARO: Ay, perdón. Oye, _____ examen de español es mañana. ¿Quieres estudiar ahora?

JESSICA: Sí. _____ exámenes son difíciles (*difficult*), ¿no?

KENTARO: Un poco, pero me gusta _____ clase.

---
para = in order to:
para expresar sus opiniones

• D • **Nuestro país.** Forme oraciones para expresar sus opiniones. Use palabras de cada (*each*) columna u otras palabras que usted sabe.

Ejemplos: *Nuestra sociedad es progresiva.*
Nuestra sociedad no es progresiva.

	país		bueno
Nuestro	autos		viejo
Nuestra	sociedad	es (no es)	moderno
Nuestros	ciudades	son (no son)	violento
Nuestras	presidente		trabajador
	televisión		progresivo

• E • **Album de fotos.** Complete la conversación con formas del verbo **ser** + **del, de la, de los** o **de las.**

Ejemplo: JESSICA: ¿De quién es el auto Toyota?
TERESA: *Es del* hermano de mi papá.

JESSICA: ¿De quiénes son los gatos?
TERESA: _____ amigas de mi mamá.
JESSICA: ¿Y el perro pequeño?
TERESA: El perro _____ padre de mi papá.
JESSICA: ¿De dónde es el padre de tu papá?
TERESA: _____ ciudad de Monterrey.
JESSICA: ¿Y, de quién es la familia de esta foto?
TERESA: _____ hermano de mi mamá.
JESSICA: Aquí hay otra foto. ¿Son tus amigos?
TERESA: Sí, _____ Colegio Juárez.

• F • **¿Recuerda usted?** (*Do you remember?*)

1. Complete cada oración con palabras apropiadas de la lista y su artículo definido.

mamá	hija	esposa	familia
hijo	curso	padres	hermano

a. Jesús es *el hermano* de Jessica.

b. Blanca es _____ de Ernesto.

c. Doña Carmen es _____ de Blanca.

d. Hiroshi es _____ de Kentaro y Keiko.

e. Teresa es _____ de Blanca y Ernesto.

f. El español es _____ preferido de Jessica.

g. Ernesto y Blanca son _____ de Teresa y Jesús.

h. Los Martínez son _____ mexicana de Jessica.

2. Identifique a las siguientes personas.

   Ejemplo: Jessica / amiga / Kentaro
   Jessica es la amiga de Kentaro.

   a. Arturo / novio / Elke
   b. Kentaro y Jessica / amigos / Young-ah
   c. Young-ah / compañera de cuarto / Elke
   d. el Sr. Gómez / profesor de español / Jessica y Kentaro

3. Ahora escriba *(write)* una descripción breve de su familia.

   Ejemplo: *Me llamo Amy Cohen. Soy la hija de David y Rona Cohen. Mi hermana se llama…*

ATAJO
Vocabulary: family members; nationality; personality; professions
Grammar: verbs: *ser;* verbs: *tener*

•**G**• **Conversación.**   Pregúntele a un(a) compañero(a) de clase.

TU FAMILIA

1. ¿Cuántas personas hay en tu familia?
2. ¿Cuántos hermanos tienes? ¿Cómo se llama(n) y cuántos años tiene(n)?
3. ¿Cuántas hermanas tienes? ¿Cómo se llama(n) y cuántos años tiene(n)?
4. ¿Tienes perros y gatos? ¿Cuántos? ¿Cómo se llaman?

TUS AMIGOS

1. ¿Cómo se llama tu amigo preferido? ¿Cuántos años tiene él?
2. ¿Cómo se llama tu amiga preferida? ¿Cómo es ella? Por ejemplo, ¿es alta, simpática?
3. ¿Tienes un(a) compañero(a) de cuarto? ¿Cómo es él (ella)?
4. ¿Tienes novio(a) ahora? ¿Cómo se llama? ¿Cómo es él (ella)?

por = in idiomatic expressions: *por ejemplo*

TU UNIVERSIDAD

1. ¿Cuántas clases tienes?
2. ¿Qué clases tienes?
3. ¿Cuál es tu clase preferida?
4. ¿Tienes profesores interesantes?
5. ¿Cómo se llama tu profesor preferido? ¿y tu profesora preferida?

MOSAICO CULTURAL
Program 2—Detalles y colores (*detail and color in artistic expression*)

 GRAMÁTICA ESENCIAL

In this section you will learn how to describe everyday activities.

Present Tense of Regular -ar Verbs

How to form the present tense

An infinitive is a nonpersonal verb form; for example, *hablar*. Spanish infinitives end in either *-ar, -er* or *-ir*. All Spanish infinitives have two parts: a stem and an ending.

To form the present tense of Spanish infinitives ending in *-ar*, drop the infinitive ending from the verb and add a personal ending to the stem.

hablar (*to speak, to talk*)

(yo) habl**o**	I speak
(tú) habl**as**	you (informal) speak
(usted, él / ella) habl**a**	you (formal) speak, he / she speaks
(nosotros / nosotras) habl**amos**	we speak
*(vosotros / vosotras) habl**áis***	*you (informal) speak*
(ustedes, ellos / ellas) habl**an**	you, they speak

How to use the present tense

Spanish speakers use the present tense to express (1) what people do over a period of time, (2) what they do habitually, and (3) what they intend to do at a later time.

por = in idiomatic expressions: *por la noche*

1. Jessica **estudia** español en México. — *Jessica is studying Spanish in Mexico.*
2. **Estudia** mucho por la noche. — *She studies a lot in the evening.*
3. Mañana **estudia** con Kentaro. — *Tomorrow she's studying with Kentaro.*

In this lesson, you have already seen several *-ar* verbs. Study these useful verbs with the example phrases:

caminar a la universidad	***to walk*** *to college*
llegar a clase	***to arrive*** *at class*
hablar español en clase	***to speak*** *Spanish in class*
tomar exámenes	***to take*** *tests*
estudiar en la biblioteca	***to study*** *in the library*
necesitar dinero	***to need*** *money*
trabajar por la noche	***to work*** *at night*
tomar un café	***to drink*** *a cup of coffee*
descansar por una hora	***to rest*** *for an hour*
escuchar música	***to listen*** *to music*

por = in duration of time: *por una hora*

Practiquemos

• **A** • **Mis preferencias.** Cuéntele a un(a) compañero(a) de clase sus gustos (**Me gusta** + *infinitive*) y sus aversiones (*dislikes*) (**No me gusta** + *infinitive*).

por = in idiomatic expressions: *por teléfono*

Ejemplos: *Me gusta hablar por teléfono.*
No me gusta tomar exámenes.

Me gusta... (*I like . . .*)

No me gusta... (*I don't like . . .*)

tomar exámenes

escuchar música rap

hablar por teléfono

estudiar con amigos

caminar con mi perro

trabajar por la noche

•B• **Arturo y Elke.**   Arturo habla por teléfono con su novia Elke. ¿Cómo responde ella?

Ejemplo: ARTURO: ¿Cómo llegas a la universidad? (en autobús)
ELKE: *Llego a la universidad en autobús.*

ARTURO	ELKE
1. ¿Estudias mucho o poco?	(mucho)
2. ¿Con quién estudias?	(con Young-ah)
3. ¿En qué lengua hablas con ella?	(en español)
4. ¿Tomas muchos exámenes?	(No, …pocos)
5. ¿Trabajas también?	(Sí, …en casa)
6. ¿No descansas, Elke?	(Sí, …por la tarde)
7. ¿Esuchas música clásica?	(No, …música rock)

por = in idiomatic expressions: *por la tarde*

•C• **¿Y ustedes?**   Pregúntele a un(a) compañero(a) de clase.

1. ¿Cómo llegas a la universidad: en auto, en autobús, en bicicleta, en motocicleta o caminas? ¿Estudias mucho o poco para nuestra clase? ¿Estudias español en casa o en la biblioteca? ¿Cuántas horas estudias por día? ¿Con quién estudias para tus exámenes?

2. ¿Hablas poco o mucho por teléfono? ¿Con quién hablas? ¿En qué lengua hablan ustedes? ¿Qué lengua hablas bien?

3. ¿Tomas mucho o poco café? ¿Tomas chocolate o limonada? ¿Te gusta tomar Pepsi-Cola o Coca-Cola? ¿Qué tomas cuando estudias para un examen?

4. ¿Escuchas música clásica o música moderna? ¿En qué escuchas música: en la radio o en una grabadora? ¿Escuchas música en tu dormitorio o en tu auto?

para = recipient: *para nuestra clase*
por = in duration of time: *por día*

•D• **Young-ah.**   Complete el párrafo con una forma de los verbos.

tomar	hablar	escuchar	trabajar
llegar	caminar	estudiar	descansar

¡Hola! Me llamo Young-ah. Soy de Corea. Estudio en la Universidad de las Américas. Mi compañera de cuarto Elke y yo _____ tres clases: español, pintura y economía de México. Ella y yo _____ a la universidad a las nueve de la manaña. Nuestros profesores _____ muy rápido en español. Elke y yo _____ muy bien en clase. Los profesores _____ durante muchas horas en la universidad.

Por la tarde (yo) _____ por una hora. Mis amigos y yo _____ al centro de Cholula y _____ un café y _____ música mexicana. Me gusta la música de los mariachis.

Por la noche Elke _____ un poco en casa, luego _____ con su novio Arturo en la plaza central de Puebla cuando él no _____. Yo _____ mis lecciones, luego _____ por teléfono con mis amigos.

ASÍ SE DICE

Sustantivos

la biblioteca *library*
la bicicleta *bicycle*
el café *coffee*
la casa *house*
el centro *downtown*
el dinero *money*
el dormitorio *bedroom*
el examen *test*
el gato *cat*
la hora *hour*
el perro *dog*
la pregunta *question*

Las cosas eléctricas

la computadora *computer*
la grabadora *tape recorder*
el teléfono *telephone*
el televisor (a colores) *(color)
  TV set*
la videocasetera *videocassette
  player (VCR)*

Las personas

el (la) amigo(a) *friend*
el (la) compañero(a) de clase
  classmate
el (la) compañero(a) de cuarto
  roommate
la hermana *sister*
el hermano *brother*
la madre *mother*
la novia *girlfriend*
el novio *boyfriend*
el padre *father*
los padres *parents*

Los números

cero *zero*
uno *one*
dos *two*
tres *three*

cuatro *four*
cinco *five*
seis *six*
siete *seven*
ocho *eight*
nueve *nine*
diez *ten*
once *eleven*
doce *twelve*
trece *thirteen*
catorce *fourteen*
quince *fifteen*
dieciséis (diez y seis) *sixteen*
diecisiete (diez y siete)
  seventeen
dieciocho (diez y ocho)
  eighteen
diecinueve (diez y nueve)
  nineteen
veinte *twenty*
treinta *thirty*
cuarenta *forty*
cincuenta *fifty*
sesenta *sixty*
setenta *seventy*
ochenta *eighty*
noventa *ninety*

Cómo pedir información *(How to ask
for information)*

¿Cuál es tu dirección? *What's
  your address?*
¿Cuál es tu número de teléfono?
  *What's your telephone num-
  ber?*

Adjetivos posesivos

mi(s) *my*
nuestro(a, as, os) *our*
su(s) *his, her, your, its, their*
tu(s) *your*
vuestro(a, as, os) *your*

Otros adjetivos

difícil *difficult, hard*
fácil *easy*
mucho *much, a lot*

Verbos

caminar *to walk*
descansar *to rest*
escuchar *to listen*
estudiar *to study*
hablar *to speak, to talk*
ir *to go*
llegar *to arrive*
me/te gusta + infinitive
  I/you like
necesitar *to need*
tener *to have*
tomar *to take, to drink*
trabajar *to work*

Adverbios

ahora *now*
aquí *here*
como *like, as*
también *also, too*
un poco *a little*

Preposiciones

para *for, in order to*
por *for, on (in idiomatic
  expressions, duration
  of time)*

Expresiones idiomáticas

¿Cuántos(as)? *how many?*
en casa *at home*
por la noche *at night*
por la tarde *in the afternoon*

¿Quieres venir a mi fiesta?

ENFOQUE

COMMUNICATIVE GOALS

You will be able to make invitations, describe more of your daily activities and discuss some of your upcoming plans.

LANGUAGE FUNCTIONS

Telling time
Making invitations
Accepting and declining invitations
Expressing likes and dislikes
Describing daily activities
Expressing wants and intentions

VOCABULARY THEMES

Telling time
Days of the week
Months of the year

GRAMMATICAL STRUCTURES

Present tense of regular -er and -ir verbs
Present tense of the verb ir + a
Present tense of the verb querer

CULTURAL INFORMATION

24-hour system of time
Hand gestures

EN CONTEXTO

Jessica contesta el teléfono en su dormitorio.

JESSICA: ¿Bueno?(1)

ARTURO: ¡Hola, Jessica! Habla Arturo.

JESSICA: ¡Arturo! ¡Hola! ¿Cómo estás?

ARTURO: Bien, gracias. Y tú, ¿qué tal?

JESSICA: Muy bien. ¿Qué hay de nuevo°?

ARTURO: Pues, el sábado° es mi santo y voy a hacer una fiesta.(2) ¿Quieres venir°?

JESSICA: Sí. Muchas gracias, Arturo. ¡Felicitaciones!°

ARTURO: Gracias. Van a venir Elke, Young-ah, Kentaro y su familia y… y muchos otros amigos.

JESSICA: ¡Qué bueno!(3) ¿A qué hora es la fiesta?

ARTURO: Por la noche… el sábado…

JESSICA: Sí, pero ¿a qué hora debo° llegar?

ARTURO: Pues, este(4)… a las nueve. Oye, Jessica, ¿te gusta la comida mexicana?

JESSICA: Sí, mucho. ¿Por qué°?

ARTURO: Porque en mi fiesta vamos a comer mucha comida mexicana: enchiladas, tamales, tacos, frijoles refritos… y cerveza°.

JESSICA: Ay, ¡qué rico!

ARTURO: Bueno, hasta el sábado, ¿eh?

JESSICA: Sí, hasta luego, Arturo. Muchas gracias.

ARTURO: De nada. Chao.

What's new?
Saturday
to come
Congratulations

should I

Why?

beer

Notas de texto

1. Spanish speakers use different expressions to answer the telephone, depending on their country. Mexicans say *"Bueno,"* Spaniards say *"Dígame,"* Cubans say *"Oiga"* and people from other Spanish-speaking countries say *"Alo"* or *"Hola."*

2. The saint's day of a Christian Spanish-speaker is as important as a birthday is to an American or Canadian. If your name is also the name of a saint, you have a celebration on that saint's feast day. For example, if your name is José, you celebrate the feast of St. Joseph which is March 19.

3. As you see, the word *bueno* has many meanings in English: **good, hello** when answering the phone in Mexico, **great** (*¡Qué bueno!*) and **well . . .** when thinking before speaking.

4. The utterance *este* is often used in conversation for stalling while thinking about what one wants to say before speaking. English speakers usually say **uh** for this purpose: **Would you like to come over around . . . uh . . . six o'clock?**

¿Comprendió usted?

En una hoja aparte (*a separate sheet of paper*), complete la siguiente tabla. Escriba sus respuestas en español.

¡FIESTA!

Occasion:	Date:	Guests:
Place:	Time:	Food:

VOCABULARIO ESENCIAL

In this section you will learn how to tell time and to make invitations.

¿Qué hora es? (*What time is it?*)

This question can be answered in three ways, depending on the time.

1. On the hour

Es la una.   **Son las siete.**

2. On the quarter or the half-hour

Son las siete y cuarto.   **Son las siete y media.**   **Son las ocho menos cuarto.**

3. Minutes before and after the hour

Son las ocho menos diez.   **Es la una y diez.**

Additional Information

1. As shown in the examples above, use *es* to tell time between 12:31 and 1:30. Otherwise, use *son*.

2. After a specific time, use *de la mañana* (in the morning / a.m.) from midnight until lunchtime, *de la tarde* (in the afternoon / p.m.) until it gets dark, then *de la noche* (in the evening / p.m.). To ask or tell when an event occurs, use the word *a*.

— **¿A** qué hora es la fiesta?   *What time is the party?*
— **A** las nueve **de la noche.**   *At nine o'clock in the evening.*

Practiquemos

• A • **¿Qué hora es?**   Cuéntele la hora a un(a) compañero(a) de clase.

Ejemplo:

— *¿Qué hora es?*
— *Son las ocho menos diez.*

1.   2.    3.   4.

5.    6. 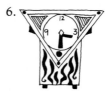   7.   8.

C • U • L • T • U • R • A

24-hour System of Time

The 24-hour system of telling time is commonly used for plane, train and bus schedules, radio and television programs, formal invitations and announcements of official events. To use the 24-hour system, simply count hours consecutively beginning with midnight.

OFFICIAL USE		CONVERSATIONAL USE
(24-HOUR SYSTEM)		(12-HOUR SYSTEM)
10:00 diez	→	las diez de la mañana
13:00 trece	→	la una de la tarde
23:00 veintitrés	→	las once de la noche

In Spain and Latin America many scheduled meetings or events such as business and doctor appointments, religious services and sporting events begin on time. When invited to a **social** function, however, many guests arrive a half-hour to an hour after the specified time. When in doubt, you can ask the time and add *¿en punto?* (on the dot?).

• • • • • • • • • • • • • • • • •

¿Qué hay en la televisión?

Jessica is looking at some television listings in a Mexican TV guide. Answer her questions, using the 12-hour system of telling time.

14:00	Laura, la pequeña niña de la pradera
14:30	La Familia Robinson
15:00	Los Pitufos
15:30	Desafío
16:00	Corre G.C., Corre
16:30	XWiAh Radio Aventura!
17:00	El Pájaro Loco
17:30	El Mago de Oz
18:00	Los Pequeños Muppets
18:30	Los Super Amigos

Ejemplo: ¿A qué hora es "La Familia Robinson"?

Es a las dos y media.

1. ¿A qué hora es la serie "Los Pequeños Muppets"?
2. ¿A qué hora es "Hablando de Fútbol"?
3. ¿A qué hora es la película "El Mago de Oz"?
4. ¿A qué hora es el "Cine Club"?
5. ¿A qué hora es la telenovela "Cuando llega el amor"?

19:00	Noticiero		19:00	Cuando llega el amor
19:25	Milo Cruz en el Futbol		20:00	Chespirito
19:30	Extravagancias		21:00	Yo compro esa mujer
20:00	Hablando de Futbol		21:30	Balada por un amor
21:00	Nova: Una cara normal		22:00	Los Comediantes Desaparecidos
22:00	Imevisión Informa		22:30	24 Horas
22:30	El Show de Benny Hill		23:00	Película
23:30	Cine Club			
01:00	Imevisión Informa			

Las preferencias

— *¿Qué te gusta hacer (to do)?*

— *Me gusta...*

ir al cine   **leer novelas**

escribir cartas   **salir con mis amigos**

comer con mi familia

mirar televisión

MOSAICO CULTURAL ☐
Program 3—Sones y ritmos (the diversity of regional music)

bailar en las fiestas

ver películas en vídeo

Practiquemos

• B • **¿Qué te gusta hacer?**   Pregúnteles a unos compañeros de clase lo que les gusta hacer, usando las ilustraciones de arriba y las de la página 53 y el siguiente ejemplo.

Ejemplo: A: *¿Te gusta escribir cartas?*
B: *No, pero me gusta leer novelas.*

Cómo invitar y pedir más información (*How to invite and ask for more information*)

—¿Quieres ir al cine?	*Do you want to go to the movies?*
—¿Cuándo?	*When?*
—Hoy. / Mañana.	*Today. / Tomorrow.*
—Este fin de semana.	*This weekend.*
El... lunes.	*On . . . Monday.*
martes.	*Tuesday.*
miércoles.	*Wednesday.*
jueves.	*Thursday.*
viernes por la mañana.	*Friday morning.*
sábado por la tarde.	*Saturday afternoon.*
domingo por la noche.	*Sunday evening.*

por = in idiomatic expressions: *por la mañana (tarde / noche)*

¡**CUIDADO!** The days of the week are not capitalized in Spanish. Also, the first day of the week is Monday in Spanish-speaking countries.

Los meses del año

ENERO

L	M	M	J	V	S	D
					1	2
3	4	5	6	7	8	9
10	11	12	13	14	15	16
17	18	19	20	21	22	23
24/31	25	26	27	28	29	30

FEBRERO

L	M	M	J	V	S	D
1	2	3	4	5	6	
7	8	9	10	11	12	13
14	15	16	17	18	19	20
21	22	23	24	25	26	27
28						

MARZO

L	M	M	J	V	S	D
1	2	3	4	5	6	
7	8	9	10	11	12	13
14	15	16	17	18	19	20
21	22	23	24	25	26	27
28	29	30	31			

ABRIL

L	M	M	J	V	S	D
				1	2	3
4	5	6	7	8	9	10
11	12	13	14	15	16	17
18	19	20	21	22	23	24
25	26	27	28	29	30	

MAYO

L	M	M	J	V	S	D
						1
2	3	4	5	6	7	8
9	10	11	12	13	14	15
16	17	18	19	20	21	22
23/30	24/31	25	26	27	28	29

JUNIO

L	M	M	J	V	S	D
	1	2	3	4	5	
6	7	8	9	10	11	12
13	14	15	16	17	18	19
20	21	22	23	24	25	26
27	28	29	30			

JULIO

L	M	M	J	V	S	D
			1	2	3	
4	5	6	7	8	9	10
11	12	13	14	15	16	17
18	19	20	21	22	23	24
25	26	27	28	29	30	31

AGOSTO

L	M	M	J	V	S	D
1	2	3	4	5	6	7
8	9	10	11	12	13	14
15	16	17	18	19	20	21
22	23	24	25	26	27	28
29	30	31				

SEPTIEMBRE

L	M	M	J	V	S	D
		1	2	3	4	
5	6	7	8	9	10	11
12	13	14	15	16	17	18
19	20	21	22	23	24	25
26	27	28	29	30		

OCTUBRE

L	M	M	J	V	S	D
				1	2	
3	4	5	6	7	8	9
10	11	12	13	14	15	16
17	18	19	20	21	22	23
24/31	25	26	27	28	29	30

NOVIEMBRE

L	M	M	J	V	S	D
1	2	3	4	5	6	
7	8	9	10	11	12	13
14	15	16	17	18	19	20
21	22	23	24	25	26	27
28	29	30				

DICIEMBRE

L	M	M	J	V	S	D
		1	2	3	4	
5	6	7	8	9	10	11
12	13	14	15	16	17	18
19	20	21	22	23	24	25
26	27	28	29	30	31	

English speakers usually use ordinal numbers (first, second, third) to express dates with days of the month (e.g., second of February). But Spanish speakers use ordinal numbers only to refer to the first day of the month (*primero*); otherwise, they use cardinal numbers (*dos, cinco, quince*) with dates. To say what happens **on** a date, use *el* with the date.

> ¡CUIDADO! The months of the year are **not** capitalized in Spanish.

"Trece y martes, ni te cases ni te embarques."

—refrán popular

Cómo aceptar una invitación

— ¿Quieres salir esta noche?	*Do you want to go out tonight?*
— Hmm… Vamos al cine.	*Hmm . . . Let's go to the movies.*
— Bien.	*Okay.*

Cómo no aceptar una invitación

— Voy a hacer una fiesta.	*I'm going to have a party.*
— ¿En qué fecha?	*On what date?*
— El treinta de noviembre.	*On November 30th.*
— Ay, no puedo ir.	*Gee, I can't go.*

Practiquemos

• C • **Una invitación.** Imagínese que usted está hablando por teléfono con un(a) amigo(a) hispano(a). Practique la siguiente conversación con otro(a) estudiante.

A: ¿Aló?
B: ¡Hola, _____ (el nombre de su amigo/a)! Habla _____. ¿Qué tal?
A: _____. ¿Y tú?
B: _____. Oye, ¿quieres ir a una fiesta?
A: ¿Una fiesta? ¡Qué bueno! ¿En qué fecha?
B: El (#) de (mes).
A: ¿A qué hora?
B: A la(s) _____. ¿Está bien?
A: Sí, perfecto. Muchas gracias.
B: De _____. ¡Hasta _____!
A: _____.

• D • **Otra invitación.** Hable con un(a) compañero(a) de clase.

ESTUDIANTE A	ESTUDIANTE B
1. Greet your friend, and ask how he or she is.	2. Answer appropriately, then ask how your friend is.
3. Answer the question. Invite your friend to the movies.	4. Accept the invitation, and express your appreciation.
5. Look at the two ads that follow. Ask your friend's choice. (*¿Quieres ver...?*)	6. State your preference. (*Prefiero ver...*) Ask what time the film is.
7. Answer the question.	8. State your preference for time.
9. Agree, then say good-bye.	10. Answer, and thank him or her.
11. Respond appropriately.	

gestures

stingy

all

C·U·L·T·U·R·A

Los gestos°

Los españoles y los latinoamericanos usan muchos gestos con las manos cuando hablan. Por ejemplo, hay gestos para expresar las palabras y expresiones **tacaño°, ¡Cuidado!** y **¡Un momento!** es posible tener una breve conversación con las manos. Así, aquí tiene usted algunos gestos del mundo hispano.

| ¡No! | Vamos a beber. | Un momento. | dinero |

| ¡Cuidado! | ¡Fantástico! | ¡Estás loco(a)! | tacaño(a) |

Los turistas de otros países necesitan tener mucho cuidado con los gestos cuando visitan España o Latinoamérica. ¿Por qué? Porque todos° los gestos no son iguales en todas las culturas. Por ejemplo, los norteamericanos usan algunos gestos que no tienen equivalentes en la cultura hispánica. Y unos gestos en una cultura son incorrectos en otras culturas.

• • • • • • • • • • • • • • • • • • • •

¿Comprendió usted?
Responda con cierto o falso.

1. Es importante comprender los gestos cuando se visita Latinoamérica o España.

2. No es posible tener una breve conversación con el uso de los gestos hispánicos.

3. Los hispanos tienen gestos para expresar una variedad de conceptos.

4. Todos los gestos norteamericanos son iguales a los gestos hispánicos.

GRAMÁTICA ESENCIAL

In this section you will learn to describe some common activities that you and others do.

Present Tense of Regular -er and -ir Verbs

To form the present tense of Spanish infinitives ending in *-er* and *-ir,* add a personal ending to their verb stem.

	comer	**viv**ir
(yo)	com**o**	viv**o**
(tú)	com**es**	viv**es**
(usted, él / ella)	com**e**	viv**e**
(nosotros / nosotras)	com**emos**	viv**imos**
(vosotros / vosotras)	*com**éis***	*viv**ís***
(ustedes, ellos / ellas)	com**en**	viv**en**

Study these useful *-er* and *-ir* verbs with the example phrases:

aprender mucho	*to learn a lot*
beber un refresco	*to drink a soft drink*
comer en casa	*to eat at home*
comprender bien	*to understand well*
deber descansar	*ought to (should) rest*
leer un periódico	*to read a newspaper*
escribir una carta	*to write a letter*
recibir un regalo	*to receive a gift*
vivir en casa	*to live at home*

—¿A qué hora **comes,** Arturo?	*What time do you eat, Arturo?*
—En casa **comemos** a las dos.	*At home we eat at two o'clock.*
—Tengo un examen mañana.	*I have a test tomorrow.*
—**Debes** descansar un poco.	*You should rest a little.*
—Y no **debo beber** café, ¿verdad?	*And I shouldn't drink coffee, right?*
—Sí. **Comprendes** muy bien.	*Yes. You understand very well.*
—¿Dónde **vives,** Young-ah?	*Where do you live, Young-ah?*
—**Vivo** en Seúl, Corea.	*I live in Seoul, Korea.*

Practiquemos

• **A** • **Mis preferencias.** Cuéntele sus preferencias a un(a) compañero(a) de clase.

Me gusta...	leer en mi dormitorio	escribir cartas en inglés
No me gusta...	comer comida italiana	recibir abrazos de mis
	beber café por la	amigos
	mañana	aprender sobre otras
		culturas

• **B** • **Dos amigos.** Young-ah está hablando con su amigo Arturo. ¿Qué dice el joven?

Ejemplo: YOUNG-AH: ¿Dónde vives? (en Puebla)

ARTURO: *Vivo en Puebla.*

YOUNG-AH	**ARTURO**
1. ¿Con quién vives, Arturo?	(con mi familia)
2. ¿A qué hora comes?	(a las 2:00 de la tarde)
3. ¿Qué comes normalmente?	(comida mexicana)
4. ¿Bebes cerveza, Arturo?	(Sí, pero no... mucha)
5. ¿Comprendes otra lengua?	(Sí,... un poco de inglés)
6. ¿En qué lengua lees?	(en español e inglés)
7. ¿Qué lees normalmente?	(periódicos y libros)
8. ¿Escribes un poco también?	(Sí,... en mi computadora)

• **C** • **¿Y ustedes?** Pregúnteles a unos compañeros de clase.

Ejemplo: aprender mucho español

—*¿Aprendes mucho español?*

—*Sí.*

—*Escribe tu nombre aquí, por favor.*

---
por = in idiomatic
expressions: *por favor*
(please)
---

1. vivir en un apartamento
2. leer periódicos en inglés
3. escribir cartas románticas
4. comprender álgebra
5. beber un refresco todas las noches
6. aprender mucho en nuestra clase

• D • **Actividades diarias.**   Diga lo que usted y otras personas hacen (*do*) y no hacen.

Ejemplos: *No bebo refrescos en clase.*
Mi familia come nachos en casa.

¿QUIÉN?	¿QUÉ?	¿DÓNDE?
(yo)	comer nachos	en casa
mi familia	leer periódicos	en clase
(<u>nombre</u>), tú	beber refrescos	en mi trabajo
mis compañeros	aprender español	en la cafetería
mis amigos y yo	escribir en inglés	en la biblioteca

• E • **Problemas y soluciones.**   Lea los problemas de cinco amigos de Jessica. Luego, dé una solución apropiada.

Ejemplo: Teresa no come por la mañana;… comer un poco de fruta.

Teresa no come por la mañana; **debe** *comer un poco de fruta.*

PROBLEMAS	SOLUCIONES
1. Young-ah no baila muy bien;	aprender a bailar con un amigo.
2. Keiko no lee muy bien en inglés;	tomar unas clases de inglés.
3. Arturo trabaja mucho día y noche;	descansar los domingos.
4. Elke tiene problemas emocionales;	hablar con un(a) sicologo(a).
5. Kentaro no comprende bien en clase;	escuchar bien a su profesor.

• F • **Dos compañeras de cuarto.**   Complete el párrafo con la forma correcta de los siguientes verbos.

ser	salir	aprender
leer	tener	escribir
vivir	deber	comprender

¡Hola! Me llamo Elke Späth. _____ de Berlín, Alemania, pero ahora _____ en Puebla, México, con mi compañera de cuarto coreana, que se llama Young-ah. Ella y yo tomamos tres clases en la universidad donde nosotras _____ mucho. Yo _____ español bien porque mi novio Arturo habla mucho conmigo, pero Young-ah _____ problemas en hablar la lengua. Al contrario, ella _____ muy bien los periódicos de Puebla y _____ composiciones excelentes en sus clases. En mi opinión, ella _____ ir al cine más frecuentemente, mirar televisión y _____ con sus amigos mexicanos.

•G• **Entrevista.** Pregúntele a un(a) compañero(a) de clase.

1. ¿Dónde vives ahora? ¿Con quién vives? ¿Cuál es tu dirección? ¿y tu número de teléfono?

2. ¿Tienes muchas o pocas clases? ¿Cuántas? ¿Son difíciles o fáciles?

3. ¿Aprendes mucho o poco en nuestra clase de español? ¿Debes estudiar mucho para nuestros exámenes? En general, ¿eres un(a) estudiante bueno(a) o malo(a)?

4. ¿Lees mucho o poco? ¿Qué lees frecuentemente? ¿Lees novelas históricas o novelas románticas?

5. Los lunes por la tarde, ¿comes en la cafetería o en casa? ¿Comes mucho o poco, normalmente? ¿Comes sándwiches? ¿Bebes café, refrescos o cervezas? Una pregunta final: ¿Comes para vivir o vives para comer?

para = in order to:
¿Comes para vivir o vives para comer?

GRAMÁTICA ESENCIAL

In this section you will learn how to express your wants and intentions.

Present Tense of the Verb querer

querer *(to want)*

(yo) **quiero**	I want
(tú) **quieres**	you (informal) want
(usted, él / ella) **quiere**	you (formal) want, he / she wants
(nosotros / nosotras) **queremos**	we want
(vosotros / vosotras) **queréis**	*you (informal) want*
(ustedes, ellos / ellas) **quieren**	you (formal) want, they want

—¿**Quieres** salir esta noche? *Do you want to go out tonight?*
—Sí. **Quiero** ir al cine. *I want to go to the movies.*

Practiquemos

•A• **Una invitación.** Complete esta conversación, usando **quiero, quieres, quiere, queremos** y **quieren.** Luego practique la conversación con un(a) compañero(a) de clase.

ELKE: Oye, Jessica, Arturo y yo _____ ir al cine. ¿_____ ir con nosotros?
JESSICA: Ay, gracias, pero no puedo. Necesito estudiar. ¿Qué película _____ ustedes ver?
ELKE: Bueno, Arturo _____ ver una comedia y yo _____ ver un drama.

• B • **¿Qué quiere usted hacer?** Cuéntele a otro(a) estudiante algunos de sus deseos, completando las siguientes oraciones. Los tres puntos (…) representan otra posibilidad.

Ejemplo: vivir en (Europa / África / Australia / …)
Quiero vivir en Europa.
O *Quiero vivir en Costa Rica.*

1. vivir en (Europa / África / Australia / …)
2. comprender (español muy bien / alemán un poco / …)
3. aprender (a hablar francés / a bailar muy bien / …)
4. recibir (un regalo bonito / un abrazo grande / …)
5. leer (un periódico en español / libros en francés / …)
6. escribir (cartas en español / una novela en inglés / …)

Present Tense of the Verb ir

ir (*to go*)

(yo) **voy**	I am going
(tú) **vas**	you (informal) are going
(usted, él / ella) **va**	you (formal) are going, he / she is going
(nosotros / nosotras) **vamos**	we are going
(vosotros / vosotras) ***vais***	*you (informal) are going*
(ustedes, ellos / ellas) **van**	you (formal) are going, they are going

Uses of These Forms

1. To tell where people are going, use a form of the verb *ir* plus the preposition *a,* followed by a destination.

   —¿Adónde vas, Kentaro?   *Where are you going, Kentaro?*
   —Voy **a** la biblioteca.   *I'm going to the library.*
   —Voy **al** cine con Elke.   *I'm going to the movies with Elke.*

2. To express future plans, use a form of the verb *ir* plus the preposition *a,* followed by an infinitive.

   —¿Qué **vas a hacer** ahora?   *What are you going to do now?*
   —**Voy a mirar** televisión.   *I'm going to watch television.*

• C • **Una invitación.** Complete esta conversación, usando **ir, voy, vas, va, vamos** y **van.** Luego practique la conversación con otro(a) estudiante.

JESSICA: ¡Hola, Young-ah! ¿Adónde _____ ahora?
YOUNG-AH: (Yo) _____ al cine. ¿Quieres _____ conmigo?
JESSICA: No puedo. Mi hermana y yo _____ al centro.
YOUNG-AH: ¿Qué _____ a hacer este fin de semana, Jessica?
JESSICA: ¡(Yo) _____ a una fiesta! ¿Quieres _____?
YOUNG-AH: Sí, gracias. ¿Quiénes _____ con nosotras?

JESSICA: _____ mi amiga Ramona y su novio Tomás.
YOUNG-AH: ¿Cómo _____ (nosotros) a la fiesta?
JESSICA: _____ en auto. La fiesta _____ a ser en otra ciudad.

• D • ¿Adónde van? Complete las oraciones con formas del verbo *ir* + *al, a la, a los* o *a las.*

Ejemplo: El domingo Jesús <u>*va al*</u> cine con dos amigos.

1. Ahora Kentaro _____ biblioteca para estudiar un poco.
2. Keiko, tú _____ centro con Hiroshi este fin de semana, ¿no?
3. Jessica y sus amigos _____ ciudades de Jalapa y Veracruz.
4. El viernes la familia Martínez _____ concierto de jazz en Puebla.
5. Ernesto y Blanca _____ casa de sus amigos que viven en Cholula.
6. Y yo _____...

• E • El fin de semana. Pregúntele a otro(a) estudiante qué va a hacer este fin de semana.

Ejemplo: A: *Este fin de semana, ¿vas a comer mucho o poco?*
B: *Voy a comer poco.*
O B: *Voy a comer mucho.*

Este fin de semana,...

1. ¿vas a comer mucho o poco?
2. ¿vas al cine o a una fiesta?
3. ¿vas a estudiar o a descansar?
4. ¿vas a salir con amigos o a trabajar?
5. ¿vas a mirar televisión o a leer un poco?

• F • Dos amigos(as). Hable con otra persona, usando formas de *ir* y otra información apropiada.

ESTUDIANTE A
1. ¡Hola! ¿Qué tal?
3. ... ¿Adónde va _____ mañana?
5. ¿Qué va _____ a hacer?
7. ¿A qué hora va _____ mañana?
9. [Accept or decline.]

ESTUDIANTE B
2. ..., gracias. ¿Y tú?
4. (Yo) _____ a... ¿Quieres _____?
6. Voy a...
8. ... ¿Va _____ conmigo o no?
10. [End the conversation.]

• G • Mis planes. Escriba un poco sobre sus planes.

Ejemplos: *Esta noche voy a descansar.*
El primero de enero voy a una fiesta.
En diciembre voy a Colorado a esquiar.

Esta noche voy a _____. Mañana voy a _____. Este fin de semana voy a _____ y _____. El sábado voy a _____ y el domingo voy a _____ mucho.

En diciembre voy a _____ y el primero de enero voy a _____. En _____ voy a _____. En agosto voy a _____.

ATAJO
Vocabulary: leisure; sports

ASÍ SE DICE

Sustantivos
la carta *letter*
la cerveza *beer*
el cine *movie theater*
la comida *food*
la fiesta *party*
la película en vídeo *video movie*
el periódico *newspaper*
el refresco *soft drink*
el regalo *gift*

Adjetivos
primero *first*

Los días de la semana *(Days of the Week)*
lunes *Monday*
martes *Tuesday*
miércoles *Wednesday*
jueves *Thursday*
viernes *Friday*
sábado *Saturday*
domingo *Sunday*

Los meses del año *(Months of the Year)*
enero *January*
febrero *February*
marzo *March*
abril *April*
mayo *May*
junio *June*
julio *July*
agosto *August*
septiembre *September*
octubre *October*
noviembre *November*
diciembre *December*

Verbos
aprender *to learn*
bailar *to dance*
beber *to drink*
comer *to eat*
comprender *to understand*
deber *ought (should)*
escribir *to write*
hacer *to do, to make*
invitar *to invite*
ir *to go*
leer *to read*
mirar *to watch, to look (at)*
puedo *I can*
querer (e → ie) *to want*
recibir *to receive*
salir *to go out, to leave*
venir (e → ie) *to come*
ver *to see, to watch*
vivir *to live*

Preposiciones
conmigo *with me*

Conjunciones
porque *because*

Preguntas
¿Adónde? *Where to?*
¿A qué hora? *(At) What time?*
¿Cuándo? *When?*
¿De qué? *Of/About what?*
¿Por qué? *Why?*

Cómo invitar y pedir más información
(How to invite and ask for more information)
¿Quieres ir al cine? *Do you want to go to the movies?*
¿En qué fecha? *On what date?*
esta noche *tonight*
hoy *today*
mañana *tomorrow*
el lunes *on Monday*
este fin de semana *this weekend*
por la mañana *in the morning*

Cómo pedir la hora y contestar *(How to ask for the time and answer)*
¿Qué hora es? *What time is it?*
Es la una de la mañana. *It's one in the morning.*
Son las dos de la tarde. *It's two in the afternoon.*
Son las ocho de la noche. *It's eight in the evening.*

Expresiones idiomáticas
¡Felicitaciones! *Congratulations!*
¡Qué bueno! *Great!*
¿Qué hay de nuevo? *What's new?*
¡Qué rico! *How delicious!*

México: Socio° del Tratado de Libre Comercio[1]

Partner

Un acuerdo° internacional

agreement

Desde el primero de enero de 1994, México, los Estados Unidos y el Canadá han sido socios de un acuerdo económico importante, que se llama el Tratado de Libre Comercio (TLC). Resulta que este acuerdo es la fuerza económica más grande y poderosa° del mundo, la cual representa una población de más de 365 millones de personas.

powerful

Perspectivas económicas

Tratado trilateral de libre comercio

Para México, el Tratado de Libre Comercio es un instrumento más del programa de modernización económica que responde a su situación geográfica, nivel de desarrollo y la nueva dinámica de la economía mundial. La recuperación económica con estabilidad de precios, realizada al principio de la presente década, ha dejado atrás los problemas de la deuda externa y la indisciplina fiscal que agobió su desarrollo y preparó a México a su reinserción activa en la economía mundial dentro del bloque comercial más grande del mundo. Con una producción de menor costo y de mayor calidad como corresponde realizar, proyecta a México como una de las primeras economías de mayor desarrollo al principio del segundo milenio

Indicadores
US$ millones

Año	PIB	Export. FOB	Deuda externa	Balanza cuenta cte.
1986	127.140	16.031	101.722	−1.673
1987	141.940	20.655	107.882	+3.968
1988	176.700	20.566	101.567	−2.443
1989	200.730	22.765	95.642	−3.958
1990	237.750	26.838	96.810	−7.117
1991		27.121		−13.282

Fuentes: FMI, BM

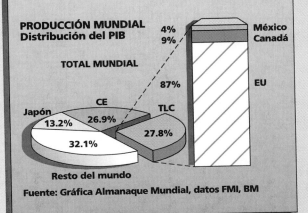

PRODUCCIÓN MUNDIAL
Distribución del PIB

TOTAL MUNDIAL

Japón 13.2%
CE 26.9%
TLC 27.8%
Resto del mundo 32.1%

México 4%
Canadá 9%
EU 87%

Fuente: Gráfica Almanaque Mundial, datos FMI, BM

Los beneficios del TLC

Algunos beneficios significativos de este tratado para los tres socios son los siguientes:
• La eliminación de las tarifas y los obstáculos comerciales entre los tres socios
• Más trabajo para los mexicanos, los canadienses y los estadounidenses
• Productos más baratos° especialmente los autos, la ropa° y los productos agrícolas
• Mejores relaciones políticas y económicas entre los tres socios

cheaper
clothing

Desde la perspectiva mexicana

La narración a la izquierda representa un perfil° del TLC en comparación con la producción total del resto del mundo.

profile

[1] En inglés el Tratado de Libre Comercio se llama *North American Free Trade Agreement* (NAFTA).

¿Comprendió usted?

Lea las siguientes oraciones, luego indique si son ciertas o falsas según la lectura.

1. Hay cinco países que son socios de en el TLC.
2. El TLC es un acuerdo relativamente nuevo.
3. El tratado es muy importante para el Japón.
4. Hay muchos beneficios para los socios del TLC.
5. EL TLC representa una cooperación internacional.
6. México tiene 10% de la producción total del mundo.

¿Qué dice usted?

Responde a las siguientes preguntas. Exprese sus ideas y opiniones en español.

1. ¿Es el TLC una idea buena o mala para el Hemisferio Occidental (*Western*)?
2. ¿Qué beneficio del TLC es muy importante para México?
3. ¿Qué beneficio de este tratado es importante para la economía mundial?

El Tratado de Libre Comercio puede beneficiar mucho a esta mujer y a sus colegas.

El Presidente Bill Clinton firmó el Tratado de Libre Comercio el 14 de diciembre de 1993.

¡A LEER!

Using Background Knowledge

The more you know about a topic, the better you will be able to understand a reading in Spanish about that topic.

1. Indicate what background knowledge you have of the following elements, using the points system in the accompanying scale.

   0 = no knowledge   1 = some knowledge   3 = much knowledge

   _____ Attracting the opposite sex   _____ Personal columns in newspapers
   _____ Finding a date via computer   _____ Dating customs in Western cultures
   _____ Autobiographical descriptions   _____ TOTAL

2. Add up your points. The higher your total score, the better you will be able to read and understand the following descriptions.

Using Organizational Features

You can also become a more proficient reader in Spanish by paying attention to how a reading passage is presented. Here are five suggestions to help you.

1. Read the **title;** it introduces the main topic of the reading.
2. Before reading the text, look at the **illustrations** that accompany it, especially those with **captions;** they provide clues about passage content.
3. Read the **first sentence;** it sets the tone for the rest of the passage.
4. Notice **key words** and **phrases** that are repeated throughout the passage; they can help you to discover its main ideas.
5. Read the **conclusion** at the end of the passage; it often provides a summary of the main ideas.

Follow these five suggestions as you read the article.

Club de amor y amistad

¿Quiere usted encontrar al caballero° o a la dama° de sus sueños°? Todos queremos y buscamos° amor y amigos. Estas descripciones ofrecen una oportunidad para encontrar a un(a) novio(a) o simplemente conocer a personas hispanas. ¡Buena suerte°!

gentleman / lady / dreams
we look for

luck

CABALLEROS PARA DAMAS

Mexicano bilingüe de 30 años, 5'9, con bigote, soy amigable, de buenos sentimientos, me gusta toda clase de música, especialmente la romántica, dibujo, escribo poemas y versos, practico deporte, no tomo, busco una bonita amistad, no importa su físico, ni el lugar de origen solo sus buenos sentimientos. Escríbeme.   #4043

Soy alto, elegante, guapo y con personalidad. Tengo auto deportivo, para pasear y dinero para derrochar, me gusta la música, el baile, restaurantes finos y viajar. Busco latina discreta, bonita, sensual, escultural y apasionada, para una relación ardiente. Er.vía datos personales y teléfono.   #8083

Papá soltero, trabajador, posición económica estable, 38 años, alto, delgado, romántico, realista y muy responsable, no fumo, tomo poco y me encantan los niños. Deseo relacionarme con dama de 25-30 años, alegre, alta, delgada, que le guste bailar, no fume, sea romántica y responsable, para una relación seria.   #3083

DAMAS PARA CABALLEROS

Dama atractiva, 42 años, ojos verdes, buena figura, no vicios. Deseo conocer caballero americano para aprender inglés, ¿deseas aprender español? escríbeme, juntos lo lograremos y tal vez algo más podiera surgir.   #5823

Hola, soy dama centroamericana de 28 años, alegre. Busco relacionarme con hombre de 35-40 años, que sea sincero, honesto, hispano o americano y que hable español. Escríbeme.   #5923

Mujer profesionista, alta, delgada, ojos azules, atractiva y culta, 34 años. Deseo tener relación seria con hombre guapo, alto, buena posición económica, delgado y que le guste viajar. Enviar foto y número de teléfono.   #3283

Mexicana de 27 años, deseo tener amistad con caballeros de 25-30 años para compartir los buenos momentos de la vida. Mi pasatiempo favorito es escuchar música romántica, si crees que puedo ser tu amiga, escríbeme.   #5103

¿Comprendió usted?

1. What is the purpose of these descriptions?

2. Where would you expect to find them?

3. Write the reference number of the man who . . .
   a. writes poems.
   b. has a sports car.
   c. speaks two languages.
   d. seeks a serious relationship.

4. Write the reference number of the woman who . . .
   a. is from Central America.
   b. wishes to learn English.
   c. likes listening to music.
   d. is a well-educated professional.

5. Which person would you most like to write to, and why?

¡A ESCRIBIR!

Organizing Information

1. Look at the following chart and familiarize yourself with the information about Jessica Harris.

Nombre	Jessica Harris	Compañero(a)	Usted
Ciudad	Lansing (Michigan)		
País	Estados Unidos		
Lengua(s)	inglés, español		
Edad	21 años		
Escuela	Universidad de las Américas		
Curso(s)	español, literatura		
Planes	ser profesora		

2. Now read the following description of Jessica and note how it includes information from the chart.

   Jessica Harris es de Lansing, Michigan, Estados Unidos. Ella habla inglés y español. Jessica tiene veintiún años. Estudia en una universidad. Se llama la Universidad de las Américas. Jessica estudia español y literatura mexicana. Ella quiere ser profesora.

3. Create a chart on another sheet of paper and fill it in with information about one of your classmates. Then write a similar descriptive paragraph about him or her.

4. Now fill in the chart with information about yourself. Then write a descriptive paragraph about yourself.

5. Exchange both of your paragraphs with a classmate. Check each other's work for errors, and correct any you find. Discuss the results together, then return one another's work.

Combining Sentences

One way to improve your writing style is to combine short sentences that fit together logically. Here are four Spanish words you can use to combine sentences and parts of sentences:

y	*and*	**porque**	*because*
pero	*but*	**que**	*that, which, who*

1. Read Elke Späth's postcard to her friend in the Canary Islands and write down all the sentence connectors.

Querida Mercedes:
   ¿Qué tal? ¿Cómo está la familia?
   Mis estudios en la universidad van bien porque estudio mucho. Tomo tres cursos: español, pintura y economía de México. Mis profesores son excelentes y aprendo mucho de ellos.
   Tengo una compañera de cuarto, que se llama Young-ah. Ella es inteligente pero necesita estudiar mucho. Tengo un novio mexicano, que se llama Arturo. Tiene veinticinco años y es guapo y simpático. Este fin de semana él va a hacer una fiesta porque es su santo. Aquí tienes una foto de nosotros dos en el centro de Puebla.
   Bueno, necesito salir ahora. ¡Chao!
      Tu amiga,
      Elke

2. Combine the following sets of sentences using *y, pero, que* and *porque.*

   Ejemplo: Hablo inglés bien. Hablo español un poco.
      Hablo inglés bien, pero hablo español un poco.

   Tengo dos profesores. Son excelentes. Son simpáticos. Young-ah es inteligente. El español es difícil para ella. Jessica quiere ser profesora. Quiere vivir en España. Necesito estudiar ahora. Tengo un examen el miércoles.

3. Imagine that Elke is your pen friend. Using her letter as a model, write to her about yourself, your family and pets, your friends and their activities, what you do during the week and how you spend your free time. Don't forget to combine sentences appropriately.

Guatemala

Día tras día

We meet the Ixtamazic family who live in Tamahú, a mountain village in rural Guatemala. Mario Ixtamazic works on a banana plantation with his conservative father who wants his son to marry and settle down. Mario looks for a higher paying job, and eventually he finds one in a brewery in Guatemala City. He soon learns, however, that he does not like life in the capital, as he tells his family when he returns to his village for the weekend.

• Lección 4 •

¡Hay tiempo para todo!

ENFOQUE

COMMUNICATIVE GOALS

You will be able to describe your family and other relatives and some activities you and they do.

LANGUAGE FUNCTIONS

Naming family members
Describing your family
Describing your recent activities
Discussing your daily activities
Stating location
Expressing physical and mental states
Expressing knowledge and familiarity
Describing how and how often

VOCABULARY THEMES

Family members
Marital status
Some past tense forms (recognition)

GRAMMATICAL STRUCTURES

Present tense of other irregular *yo* verbs
Some uses of the verb *estar*
Uses of the verbs *saber* and *conocer*
Adverbs and adverbial expressions

CULTURAL INFORMATION

Hispanic families
Hispanic names

EN CONTEXTO

near

older
married

Nueve personas de la familia Ixtamazic viven en un rancho pequeño cerca° del pueblo de Tamahú, Guatemala.(1) Ellos son Mario (26 años), sus abuelos Diego y Raquel, sus padres Ricardo e(2) Isabel, su hermana mayor° Yolanda (30 años) y su hermana menor, que se llama Ángela (14 años). Yolanda está casada° con Andrés; tienen un hijo de dos años, que se llama Tito.

living room

Son las nueve de la noche y la familia está en la sala° de su casa.

play
is very sleepy
grandson
tired

MARIO: ¡Tito, mi Tito! Vamos a jugar°. ¡Vamos a jugar, Tito!
YOLANDA: Ay, no, Mario. Tito tiene mucho sueño°.
ISABEL: Vos tenés razón,(3) Yolanda. Ahora mi nieto° está muy cansado°.
MARIO: Sí, sí… pero me gustan mucho los niños.
RICARDO: ¿Y cuándo vas a casarte, Mario? Vos sabés que tu mamá quiere más nietos… yo también.

Man!
time for everything
did you do
taught me
woman / I made

MARIO: ¡Hombre°! Paciencia, papá. Usted sabe que tengo novia.(4) Hay tiempo para todo°, ¿eh?
ISABEL: Oye, Ángela, ¿qué hiciste° en la cooperativa hoy?
ÁNGELA: La señora Varela me enseñó° cómo hacer una chaqueta para mujer°. Hoy hice° tres chaquetas y todas salieron bien, mamá.
ISABEL: ¡Qué bueno, hija! Vos aprendés muy rápidamente.

helps

ÁNGELA: Pues, la señora Varela siempre me ayuda° a aprender cosas nuevas. Es muy inteligente.
RICARDO: Sí, es verdad. La cooperativa Los Proyectos del Pueblo es buena para Tamahú.(5)
YOLANDA: Sí. Es mejor trabajar aquí con las otras familias. No quiero trabajar en la ciudad porque no nos respetan allí. Prefiero estar aquí con mi familia… en mi pueblo.

Notas de texto

1. Tamahú is a village located in a rainforest valley 70 miles (108 kilometers) northeast of Guatemala City. Most of the 650 people who live in that indigenous community speak Pokomchí, a Mayan Indian dialect. Some of the villagers also speak Spanish.

2. The conjunction *y* (and) becomes *e* before a word beginning with *i* or *hi*. (*Comprendo español e inglés. Estudio literatura e historia.*) The conjunction *o* (or) becomes *u* before a word beginning with *o* or *ho*. (*¿Tu nombre es Omar u Óscar? ¿Su nombre es Hildebrando u Horacio?*) These changes occur for pronunciation reasons.

3. In Argentina, Uruguay, Paraguay, in some parts of Chile, Ecuador and Colombia, and in most of Central America, most Spanish speakers use *vos* instead of *tú*. You will be understood perfectly, however, when you use *tú* in those countries.

4. Notice that Mario uses *usted* with his father, which is quite common when children address their parents in Guatemala.

5. There are many artisan cooperatives in villages throughout Latin America. These co-ops not only help people eat better, send their children to school for a greater number of years, and care better for their health, but they also build communities of self-respect and help preserve regional cultures. The artisans produce practical items such as jackets, blankets, dresses, rugs, pillowcases, vases and bookshelves which are sold in their country and abroad.

¿Comprendió usted?

A. Complete las oraciones según (*according to*) la lectura.

1. Los Ixtamazic son...
   a. españoles.
   b. sudamericanos.
   c. norteamericanos.
   d. centroamericanos.

2. Ellos viven en...
   a. una región rural.
   b. cerca del océano.
   c. una ciudad grande.
   d. una ciudad pequeña.

3. Mario es...
   a. el padre de Tito.
   b. el hijo de Andrés.
   c. el papá de Ángela.
   d. el hermano de Yolanda.

4. Yolanda e Isabel son...
   a. hermanas.
   b. hija y madre.
   c. hijas de Mario.
   d. hijas de Ricardo.

5. Ángela es...
   a. perezosa.
   b. generosa.
   c. trabajadora.
   d. independiente.

6. El pokomchí es...
   a. una cosa.
   b. una lengua.
   c. una ciudad.
   d. una persona.

MOSAICO CULTURAL

Program 4—Pueblos indígenas (pre-Columbian communities in Mexico and Bolivia)

B. Responda a las siguientes preguntas.

1. ¿Cuántos hermanos y hermanas tiene Mario?
2. ¿Cuántas personas hay en la familia del joven?
3. ¿Cuántos nietos tienen Ricardo e Isabel ahora?
4. ¿Cuántos años tiene el hijo de Yolanda y Andrés?
5. ¿Quién es Ángela y qué trabajo tiene en el pueblo?

VOCABULARIO ESENCIAL

Cómo conversar sobre la familia

In this section you will learn to describe your family and other relatives, to describe some of your past activities and to ask your classmates about theirs.

Los parientes (relatives)[1]

el abuelo	grandfather / grandmother	**la abuela**[2]
el nieto	grandson / granddaughter	**la nieta**
el tío	uncle / aunt	**la tía**
el sobrino	nephew / niece	**la sobrina**
el primo	male cousin / female cousin	**la prima**

ser + noun = to describe marital status: *Es soltero.*

El estado civil (marital status)

Es…		Está…	
soltero(a).	single	**casado(a).**	married
viudo(a).	widowed	**divorciado(a).**	divorced

estar + adjective = to describe marital status: *Está casada.*

Practiquemos

• **A** • **Los familiares (*Family members*).**   Complete las oraciones con el nombre del familiar apropiado.

ser = identification: *El hermano de mi papá es mi tío.*

Ejemplo: El hermano de mi papá es mi *tío*.

		FAMILIAR
1.	La hija de mis tíos es mi…	tía
2.	La esposa de mi tío es mi…	tío
3.	La hija de mi hermana es mi…	prima
4.	La madre de mi papá es mi…	nietos
5.	Soy el (la) nieto(a) de mis…	abuela
6.	El padre de mis primos es mi…	abuelos
7.	Los niños de mis hijos son mis…	sobrina

---

[1] In Spanish-speaking countries, the following people are part of the family: *el bisabuelo* (great-grandfather), *la bisabuela* (great-grandmother), *el padrastro* (stepfather), *la madrastra* (stepmother), *el hermanastro* (stepbrother), *la hermanastra* (stepsister), *el suegro* (father-in-law), *la suegra* (mother-in-law), *el cuñado* (brother-in-law), *la cuñada* (sister-in-law), *el yerno* (son-in-law), *la nuera* (daughter-in-law), *el padrino* (godfather) and *la madrina* (godmother); *el compadre* (the father and the godfather refer to each other as *compadre*) and *la comadre* (the mother and godmother refer to each other as *comadre*).

[2] The masculine plural forms are used to refer to both sexes of relatives. For example, *abuelos* can mean **grandfathers** or **grandparents**; *padres* can mean **fathers** or **parents**; *hermanos* can mean **brothers** or **brothers and sisters**; *tíos* can mean **uncles** or **aunts and uncles**. The intended meaning of each plural form depends upon its context.

• B • **Preguntas personales.**   Pregúntele a un(a) compañero(a) de clase.

1. ¿Cuántos abuelos tienes? ¿Cuántos años tiene(n)? ¿Dónde vive(n)?

2. ¿Cuántos tíos tienes? ¿Cómo se llama(n)? ¿Eres tío(a)? ¿Tienes sobrinos? ¿Cuántos? ¿Cómo se llaman y cuántos años tienen?

3. ¿Tienes muchos o pocos primos? ¿Quién es tu primo(a) preferido(a)? ¿Dónde vive? ¿Cómo es él (ella)?

4. ¿Quién está casado en tu familia? ¿Cuántos niños tiene(n)?

5. Y tú, ¿eres soltero(a) o estás casado(a)? ¿Tienes niños?

• C • **Mi familia.**   Dibuje su árbol familiar. (*Draw your family tree.*) Luego escriba una descripción de su familia, usando el siguiente modelo.

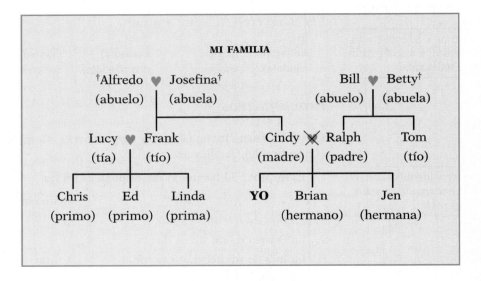

MI FAMILIA

Ejemplo: *Tengo una familia grande. Mis padres están divorciados y ahora vivo con mi papá. Tengo un hermano mayor y una hermana menor. Mi hermano se llama Brian; tiene veinticinco años. Brian es guapo y simpático. Mi hermana se llama Jen; tiene dieciocho años. Ella es una estudiante inteligente y estudiosa. Tengo dos tíos, una tía y tres primos, que viven en Alabama. También tengo un abuelo que se llama Bill; es el padre de mi papá. Mi abuelito, que es viudo, tiene setenta años y vive en California.*[1]

Ahora usando su descripción, hable sobre su familia con un(a) compañero(a) de clase, que debe hacerle a usted preguntas apropiadas.

———————

[1] The names *abuelito* (grandpa), *abuelita* (grandma) and *papá* or *papi* (Dad), *mamá* or *mami* (Mom), carry strong feelings of affection among Spanish speakers.

• D • **Un(a) pariente especial.**

1. Escriba una descripción de un(a) pariente, a quien usted quiere mucho. Su descripción debe incluir: el nombre completo del (de la) familiar, cuántos años tiene, dónde vive, su estado civil, sus características físicas, sus características de personalidad, sus actividades preferidas y otra información interesante.

2. Traiga (*Bring*) a la clase una foto de esta persona y léale su descripción a un(a) compañero(a).

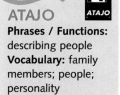

ATAJO

Phrases / Functions: describing people
Vocabulary: family members; people; personality
Grammar: verbs: *ser* and *estar*; verbs: present

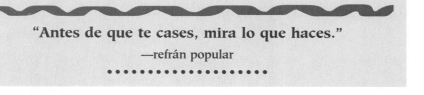

"Antes de que te cases, mira lo que haces."

—refrán popular

C • U • L • T • U • R • A

Hispanic Families

In Hispanic cultures the most important social unit to which a person belongs is the extended family or *familia*. In addition to the father, mother and children, *la familia* includes the parents of the husband and wife, their brothers and sisters, as well as nieces, nephews, cousins and godparents.

Traditionally, Hispanic families maintain very close ties. Often, Hispanics in need will turn to their extended family for both emotional and material support before requesting assistance from their government, church or charities. In times of difficulty, strong family ties provide a welcome support system. Because of strong emotional relationships and economic considerations, two or more generations may live together in one home. Elderly people usually live with their children's family rather than in a nursing home, and they often care for younger children while their parents are away at work. Grandparents contribute greatly to family unity by passing on to their children and grandchildren the many traditions taught to them by their parents.

Until recently, in most Hispanic families, the father traditionally has been the undisputed head of the home. Generally, the wife's responsibilities have been to keep house and to care for the children. As higher education for women becomes increasingly important, however, more and more women are pursuing careers outside the home. Although at times this is due to economic necessity, more often it is because of the changing role of women and women's career choices worldwide.

¡Viva la familia!

1. What does the word *family* mean to you? Do you consider household pets as part of a family? Why or why not? What role do your parents and your family play in your life? How does your meaning of *family* compare with the meaning of the Spanish word *familia?*

2. In Spanish, guess the relationships of the people in the following photograph of an Hispanic family.

Esta familia maya, que representa a tres generaciones, vive en Antigua, Guatemala.

Cómo hablar del pasado (*How to talk about the past*)

To describe some of your past activities or to ask your classmates about theirs in Spanish, you can use the verb forms that appear in boldface print in the following conversations.

—¿**Trabajaste** ayer?	*Did you work yesterday?*
—Sí, **trabajé** anoche.	*Yes, I worked last night.*
—¿**Comiste** en casa?	*Did you eat at home?*
—No, **comí** en un café.	*No, I ate in a cafe.*
—¿Qué **recibiste**?	*What did you receive?*
—**Recibí** dos cartas.	*I received two letters.*
—¿Adónde **fuiste** la semana pasada?	*Where did you go last week?*
—**Fui** a la casa de mi amiga.	*I went to my friend's house.*
—¿Qué **hiciste** allí?	*What did you do there?*
—**Hice** mi tarea y **descansé.**	*I did my homework and I rested.*

Practiquemos

• A • Mis actividades recientes.   Cuéntele a un(a) compañero(a) de clase un poco sobre sus actividades recientes.

1. La semana pasada...
    a. fui a una fiesta.
    b. salí con mis amigos.
    c. comí en un restaurante.
    d. tomé un examen de español.

2. Ayer...
    a. descansé mucho.
    b. leí el periódico.
    c. recibí una carta.
    d. hice muchas cosas.

3. Anoche...
    a. trabajé mucho.
    b. hice mi tarea.
    c. miré televisión.
    d. hablé por teléfono.

4. Hoy...
    a. comí un sandwich.
    b. caminé a la universidad.
    c. escuché música (la radio).
    d. bebí un café (un refresco).

• B • Trabajo y descanso.   Pregúntele a un(a) compañero(a) de clase.

1. ¿Trabajaste mucho o poco ayer? ¿Por cuántas horas trabajaste? ¿Estudiaste un poco también? ¿Qué estudiaste? ¿Leíste mucho o poco ayer? ¿Qué leíste? ¿Aprendiste mucho o poco?

2. ¿Descansaste mucho o poco anoche? ¿Miraste televisión o escuchaste radio? ¿Qué programa miraste o escuchaste? ¿Con quién hablaste por teléfono anoche? ¿Anoche saliste o no saliste con amigos?

GRAMÁTICA ESENCIAL

In this section you will describe people, things, places and conditions.

Present Tense of Other Irregular yo *Verbs*

How to form irregular *yo* verbs

1. Some common Spanish verbs have irregular *yo* forms in the present tense.

		YO	EJEMPLO
hacer	*to do, make*	**hago**	Hago mucho ejercicio físico.
salir	*to leave, go out*	**salgo**	Salgo todos los sábados.
poner	*to put, put on*	**pongo**	Pongo música rock en casa.

traer	*to bring*	**traigo**	Traigo mis libros a clase.
dar	*to give*	**doy**	Doy clases de guitarra.
estar	*to be*	**estoy**	Estoy un poco cansada hoy.
saber	*to know (how)*	**sé**	Sé jugar béisbol y fútbol.
conocer	*to know, to meet*	**conozco**	Conozco a una mujer cubana.[1]

2. The other present tense forms of these verbs are regular.

hac**er**	d**ar**	est**ar**	sab**er**	conoc**er**
hago	doy	estoy	sé	conozco
hac**es**	d**as**	est**ás**	sab**es**	conoc**es**
hac**e**	d**a**	est**á**	sab**e**	conoc**e**
hac**emos**	d**amos**	est**amos**	sab**emos**	conoc**emos**
*hac**éis***	*d**ais***	*est**áis***	*sab**éis***	*conoc**éis***
hac**en**	d**an**	est**án**	sab**en**	conoc**en**

Practiquemos

• A • **¿Qué hacen Mario y usted?**   Complete las siguientes oraciones de una manera personal.

estar = to describe health conditions: *Mario está muy bien hoy.*

Ejemplo: Mario está muy bien hoy, y yo _____ (bien / cansado[a]).
Mario está muy bien hoy, y yo estoy bien.
O   *Mario está muy bien hoy, y yo estoy cansado(a).*

1. Mario está muy bien hoy, y yo _____ (bien / cansado[a]).
2. Él hace mucho ejercicio, y yo _____ (poco / mucho) ejercicio.
3. Cuando Mario hace ejercicio, pone música rock. Cuando yo _____ ejercicio, _____ música (rock / jazz) [no _____ música].
4. Mario sabe jugar fútbol, y yo _____ jugar (fútbol / básquetbol / béisbol / vólibol / tenis / golf).
5. Él conoce a muchas personas, y yo _____ a (pocas / muchas) personas.

---

[1] The direct object of a verb is the person or thing that receives the action of the verb. For example, in the sentence *I know Mario,* **Mario** is the direct object. Spanish speakers use the preposition *a* immediately before a direct object that refers to a specific person or persons. This "personal *a*," which has no English equivalent, is usually repeated before each noun or pronoun.

| Conozco **a** Mario. | *I know Mario.* |
| Conozco **a** Mario y **a** Yolanda. | *I know Mario and Yolanda.* |

6. Mario sale con sus amigos los fines de semana, y yo _____ con mis amigos (los fines de semana / todos los días).

7. Mario da pocas clases, y yo (no) _____ (pocas / muchas) clases.

8. Cuando él va a la casa de sus abuelos, lleva un regalo para ellos. Cuando yo _____ a la casa de mis abuelos (padres), (no) _____ regalos para ellos.

• **B** • **Juana Ortega López, enfermera.** Complete el siguiente párrafo, usando formas apropiadas de los verbos.

dar	estar	traer	poner	saber
ser	salir	hacer	conocer	ir

Me llamo Juana Ortega López. Yo _____ enfermera (*nurse*) aquí en Tamahú. Quiero hablar un poco sobre mi pueblo y mi trabajo. Tamahú _____ en las montañas. Es un pueblo pequeño y _____ muy tranquilo. Todas las personas que viven aquí me _____ bien.

Todos los días excepto los domingos (yo) _____ de mi casa y _____ a una clínica pequeña en Tamahú. Allí mi asistente Alba y yo ayudamos a nuestros pacientes con sus problemas médicos. Ella y yo _____ muchas cosas diferentes. Los miércoles yo _____ clases de nutrición y dieta porque la gente aquí no _____ mucho sobre la medicina moderna.

Tengo muchos amigos simpáticos aquí. Ellos siempre me _____ un abrazo y, a veces me _____ comida. A veces Alba _____ música de marimba, el instrumento musical preferido de nuestros pacientes. Nosotras _____ muy contentas aquí.

The Verb estar

How to use *estar*

1. Use *estar* to indicate where people, places and things are located.[1]

   —¿Dónde **está** Yolanda?   *Where is Yolanda?*
   —**Está** en casa ahora.   *She's at home now.*

2. Use *estar* to indicate marital status.[2]

   —¿**Estás** casada?   *Are you married?*
   —No. **Estoy** divorciada.   *No. I'm divorced.*

---

[1] The verb *ser* is used to indicate where events take place.

   —¿Dónde **es** la fiesta?   *Where is the party?*
   —**Es** en mi casa.   *It's at my house.*

[2] The verb *estar* is not usually followed by a noun. Because the words *soltero(a)* and *viudo(a)* are nouns, the verb *ser* is used with them to describe marital status; for example: *Soy soltero(a)* (I'm single).

3. Use *estar* with adjectives to express physical and mental states.

Tito está enfermo. Yolanda está preocupada y Ángela está triste.

Juana y Alba están ocupadas.

Raquel y Diego están contentos.

Ricardo está enojado.

Practiquemos

• C • ¿Qué deben hacer?   Complete las oraciones con su opinión.

Ejemplo: Tito está un poco enfermo. → Él debe… *descansar.*

1. Hoy es domingo y Juana no está ocupada. Ella debe…
2. Yolanda está enojada con su esposo Andrés. Ellos deben…
3. Ángela está preocupada por su examen. Ella debe…
4. Hoy es domingo y Mario está muy cansado. Él debe…
5. Ricardo no está contento en este momento. Él debe…

por = about: *preocu-
pada por su examen*

• D • ¿Qué hace usted?   Cuéntele a un(a) compañero(a) qué hace usted en las siguientes situaciones. Los tres puntos (…) indican otra posibilidad.

1. Cuando estoy preocupado(a),
    a. ir a _____.
    b. necesitar _____.
    c. hablar con _____.
    d. …

2. Cuando estoy contento(a),
    a. salir con _____.
    b. me gusta _____.
    c. poner música _____.
    d. …

3. Cuando estoy enojado(a),
    a. hacer _____.
    b. hablar con _____.
    c. no me gusta _____.
    d. …

4. Cuando estoy enfermo(a),
    a. no ir a _____.
    b. no hacer _____.
    c. no querer _____.
    d. no…

• E • **¡Adivínelo!** (*Guess it!*)   Form groups of three or four persons. Each student writes two sentences that 1. describe where a person (*tú*) is right now or how a person is feeling and 2. can be acted out. Put all the sentences in a container. One student takes a sentence, reads it silently, then acts it out. The other group members try to guess what the sentence says.

Ejemplos: *Estás en la biblioteca. Estás muy preocupado(a).*

Saber *and* conocer

How to use *saber* and *conocer*

Although the verbs *saber* and *conocer* both mean **to know**, they represent two different kinds of knowledge. Here is how to use them:

1. Use *saber* to express knowing something (information) or knowing how to do something.

—¿**Sabe** qué, Mamá?	*Do you know what, Mom?*
La señora Varela **sabe** hablar tres lenguas.	*Mrs. Varela knows how to speak three languages.*
—Sí, lo **sé**, Ángela.	*Yes, I know, Ángela.*

2. Use *conocer* to express being acquainted with a person, place or thing.

—Abuelito, ¿**conoce** usted Nicaragua?	*Grandpa, do you know Nicaragua?*
—No, Ángela. Pero **conozco** a Tomás Segura; él es de allí.	*No, Ángela. But I know Tomás Segura; he's from there.*

Practiquemos

• F • **¿Qué sabe usted?**   Pregúntele a otro(a) estudiante, usando una forma del verbo **saber** o **conocer.** Él (Ella) debe responder apropiadamente.

Ejemplo: a una persona divorciada
         A: *¿Conoces a una persona divorciada?*
         B: *Sí. Mi tío está divorciado.*
    O   B: *No, no conozco a una persona divorciada.*

¿Sabes...
¿Conoces...

1. a todos tus familiares?
2. los nombres de ellos?
3. jugar básquetbol muy bien?
4. un pueblo pequeño como Tamahú?
5. a una persona de Guatemala?
6. cuál es la capital de Guatemala?

ser = identifying people
estar = location of people

•**G**• **¿Quieres conocer a mi familia?**   Bring some photographs of your family to class. Show these pictures to several classmates and tell them who the people are (*ser*), where they are now (*estar*), what skills they know how to do (*saber*) and what interesting persons and places they are familiar with (*conocer*). Jot down a few notes for each picture before sharing it.

C • U • L • T • U • R • A

Hispanic Names

Spanish-speaking children are often given more than one name; for example, *Juan Carlos* or *Ana María*. Sometimes children are named according to the saint's day on which they are born. For instance, July 16 is the day of the *Virgen del Carmen*. A girl born on that day might be called *Carmen* in addition to another name such as *María;* her name would then be *María del Carmen*. Parents may also choose a name for a child to honor another family member.

Spanish speakers use nicknames that are often shortened forms of a person's name; for example, *Natividad* becomes *Nati* and *Guillermo* becomes *Memo*. Some nicknames do not resemble formal names, as occurs when *Francisco* becomes *Paco* or *Pancho*. Women who have compound names often abbreviate them; for example, *María del Carmen* may be called *Maricarmen*. The most common nicknames end in *-ito* for boys and *-ita* for girls; for example, *Carlos* becomes *Carlitos* and *Elena* becomes *Elenita*.[1]

Spanish speakers have two surnames: the first surname comes from the father's first surname, the second surname comes from the mother's first surname. For example, *Carlos Tomás,* the son of *José Antonio García Gutiérrez* and *Rosa María Martínez Sarmiento* is called *Carlos Tomás García Martínez*. Sometimes only the first surname (the father's) is used and the second surname is abbreviated: *Carlos Tomás García M.* Both last names, however, are often required for legal purposes.

When a woman marries, she drops her maternal surname and adds *de* plus her husband's paternal surname. For example, when *Rosa María Martínez Sarmiento* married *José Antonio García Gutiérrez,* her name became *Rosa María Martínez de García*. People call her *señora de García* or simply *señora García*. For legal purposes, however, her name would be filed under her paternal surname; for example, Mrs. García would be legally filed under *Martínez de García*. The logic behind this procedure is that whereas a woman may marry several times, her paternal surname remains the same.

• • • • • • • • • • • • • • • • • • •

---

[1] In Spanish, the diminutive endings *-ito* and *-ita* are also used to express affection.

¿Cómo se llama?

1. Put the following names in alphabetical order as they would appear in a telephone directory.

   Ana María Ross Muñoz

   Juan Carlos Monge Facio

   Josefina Flora Orozco Méndez

   Luis Alberto Alvarado Ramírez

   Marta Mercedes González de Darce

2. What would your full name be according to the Hispanic system of names?

 GRAMÁTICA ESENCIAL

In this section you will learn to describe the manner and frequency in which actions take place.

Adverbs

An adverb is a word that modifies a verb, an adjective or another adverb.

How to form adverbs ending in -*mente*

1. Add -*mente* (English -*ly*) to an adjective; if an adjective ends in -*o*, change the -*o* to -*a,* then add -*mente.*

natural	→	**naturalmente** *naturally*
frecuente	→	**frecuentemente** *frequently*
perfec**to**	→ perfec**ta** →	**perfectamente** *perfectly*

2. If an adjective has an accent mark, the adverb retains it.

fácil	→	**fácilmente** *easily*
rápido	→	**rápidamente** *rapidly*

> **¡CUIDADO!** Because Spanish adverbs do not modify nouns, they do not change for agreement of gender and number; therefore, they have only one form.

—Voy al cine **frecuentemente.**	*I go to the movies frequently.*
—¿Ves películas muy buenas?	*Do you see very good films?*
—**Naturalmente.**	*Naturally.*

Practiquemos

• **A** • **Conversaciones en la sala.**   Complete lógicamente las siguientes conversaciones.

> **Ejemplo:**   ÁNGELA: Tito no quiere jugar conmigo, mamá.
> ISABEL: *Naturalmente,* hija. Está cansado. (natural / especial)

RICARDO: ¿Estudiaste tus lecciones, hija?
ÁNGELA: _____, papá. Estudié un poco. (fácil / natural)
RICARDO: ¿Un poco? ¡Necesitas estudiar _____! (inmediato / perfecto)

RAQUEL: Tu abuelito está un poco nervioso hoy.
MARIO: Sí, necesita descansar _____. (tranquilo / perfecto)
RAQUEL: También debemos hablarle _____. (paciente / frecuente)

YOLANDA: Juana siempre habla _____. (franco / básico)
ISABEL: Y _____ también. Es muy simpática. (rápido / sincero)
YOLANDA: ¿Comprendiste su libro sobre la nutrición?
ISABEL: No _____. ¿Y tú, hija? (correcto / completo)
YOLANDA: Sí, comprendí el libro _____ bien. (perfecto / exacto)

• **B** • **¿Y ustedes?**   Pregúntele a un(a) compañero(a) de clase.

1. ¿Estudias español muy poco o frecuentemente?
2. ¿Llegas a nuestra clase puntualmente o no?
3. ¿Aprendes español fácilmente o con dificultad?
4. ¿Escuchas pacientemente o impacientemente en clase?
5. ¿Vas a la biblioteca frecuentemente o pocas veces?
6. ¿Escribes español correctamente o incorrectamente?

Other Adverbs and Adverbial Expressions

1. Use the following adverbs to express how often something is done.

una vez	*once*	**nunca**	*never*
otra vez	*again*	**siempre**	*always*
a veces	*sometimes*	**casi siempre**	*almost always*
muchas veces	*very often*	**todos los días**	*every day*

> —Fui a Guatemala **una vez.**   *I went to Guatemala once.*
> —¿Hablaste español allí?   *Did you speak Spanish there?*
> —Sí, hablé español **todos los días.**   *Yes, I spoke Spanish every day.*

2. Use the following adverbs to express the order of events.

> **primero** *first*   **luego** *then*   **después** *afterwards*
>
> —¿Adónde fuiste **primero,** mamá?   *Where did you go first, Mom?*
> —Al centro. **Luego** fui a casa.   *Downtown. Then I went home.*

Practiquemos

• C • **Una reunión familiar.**   Complete el siguiente párrafo y la conversación con los adverbios apropiados tomados de la lista.

muy	siempre	dos veces
luego	primero	normalmente

_____ al año la familia Ixtamazic tiene una reunión familiar en Tamahú. La reunión _____ es en el rancho de Mario. _____ llegan los tíos con sus niños en un auto _____ viejo. _____, llegan los abuelos Alfredo y Josefina, que son _____ simpáticos. _____ todos los familiares traen comida típica de Guatemala.

bien	casi	ahora	nunca
cada	aquí	mucho	a veces

TOMÁS: ¡Hola, Mario! ¿Cómo estás?
MARIO: Muy _____, tío. Gracias. Oiga, ¿cómo va su auto?
TOMÁS: Bueno, _____ año está más viejo, pero me gusta _____.
MARIO: ¿_____ tiene problemas con el auto?
TOMÁS: Sí, _____, pero _____ siempre va bien.
ISABEL: _____ todos estamos _____. ¡Vamos a comer!

• D • **Actividades familiares.**   Cuéntele a otro(a) estudiante unas actividades que hacen usted y sus familiares.

Ejemplo: _Mi tía camina con su perro todos los días._

¿QUIÉN?	¿QUÉ HACE?	¿CON QUÉ FRECUENCIA?
Mi tío(a)	comprender francés	un poco
Mi nieto(a)	hablar por teléfono	a veces
Mi primo(a)	caminar con su perro	muy poco
Mi abuelo(a)	salir con sus amigos	muchas veces
Mi sobrino(a)	ver películas en vídeo	muy bien (mal)
Mi...	ir al cine (al teatro)	todos los días (meses, las semanas)

• E • **¿Con qué frecuencia?**   Pregúntele a otro(a) estudiante con qué frecuencia hace las siguientes actividades.

Ejemplo: hablar español
  A: _¿Con qué frecuencia hablas español?_
  B: _Hablo español todos los días en clase._

hacer fiestas	mirar televisión
ir al centro	ir a un concierto
hablar español	salir con tus amigos
hacer ejercicio	comer en un restaurante
leer el periódico	escribir cartas en una computadora

•F• **Los fines de semana.** En una hoja aparte, escriba un párrafo sobre cómo pasa usted típicamente los fines de semana. Use las siguientes frases como guía.

Me gustan los fines de semana. A veces los sábados por la mañana mis amigos y yo vamos a… Allí hacemos diferentes cosas; por ejemplo,… Luego por la tarde vamos a… Allí nosotros… Casi todos los domingos por la mañana me gusta… Después voy a… Los domingos por la noche…

ASÍ SE DICE

Sustantivos
el hombre man
la mujer woman
el pueblo village, town
la reunión meeting, reunion
la sala living room
la tarea homework
el tiempo time

Los parientes (Relatives)
la abuela grandmother
el abuelo grandfather
la nieta granddaughter
el nieto grandson
la prima female cousin
el primo male cousin
la sobrina niece
el sobrino nephew
la tía aunt
el tío uncle

El estado civil (Marital status)
casado (con) married (to)
divorciado divorced
soltero single
viudo widowed

Otros adjetivos
cansado tired
contento happy
enfermo sick, ill
enojado angry
mayor older
menor younger
ocupado busy
preocupado worried
triste sad

Verbos
ayudar to help
casarse (con) to marry, to get married (to)
conocer to know, to meet
dar to give
estar to be
jugar (u → ue) to play
poner to put, to turn on
saber to know (how)
traer to bring

Adverbios
allí there
anoche last night

a veces sometimes
ayer yesterday
casi almost
después afterwards
dos veces twice
luego then
muchas veces very often
nunca never
otra vez again
según according to
la semana pasada last week
siempre always
sobre about
todo everything
una vez once

Preposiciones
cerca de near

Expresiones idiomáticas
hacer ejercicio to exercise
tener razón to be right
tener sueño to be sleepy
todos los días every day

• Lección 5 •

¿Cómo va el trabajo hoy?

ENFOQUE

COMMUNICATIVE GOALS

You will be able to describe your career plans, some of your work-related activities and what you do on weekends.

LANGUAGE FUNCTIONS

Describing your career plans
Describing your work-related activities
Describing what people did
Expressing wants and preferences
Stating intentions and obligations
Describing people's routine activities
Describing weekend plans
Making an invitation
Describing actions in progress

VOCABULARY THEMES

Professions
More past tense forms (recognition)

GRAMMATICAL STRUCTURES

Present tense of stem-changing verbs ($e \rightarrow ie$)
Present tense of stem-changing verbs ($o \rightarrow ue$, $e \rightarrow i$)
Present progressive tense

CULTURAL INFORMATION

Higher education in Spanish-speaking countries

EN CONTEXTO

Es la una de la tarde. Ricardo y su hijo Mario están trabajando en la plantación bananera cerca de su rancho. Es un trabajo aburrido° y los dos hombres ganan° poco dinero. A Ricardo le gusta trabajar en el campo°, pero a su hijo no. La semana pasada Mario fue a Guatemala(1) a buscar° trabajo, pero no encontró nada. Volvió° a casa triste y preocupado por su futuro.

boring
earn / country
to look for
He returned

Está caminando cerca Miguel Menchú, un hombre de ochenta y un años. Miguel ha vivido en Tamahú por toda su vida° y tiene mucha experiencia en agricultura. Ahora les enseña a los hombres jóvenes de su pueblo cómo cultivar mejor la tierra°.

life

land

MIGUEL: ¡Buenas tardes! ¿Cómo están ustedes?

MARIO: Bien. ¿Y usted, don Miguel?

MIGUEL: Muy bien, gracias. ¿Cómo va el trabajo hoy?

MARIO: Más o menos. Es muy duro°, ¿sabe?

difícil

MIGUEL: Sí, sí... lo sé. ¿Encontró usted trabajo en Guatemala?

MARIO: No, no encontré nada. Pero un día voy a tener un buen trabajo, ¿eh?

RICARDO: ¡Ja! ¡Ja! Mi hijo siempre dice° eso, don Miguel. Él fue a Guatemala para nada y tiene mucho trabajo aquí en la plantación.

says

para = for: *Fue para nada.* (He went for nothing.)

MARIO: Pero papá, quiero una vida mejor para mí y mi esposa.

RICARDO: ¿Esposa? Todavía no estás casado, hijo.

MARIO: Sí, pero primero necesito otro trabajo porque mi sueldo° aquí es poco. Y este trabajo no me sirve, papá.

salario

RICARDO: Sirve para ganar suficiente dinero para vivir, hijo.

MARIO: Ay, Dios.(2) Usted no comprende, papá.

RICARDO: Oiga, don Miguel, ¿ya almorzó usted°?

Did you already have lunch?

MIGUEL: Todavía no.

RICARDO: ¿Quiere usted comer con nosotros? Volvemos a casa en una hora.(3)

MIGUEL: Sí, gracias. Bueno, ahora tengo que° ir a la tienda°. Hasta luego.

I have to / store

RICARDO: Hasta luego, don Miguel.

Notas de texto

1. When Guatemalans are in their own country, they say *Guatemala* when referring to their capital, Guatemala City, which has a population of over 1,300,000 people.

2. Mario is not being blasphemous here by using *Dios* (God). Spanish speakers use many expressions such as *Dios mío* (My goodness) and *¡Por Dios!* (For heaven's sake).

3. Guatemalans usually eat lunch, the largest meal of the day, between 1:00 and 3:00 p.m.

¿Comprendió usted?

A. Conteste las siguientes preguntas con oraciones completas.

1. ¿Está casado Mario o es soltero?
2. ¿Está contento o triste hoy el joven?
3. ¿Es el sueldo de Ricardo bueno o malo?
4. ¿Es el trabajo de Mario difícil o fácil?
5. ¿Comprende Ricardo a su hijo o no lo comprende?
6. ¿Trabajan ellos en la ciudad o en el campo?
7. ¿Trabajan padre e hijo con bananas o con café?
8. ¿Acepta o no acepta Miguel la invitación de Ricardo?
9. ¿Tienen Mario y Ricardo una vida dura o una vida fácil?
10. ¿Qué impresión tiene usted de ellos?

B. Responda a las siguientes preguntas.

1. ¿Qué tipo de trabajo hacen Mario y su padre?
2. ¿A qué invitó Ricardo a su amigo Miguel Menchú?
3. ¿Quién es Miguel y qué tipo de trabajo hace?
4. ¿Dónde buscó Mario trabajo y qué trabajo encontró?
5. ¿Por qué no le gusta a Mario su trabajo en Tamahú?

VOCABULARIO ESENCIAL

In this section you will learn to describe your career plans and talk about some past activities of people.

¿Qué carrera sigue usted? (*What career are you pursuing?*)

Quiero ser...

enfermera

programadora

comerciante

agente de viajes

policia

músico

trabajadora social

abogada

ser = to specify a profession: *Quiero ser abogada.*

Otras profesiones

investigador(a)	*researcher*	**periodista**	*journalist*
contador(a)	*accountant*	**vendedor(a)**	*salesperson*
escritor(a)	*writer*	**médico(a)**	*doctor*
ingeniero(a)	*engineer*	**científico(a)**	*scientist*
oficinista	*office worker*	**gerente**	*manager*

"Antes, ser universitario era garantía de seguridad en el empleo; sin embargo, en estos momentos la situación se complica considerablemente."

—Gustavo Villapalos
Rector de la Universidad Complutense, Madrid, *Tribuna* (España), 1990

Practiquemos

• A • **Profesiones y estudios.**   Haga oraciones lógicas con las profesiones y los estudios correspondientes.

Ejemplo: *Si quiero ser profesor(a), debo estudiar educación.*

SI QUIERO SER...	DEBO ESTUDIAR...
1. programador(a)	turismo
2. agente de viajes	derecho

3. abogado(a) o policía   medicina

4. enfermero(a) o médico(a)   ciencias

5. comerciante o vendedor(a)   negocios

6. periodista o reportero(a)   periodismo

7. contador(a) o ingeniero(a)   computación

8. científico(a) o investigador(a) matemáticas

• **B** • **¿Qué carrera sigue?**   Hable con otro(a) estudiante.

ESTUDIANTE A	ESTUDIANTE B
1. ¿Qué estudias aquí?	2. Ahora estudio _____. ¿Y tú?
3. _____. ¿Son interesantes o aburridas tus clases?	4. Son _____. Y tus estudios, ¿cómo son?
5. _____. ¿Cuántos créditos tomas?	6. Ahora tomo (#) créditos. ¿Y tú?
7. _____. ¿Qué carrera sigues?	8. Quiero ser _____. (No sé.) ¿Y tú?
9. _____. (No tengo idea.)	10. ¿Qué otros cursos necesitas tomar para tu carrera?
11. Necesito tomar _____. ¿Y tú?	12. _____.

para = purpose: *para tu carrera*

• **C** • **Mi trabajo.**   Cuéntele a otro(a) estudiante un poco sobre su trabajo. Luego hágale las preguntas indicadas.

1. Ahora trabajo en (el campo / la ciudad). ¿Dónde trabajas tú?

2. Trabajo en (casa / una oficina / un restaurante / una tienda / una fábrica [*factory*]). Y tú, ¿dónde trabajas?

3. Generalmente me gusta (no me gusta) mi trabajo. ¿Te gusta tu trabajo o no?

4. Mi trabajo es (interesante / aburrido / fácil / duro). ¿Cómo es tu trabajo?

5. Normalmente trabajo (los [*días*] / todos los días). ¿Cuándo trabajas tú?

6. En mi trabajo gano (poco / suficiente / mucho) dinero. Y tú, ¿cuánto ganas?

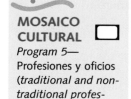

MOSAICO CULTURAL
*Program 5—
Profesiones y oficios
(traditional and non-traditional professions)*

• **D** • **Querido(a)... (Dear . . .)**   Escríbale una carta a un(a) amigo(a) hispano(a) sobre…

1. sus estudios (dónde toma clases, cuáles son)

2. su trabajo (dónde trabaja ahora, el tipo de trabajo, su sueldo)

3. su futura carrera (su especialización, sus planes futuros)

Cómo hablar del pasado

To describe your past activities, or to ask people about theirs in Spanish, you can use the verb forms that appear in boldface below.

—¿**Trabajó** usted ayer?	*Did you work yesterday?*
—Sí. **Ayudé** a mi abuela.	*Yes. I helped my grandmother.*
—¿Dónde **comió** usted hoy?	*Where did you eat today?*
—**Comí** en un café. Mi tío **comió** conmigo.	*I ate at a cafe. My uncle ate with me.*
—¿Qué **recibió** usted?	*What did you receive?*
—**Recibí** una carta. Mi mamá **recibió** una también.	*I received a letter. My Mom received one, too.*
—¿Adónde **fue** usted anoche?	*Where did you go last night?*
—**Fui** a la biblioteca.	*I went to the library.*
—¿Qué **hizo** usted allí?	*What did you do there?*
—**Hice** mi tarea.	*I did my homework.*
—¿Quién **fue** con usted?	*Who went with you?*
—Mi amigo **fue** conmigo.	*My friend went with me.*
—¿Qué **hizo** él?	*What did he do?*
—**Leyó** algunos periódicos.	*He read some newspapers.*

Practiquemos

• E • **En busca de trabajo.**   Complete el siguiente párrafo, usando los verbos de la lista.

fue	llegó	bebió	aceptó	volvió
hizo	buscó	comió	caminó	encontró
tomó	habló	invitó	conoció	descansó

La semana pasada Mario *fue* a Guatemala a buscar trabajo. _____ el autobús y _____ allí a las once de la mañana. Él _____ muchas cosas en la ciudad. Primero _____ al Ministerio de Trabajo, pero no _____ nada. Luego Mario _____ trabajo en una fábrica donde _____ con un amigo que él _____ en su pueblo. Pero nada. Pura frustración. Su amigo lo _____ a comer y Mario _____ su invitación. En la casa de su amigo Mario _____ un poco; _____ una cerveza y _____ un sandwich. Después _____ un poco triste a Tamahú en el autobús de la tarde.

• F • **La semana pasada.**   Cuéntele a otro(a) compañero(a) de clase un poco sobre las actividades de las siguientes personas.

Ejemplo: *Mi hermana comió conmigo anoche.*

¿QUIÉN?	¿QUÉ?	¿CUÁNDO?
mi novio(a)	comió conmigo	hoy
mi esposo(a)	estudió conmigo	ayer
mi hermano(a)	fue al cine conmigo	anoche

¿QUIÉN?	¿QUÉ?	¿CUÁNDO?
un(a) amigo(a)	hizo ejercicio conmigo	el mes pasado
un(a) compañero(a)	tomó un refresco conmigo	la semana pasada
(otra persona: …)	habló por teléfono conmigo	el (día) pasado

• G • **Profesor(a), tengo una pregunta.**   Usted y sus compañeros de clase van a hacerle a su profesor(a) de español las siguientes preguntas. Él (Ella) va a responder en español; escuche muy bien sus respuestas.

1. ¿Dónde aprendió usted el español?
2. ¿Dónde vivió usted?
3. ¿Qué clases tomó usted? ¿Hizo poca o mucha tarea en sus clases?
4. ¿Tomó usted exámenes difíciles? ¿Por ejemplo?
5. ¿Quién lo (la) ayudó a usted en la universidad?
6. ¿Conoció usted a personas de otros países?
7. ¿Con qué frecuencia fue usted al cine? ¿Quién fue con usted?
8. ¿Fue usted a muchas o a pocas fiestas? ¿Qué hizo en las fiestas?

 GRAMÁTICA ESENCIAL

In this section you will learn to express your wants, preferences and intentions and to describe more activities that people do routinely.

Present Tense of Verbs with Stem-Vowel Change: e → ie

How to change the verb stem

A stem is the part of an infinitive to which one adds personal endings; for example, the stem of *hablar* is *habl-*. Several types of vowel changes occur in the stem of some Spanish infinitives in the present tense.

The following verbs change their stem vowel from *e* to *ie*, except in the *nosotros(as)* and *vosotros(as)* forms.

comenzar (to begin)	pensar (to think)	querer (to want, to love)	preferir (to prefer)
comienzo	pienso	quiero	prefiero
comienzas	piensas	quieres	prefieres
comienza	piensa	quiere	prefiere
comenzamos	pensamos	queremos	preferimos
comenzáis	*pensáis*	*queréis*	*preferís*
comienzan	piensan	quieren	prefieren

ser = to specify a profession: *Pienso ser escritor.*

—¿Qué **quieres** ser?	*What do you want to be?*
—**Pienso** ser escritor.	*I plan to be a writer.*
—Yo **prefiero** ser científica.	*I prefer to be a scientist.*

Irregular *yo* Forms

Two *e → ie* stem-changing verbs have an irregular *yo* form.

tener (*to have*)		**venir** (*to come*)	
ten**go**	tenemos	ven**go**	venimos
ti**e**nes	*tenéis*	vi**e**nes	*venís*
ti**e**ne	vi**e**ne	ti**e**nen	vi**e**nen

—¿Qué **tienes** que hacer hoy?	*What do you have to do today?*
—**Tengo** que estudiar porque **tengo** mucha tarea.	*I have to study because I have a lot of homework.*
—¿Cuándo **vienes** a visitarme?	*When are you coming to visit me?*
—Voy este fin de semana.	*I'm going this weekend.*

Practiquemos

•**A**• **Conversación entre ancianos.**   Miguel Menchú está hablando con Raquel, la abuela de Mario. Complete su conversación, usando la forma apropiada de los siguientes verbos: **pensar, querer, preferir, tener, venir.**

MIGUEL: ¿Cuántos años _____ usted, señora?

RAQUEL: _____ 78 años.

MIGUEL: ¡Qué bien! ¿_____ usted muchos nietos?

RAQUEL: Sí, _____ nueve. Tres de ellos viven aquí conmigo.

MIGUEL: Y los otros… ¿_____ a visitarla (*to visit you*) frecuentemente?

RAQUEL: No, no _____ frecuentemente porque viven en Guatemala.

MIGUEL: Comprendo. Sé que usted trabaja poco ahora. ¿Qué hace?

RAQUEL: Me gusta mirar tele. (Yo) _____ ver telenovelas (*soap operas*).

MIGUEL: ¿_____ usted una telenovela favorita, señora?

RAQUEL: Sí. Se llama "Te _____ (yo) para siempre".

MIGUEL: ¡Qué bien! ¿Y qué _____ usted de las telenovelas mexicanas?

RAQUEL: Me gustan, pero yo _____ las telenovelas venezolanas.

para = for a future time: *para siempre* (forever)

•**B**• **¡La vida no es siempre trabajo!** Pregúntele a un(a) compañero(a) de clase los pasatiempos que prefiere.

Ejemplo: ¿escuchar la radio o mirar tele?
A: *¿Prefieres escuchar la radio o mirar tele?*
B: *Prefiero mirar tele.*

1. ¿ir a una fiesta o hacer una fiesta?
2. ¿leer un libro o escribir una carta?
3. ¿ver películas en vídeo o mirar tele?
4. ¿jugar tenis o caminar con un(a) amigo(a)?
5. ¿comer con tu familia o almorzar con amigos?

•**C**• **Mis planes.** Cuéntele a otro(a) estudiante las actividades que usted piensa hacer la semana que viene. Luego pregúntele qué piensa hacer él o ella. Los tres puntos (...) indican otra posibilidad.

Ejemplo: A: *El lunes por la noche quiero hacer mi tarea. ¿Qué quieres hacer tú?*
B: *El lunes por la noche quiero ir al cine.*

1. El lunes por la noche **querer**...
   a. hacer mi tarea.   c. mirar televisión.
   b. ir a mi trabajo.   d. ...
2. El viernes por la mañana **tener que**...
   a. trabajar.   c. tomar un examen.
   b. ir al centro.   d. ...
3. El sábado por la noche **ir** a...
   a. bailar en una fiesta.   c. ver películas en vídeo.
   b. salir con mis amigos.   d. ...
4. El domingo por la tarde **pensar**...
   a. ir al cine.   c. visitar a mis abuelos.
   b. hacer ejercicio.   d. ...

•**D**• **Mis actividades**

1. Primero, en una hoja aparte, complete la tabla con sus obligaciones y deseos para mañana.

Ejemplo:

HORA	OBLIGACIÓN	PREFERENCIA
8:00	tomar un examen	descansar en casa
13:00	trabajar en Sears	hacer otro trabajo
21:00	estudiar español	mirar televisión

HORA	OBLIGACIÓN	PREFERENCIA
‾‾‾‾	‾‾‾‾‾‾‾‾	‾‾‾‾‾‾‾‾
‾‾‾‾	‾‾‾‾‾‾‾‾	‾‾‾‾‾‾‾‾
‾‾‾‾	‾‾‾‾‾‾‾‾	‾‾‾‾‾‾‾‾

2. Luego escriba un párrafo, usando la información de su tabla.

Ejemplo: *A las ocho de la mañana tengo que tomar un examen, pero prefiero descansar en casa. A la una de la tarde tengo que trabajar en Sears, pero prefiero hacer otro trabajo. A las nueve de la noche tengo que estudiar español, pero prefiero mirar televisión.*

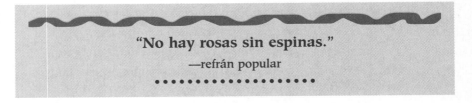

"No hay rosas sin espinas."

—refrán popular

Present Tense of Verbs with Stem-Vowel Change: o → ue, e → i

As you have just learned, some Spanish verbs have vowel changes in the stem of the present tense.

O → ue Verbs

The following verbs change their stem vowel from *o* to *ue*, except in the *nosotros(as)* and *vosotros(as)* forms.

jugar[1] (to play)	almorzar (to have lunch)	poder (to be able)	volver (to return)	dormir (to sleep)
ju**e**go	alm**ue**rzo	p**ue**do	v**ue**lvo	d**ue**rmo
ju**e**gas	alm**ue**rzas	p**ue**des	v**ue**lves	d**ue**rmes
ju**e**ga	alm**ue**rza	p**ue**de	v**ue**lve	d**ue**rme
jugamos	almorzamos	podemos	volvemos	dormimos
jugáis	*almorzáis*	*podéis*	*volvéis*	*dormís*
ju**e**gan	alm**ue**rzan	p**ue**den	v**ue**lven	d**ue**rmen

—¿**Puede** almorzar con nosotros?   *Can you have lunch with us?*
—¿A qué hora **almuerzan** ustedes?   *What time do you have lunch?*
—**Almorzamos** a las dos en casa.   *We eat lunch at 2:00 at home.*
—Sí, **puedo** ir. Gracias.   *Yes, I can go. Thank you.*

E → i Verbs

The three verbs on page 99 change their stem vowel from *e* to *i*, except in the *nosotros(as)* and *vosotros(as)* forms.

---

[1] The verb *jugar* has *u* → *ue* stem changes.

servir (to serve)	pedir (to ask for, to order)	decir (to say, to tell)
sirvo	pido	digo[1]
sirves	pides	dices
sirve	pide	dice
servimos	pedimos	decimos
servís	pedís	decís
sirven	piden	dicen

—Mi mamá **dice** que **sirven** buenos tamales en este restaurante.
—Pues, ¿por qué no **pedimos** tamales?
—¡Perfecto!

My Mom says that they serve good tamales in this restaurant. Well, why don't we order tamales?

Great!

Practiquemos

• E • Una invitación a comer.   Mario está hablando con un joven que conoció la semana pasada. Complete su conversación, usando formas apropiadas de los verbos **jugar**, **almorzar**, **poder**, **volver**.

MARIO: ¡Buenos días, Javier! ¿Adónde va usted?
JAVIER: Voy a _____ fútbol con unos amigos.
MARIO: Ah, ¿_____ usted fútbol bien?
JAVIER: Pues, _____ un poco, pero no muy bien.
MARIO: Oiga, ¿a qué hora _____ usted a Tamahú?
JAVIER: _____ por la tarde. ¿Por qué?
MARIO: ¿Quiere usted _____ con mi familia?
JAVIER: ¿A qué hora _____ ustedes?
MARIO: _____ a las dos. ¿_____ usted ir?
JAVIER: Sí, _____. Muchas gracias. Hasta luego.

• F • En un café.   Mario y su novia mexicana Juana están hablando en un café en Cobán, un pueblo grande cerca de Tamahú. Complete su conversación con formas apropiadas de los verbos **decir**, **servir** y **pedir**.

MARIO: Mi abuelita _____ que (ellos) _____ buena comida aquí.
JUANA: Sí, lo sé. ¿Qué piensas _____, Mario?
MARIO: No sé. Hmmm. Bueno, voy a _____ enchiladas.
JUANA: Pero tú siempre _____ enchiladas. ¿Por qué?
MARIO: Porque me gustan y mis amigos _____ que son buenas aquí.
JUANA: Sí, pero la gente _____ muchas cosas. Quiero _____ tamales.
MARIO: Mi amigo _____ que los tamales son nutritivos y tiene razón.
JUANA: Bueno, ¿por qué no _____ (nosotros) ahora? ¡Quiero comer!

ser = an inherent characteristic: *Los tamales son nutritivos.*

[1] The *yo* form of *decir* is irregular.

• **G** • **Conversación.**   Pregúntele a otro(a) compañero(a) de clase.

1. ¿Cuántas horas duermes cada noche? ¿Duermes suficientes horas o prefieres dormir más?

2. ¿Dónde trabajas ahora? ¿A qué hora comienzas tu trabajo? ¿Qué tipo de trabajo haces?

3. ¿Dónde almuerzas los días de trabajo? ¿y los días de clase?

4. ¿Te gusta comer en los restaurantes? ¿Cuál es tu restaurante preferido? ¿Qué tipo de comida sirven allí? Por ejemplo, comida mexicana, china o italiana. ¿Qué pides a veces?

5. ¿Duermes la siesta por la tarde? ¿Por qué?

6. ¿A qué horas vuelves a casa por la noche? Luego, ¿qué haces?

• **H** • **Una reunión escolar.**   Imagínese que usted estudió en el Colegio Humboldt y que recibió esta invitación. Otro(a) estudiante va a hacerle las siguientes preguntas.

1. ¿Adónde vas?

2. ¿Con quién quieres ir?

3. ¿Cuándo es la fiesta?

4. ¿A qué hora comienza?

5. ¿A qué hora piensas salir de tu casa?

6. ¿Por cuánto tiempo vas a estar en la fiesta?

7. ¿Qué sirven allí?

8. ¿Qué vas a beber y comer?

9. ¿Qué quieres hacer en la fiesta?

10. ¿Cuándo vas a volver a casa?

• I • **Una invitación.** Hable con un(a) compañero(a) de clase.

ESTUDIANTE A	ESTUDIANTE B
1. Salude a su compañero(a).	2. Responda apropiadamente.
3. Invite a su amigo(a) a almorzar hoy.	4. Dígale que usted no puede ir y por qué.
5. Pregúntele cuándo él (ella) puede almorzar.	6. Responda con una fecha y una hora específica.
7. Dígale que usted quiere ir.	8. Termine la conversación.
9. Respóndale apropiadamente.	10. Dígale "Adiós" o "Hasta luego".

C • U • L • T • U • R • A

Higher Education in Spain and Latin America

After completing the *primaria*, Spaniards and some Latin Americans enter the labor force, enroll in a technical school (*politécnico*), or study for several more years in a *secundaria*. There are few junior or community colleges in Spanish-speaking countries.

Competition for acceptance at public universities is intense. Because all government-run universities are free, students who wish to enroll in one must pass rigorous entrance examinations (*pruebas*). Once accepted by a university, the students pursue a degree (*título*) in a highly structured program with few or no elective courses.

Few universities have student residence halls as in the United States and Canada. Students usually live in boardinghouses (*pensiones*) or in private homes.

Universities in Spain and Latin America have a political and social function as well as an educational one. They are usually autonomous and can determine their own policies and teaching staff with little or no interference from the government as long as they abide by the national curriculum established for students' basic education.

Exámenes difíciles

Lea el anuncio; luego conteste las preguntas.

1. What is this advertisement about?

2. Who would be interested in reading the ad?

3. What symbols of education appear in the ad?

 GRAMÁTICA ESENCIAL

In this section you will learn to describe actions that are happening at this moment.

Present Progressive Tense

How to form the present progressive tense

1. Use a present tense form of *estar* plus a present participle, which is formed by adding *-ando* to the stem of *-ar* verbs and *-iendo* to the stem of *-er* and *-ir* verbs.

estoy		
estás		trabaj**ando** (*working*)
está	+	com**iendo** (*eating*)
estamos		escrib**iendo** (*writing*)
estáis		
están		

2. Some irregular present participles are:

leer:	**leyendo**	decir:	**diciendo**	pedir:	**pidiendo**
traer:	**trayendo**	dormir:	**durmiendo**	servir:	**sirviendo**

How to use the present progressive tense

Spanish speakers often use the simple present tense to describe routine actions. They use the present progressive tense to describe what is happening right now—at this very moment. Compare the two captions in the illustrations.

HAPPENS ROUTINELY   HAPPENING RIGHT NOW

estar = to express actions in progress: *Miguel está almorzando.*

Normalmente Miguel almuerza (*eats lunch*) en casa.

Pero en este momento Miguel está almorzando (*is having lunch*) con la familia Ixtamazic.

Practiquemos

•**A**• **¿Aló?**   Ángela está hablando por teléfono con su amiga María. ¿Qué preguntas le hace Ángela, y qué responde María?

> **Ejemplo:**   ¿María, estudiar? → Sí, leer un libro
>> ÁNGELA: *María, ¿estás estudiando?*
>> MARÍA: *Sí, estoy leyendo un libro.*

ÁNGELA	MARÍA
1. ¿María, estudiar ahora?	Sí, hacer mi tarea de historia
2. ¿leer mucho, María?	Sí, leer la historia de México
3. Y tus padres, ¿trabajar?	No, mirar un drama colombiano
4. ¿dormir tus abuelitos?	No, hablar en la sala ahora
5. Y Daniel, ¿jugar ahora?	Sí, hacer ejercicio con mi primo
6. ¿Qué hacer tu hermana?	Descansar y escuchar su grabadora

•**B**• **¿Qué están haciendo?**   Describa qué están haciendo estas personas.

buscar trabajo   **jugar**

trabajar

escribir

• **C** • **¡Adivínelo!**   Adivine lo que están haciendo las siguientes personas en este momento.

> **Ejemplo:**   su abuelo   *Ahora mi abuelo está trabajando.*

1. su padre o madre
2. su hermano o hermana
3. un amigo o una amiga
4. su actor o actriz favorito(a)
5. el autor del texto **Intercambios**
6. el presidente de los Estados Unidos

• **D** • **Por teléfono.**   Hable con otro(a) estudiante por teléfono.

ESTUDIANTE A

1. ¿Aló?
3. Sí. ¡Ah, (nombre)! ¿Qué tal?
5. _____. ¿Qué estás haciendo ahora?
7. Bueno, (yo) _____.
9. Hmm. Sí… (No porque…)

ESTUDIANTE B

2. Aló, ¿(nombre)?
4. _____. Y tú, ¿cómo estás?
6. ¿Yo? _____. ¿Y tú, compañero(a)?
8. Ah, ¿sí? ¿Quieres _____?
10. _____.

• **E** • **Situaciones.**   Lea cada situación; luego escriba una o dos oraciones sobre lo que usted piensa que está ocurriendo.

1. Hoy es domingo por la tarde. Dos primos de Mario y sus padres están en la casa Ixtamazic. ¿Por qué están allí? ¿Qué están haciendo?

2. Ángela y su compañera de clase Carmela tienen mucha tarea. Ángela tiene que escribir una composición y Carmela necesita leer unos poemas. Ahora ellas están en el dormitorio de Carmela. ¿Qué están haciendo en general? Específicamente, ¿qué está haciendo Carmela? ¿y su amiga?

3. Ahora son las nueve de la noche y Tito tiene mucho sueño. Ahora el niño está con su abuelita Raquel, a quien le gustan las telenovelas. ¿Qué está haciendo Tito? ¿y Raquel?

4. En este momento Andrés y Yolanda están en una fiesta en la casa de unos amigos. ¿Qué están haciendo ellos? ¿y sus amigos?

ATAJO

Grammar: verbs: progressive tenses

• **F** • **Conversaciones.** Escriba una conversación breve que corresponda a una de las situaciones de la Actividad E, usando palabras y frases que sepa usted.

• **G** • **¡Vamos a jugar!** On separate slips of paper, write several descriptions of actions in the present progressive tense, using verbs and nouns you know. Your instructor will correct your sentences. Then you and your classmates will take turns choosing slips and acting out what is written on them. The other students will try to guess what the actor or actress is doing.

Ejemplos: *Estás comiendo en casa.*
Estás mirando televisión.

ASÍ SE DICE

Sustantivos

el campo *country*
la fábrica *factory*
el sueldo *salary*
la tienda *store*
la tierra *land*
la vida *life*

Las profesiones

el (la) abogado(a) *lawyer, attorney*
el (la) agente de viajes *travel agent*
el (la) científico(a) *scientist*
el (la) comerciante *business person*
el (la) contador(a) *accountant*
el (la) enfermero(a) *nurse*
el (la) escritor(a) *writer*
el (la) gerente *manager*
el (la) ingeniero(a) *engineer*
el (la) investigador(a) *researcher*
el (la) médico(a) *physician, doctor*

el (la) músico(a) *musician*
el (la) oficinista *office worker*
el (la) periodista *journalist*
el (la) policía *police officer*
el (la) programador(a) *computer programmer*
el (la) trabajador(a) social *social worker*
el (la) vendedor(a) *salesperson*

Adjetivos

aburrido *bored*
duro *hard, difficult*

Verbos

almorzar (o → ue) *to have (eat) lunch*
buscar *to look for*
comenzar (e → ie) *to start, to begin*
decir (e → i) *to say, to tell*
dormir (o → ue) *to sleep*
encontrar (o → ue) *to find*
enseñar *to teach*
ganar *to earn*
pedir (e → i) *to ask for, to order*

pensar (e → ie) *to think, to intend*
poder (o → ue) *to be able*
preferir (e → ie) *to prefer*
querer (e → ie) *to want, to love*
seguir (e → i) *to pursue*
servir (e → i) *to serve, to be of use*
venir (e → ie) *to come*
visitar *to visit*
volver (o → ue) *to return, to go back*

Adverbios

mejor *better*
todavía *yet, still*

Otras palabras

eso *that*
mí *me*
nada *nothing*

Expresiones idiomáticas

¿Qué carrera sigues? *What career are you pursuing?*
tener que + infinitive *to have to*

¡Uy! ¡Hace mucho calor aquí!

ENFOQUE

COMMUNICATIVE GOALS

You will be able to comment on the weather and describe your daily routine.

LANGUAGE FUNCTIONS

Describing the weather
Commenting on the weather
Expressing your preferences
Saying when you were born
Specifying dates
Describing daily routines
Discussing past activities

VOCABULARY THEMES

Weather expressions
Seasons of the year
Idioms: *tener frío, calor*
Numbers 100–2000

GRAMMATICAL STRUCTURES

Present tense of reflexive verbs
Preterite tense of regular verbs
The verb form *hace* + time (ago)

CULTURAL INFORMATION

Climate around the world

EN CONTEXTO

Two weeks ago
get up early

finished
rented room / He took a shower / bought

Hace dos semanas° Mario Ixtamazic encontró trabajo en una cervecería en Guatemala.(1) Los días de trabajo tiene que levantarse temprano°, a las seis de la mañana, porque comienza a trabajar a las siete. Su trabajo es un poco aburrido pero ahora gana 950 quetzales al mes, que es más del doble del sueldo que ganaba en la plantación bananera en Tamahú.(2)

Hoy es viernes. A las cinco de la tarde Mario terminó° su trabajo y caminó a su pequeño cuarto alquilado°. Se duchó°, fue a la terminal de autobuses donde compró° un sandwich y un café, luego tomó un autobús a Tamahú. Tres horas más tarde, su mamá y su novia lo recibieron con abrazos.

por = meaning "because of": *por el ruido de tanto tráfico*

noise

estar = to express a condition (with an adjective): *Está preocupado.*

It's very hot
summer

Did you already eat supper?

por = in idiomatic expressions: *por ahora* (for now), *por eso* (therefore)

para = purpose: *para vos* (for you)

ISABEL: ¡Hola, hijo! ¿Qué tal?

MARIO: Muy bien, mamá. Y ustedes, ¿cómo están?

JUANA: Nosotras bien. ¿Cómo va tu trabajo en la cervecería?

MARIO: Más o menos. La vida es muy dura en Guatemala.(3) Allí no duermo bien por el ruido° de tanto tráfico. Prefiero vivir aquí en mi pueblo, pero el trabajo de la plantación no me sirve.

ISABEL: Tu papá dice que debés volver a Tamahú. Está preocupado por vos, hijo.

MARIO: Ay, no sé qué hacer, mamá. Pero por ahora voy a trabajar en la cervecería. ¡Uy! ¡Hace mucho calor° aquí!

JUANA: Sí. Tú sabes cómo son las temperaturas del verano°.(4)

MARIO: Sí, sí. También hace mucho calor allí en Guatemala, especialmente en la cervecería.

ISABEL: Oye, hijo. ¿Ya cenaste°?

MARIO: Pues, tomé un café y comí un sandwich en el autobús.

ISABEL: ¿Un sandwich? ¡Por Dios! Eso no es nada, Mario.

JUANA: Tienes que comer más, mi amor. Estás muy delgado.

ISABEL: Por eso preparé una buena cena para vos, hijo. ¡Vamos a casa!

Notas de texto

1. There are several breweries (*cervecerías*) in Guatemala City that produce excellent beer.

2. The *quetzal* is the monetary unit of Guatemala. Currently, one U.S. dollar is worth approximately five *quetzales*.

3. Many rural Mayans do not integrate successfully into the factories and corporations based in Guatemala City where they may often have to relinquish their cultural identity as well as some of their ancestral beliefs and practices.

4. In Guatemala, there are two main seasons: *el verano* (the dry season) and *el invierno* (the wet or rainy season).

¿Comprendió usted?

A. Indique si las siguientes oraciones son ciertas o falsas. Corrija (*Correct*) las oraciones falsas.

1. Mario vive en la Ciudad de Guatemala.
2. Normalmente Mario trabaja por la noche.
3. Para él su trabajo es muy interesante.
4. El joven tiene que trabajar los viernes.
5. Mario fue a Tamahú en un auto.
6. Su padre lo recibió cuando llegó allí.
7. Mario volvió a su pueblo para almorzar.

B. Responda a las siguientes preguntas en oraciones completas.

1. ¿Dónde trabaja Mario en la Ciudad de Guatemala?
2. ¿Dónde trabajó Mario cuando vivió en Tamahú?
3. ¿Por qué Mario no puede dormir bien en su cuarto?
4. ¿Qué comió Mario en el autobús?
5. ¿Cómo es el tiempo en Guatemala en el verano?
6. ¿Qué preparó Isabel en casa para su hijo?

VOCABULARIO ESENCIAL

In this section you will learn how to comment on the weather and to specify years in Spanish.

Cómo comentar sobre el tiempo (*How to comment on the weather*)

¿Qué tiempo hace?
Hace muy buen tiempo.

Hace sol.

Hace fresco.

Hace calor.

Está despejado.

estar = to state a condition (with an adjective): *Está despejado.*

Hace mal tiempo.

Hace mucho frío.

Hace viento y está muy nublado.

Está lloviendo.

Está nevando.

estar = to describe ongoing actions: *Está lloviendo.*

Las estaciones del año

Llueve mucho en la primavera.

Hace sol en el verano.

Hace fresco en el otoño.

Nieva mucho en el invierno.

Cómo hablar del tiempo

—¿Tiene usted calor, abuelita?
—No, Ángela. Tengo un poco de frío.
—¿Cómo? ¿A cuánto está la temperatura?
—16°. Voy a ponerme un suéter.

Are you hot, Grandma?
No, Ángela. I'm a little cold.
Huh? What's the temperature?

16°. I'm going to put on a sweater.

estar = to state a condition: *¿A cuánto está la temperatura?*

Practiquemos

•**A**• **Las estaciones y los meses.**   Hable con un(a) compañero(a) de clase y complete las siguientes oraciones, según la ciudad en que viven ustedes.

1. Los meses de la primavera son…

2. Los meses del otoño son…

3. Los meses del invierno son…

4. Los meses del verano son…

5. De las cuatro estaciones, prefiero el / la ____ porque…

•**B**• **Mis preferencias.**   Hable con otro(a) estudiante. Los tres puntos (…) indican otra posibilidad.

1. Cuando hace calor en el verano, me gusta…
    - a. jugar béisbol.
    - b. descansar en el sol.
    - c. beber un refresco frío.
    - d. …

2. En el invierno cuando hace frío, prefiero…
    - a. trabajar en casa.
    - b. mirar televisión.
    - c. leer y tomar café.
    - d. …

3. Me gusta ____ cuando hace fresco en el otoño.
    - a. jugar fútbol
    - b. hacer ejercicio
    - c. caminar con mi perro
    - d. …

4. Cuando hace sol en la primavera, prefiero…
    - a. jugar tenis.
    - b. no hacer nada.
    - c. salir con mis amigos.
    - d. …

¡Qué refrescante es tomar un refresco cuando hace mucho calor! Esta mujer vive en El Chota, un pueblo pequeño localizado en una zona árida del Ecuador.

•**C**• **¿Qué dicen ustedes?**   Converse con un(a) compañero(a) de clase.

1. ¿Hace buen o mal tiempo hoy? ¿A cuánto está la temperatura? ¿Qué haces cuando hace mal tiempo?

2. ¿Qué clima prefieres? ¿Cuál es tu estación preferida? ¿Por qué?

3. ¿Te gusta el invierno? En el invierno, ¿nieva mucho, poco o nada aquí? ¿En qué meses nieva más? ¿Te gusta la nieve?

4. En la primavera, ¿llueve poco o mucho aquí? ¿Te gusta la lluvia?

• D • **A larga distancia.**   Hable con un(a) compañero(a) de clase. Imagínese que ustedes están hablando por teléfono: una persona está en los Estados Unidos y la otra persona está en Buenos Aires. Completen la siguiente conversación.

ESTUDIANTE A (EN LOS ESTADOS UNIDOS)	**ESTUDIANTE B** (EN LA ARGENTINA)
1. ¿Aló? ¿Aló? …¿Aló?	2. Aló. ¿Quién habla?
3. Soy _____ de los Estados Unidos.	4. ¡Ah, _____! ¿Cómo estás?
5. _____. Y tú, ¿qué tal?	6. Pues, _____.
7. Oye, ¿qué tiempo hace allí en Buenos Aires?	8. _____.
9. Ah, ¿sí? ¿En qué estación están ustedes ahora?	10. _____. Ahora la temperatura está a _____°C.
11. ¡Qué bien (horrible)! ¿Te gusta el clima de Buenos Aires?	12. Bueno, pienso que _____.

• E • **¡A escribir!**   Exprese sus preferencias en un párrafo.

En la primavera me gusta (ir al cine / jugar tenis /…) porque… En el verano prefiero (ir a _____ / jugar _____ /…) porque… En el otoño me gusta (hacer ejercicio / ver películas en vídeo /…) porque… En el invierno prefiero (leer en casa / ir a _____ /…) porque… En todas las estaciones del año, me gusta _____ porque…

MOSAICO CULTURAL
Program 6—Juegos y diversiones (*traditional games and pastimes*)

cleaning (shoveling) sidewalks
beach

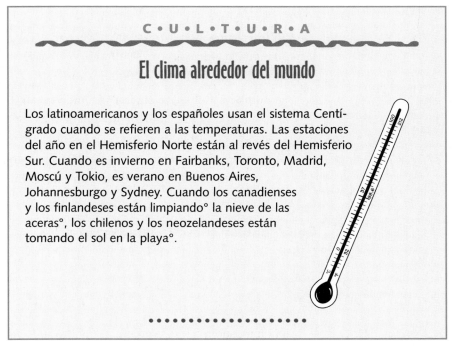

C • U • L • T • U • R • A

El clima alrededor del mundo

Los latinoamericanos y los españoles usan el sistema Centígrado cuando se refieren a las temperaturas. Las estaciones del año en el Hemisferio Norte están al revés del Hemisferio Sur. Cuando es invierno en Fairbanks, Toronto, Madrid, Moscú y Tokio, es verano en Buenos Aires, Johannesburgo y Sydney. Cuando los canadienses y los finlandeses están limpiando° la nieve de las aceras°, los chilenos y los neozelandeses están tomando el sol en la playa°.

¿Qué tiempo hace hoy?

Responda a las siguientes preguntas.

1. ¿Se usa aquí el sistema Centígrado o Fahrenheit?

2. ¿Qué tiempo hace hoy en Nueva York? ¿Cuál es la estación?

3. ¿A cuánto está la temperatura en la capital de Venezuela? ¿Qué tiempo hace en la capital de Chile?

4. ¿Por qué hay mucha diferencia entre las temperaturas de Río de Janeiro y Beijín?

5. ¿En qué ciudad prefiere usted estar hoy? ¿Por qué?

estar = location of a place: *¿En qué ciudad prefiere usted estar hoy?*

El tiempo en el mundo

CIUDAD	MIN	MAX	COND.
Berlín	1	4	Nuboso
Bogotá	4	20	Despejado
Buenos Aires	20	30	Despejado
Caracas	16	26	Nuboso
Londres	2	5	Despejado
Madrid	5	13	Despejado
Moscú	5	0	Nieve
Nueva York	0	3	Despejado
París	6	0	Nieve
Beijín	6	0	Nieve
Río de Janeiro	20	37	Despejado
Santiago	10	13	Despejado
Tokio	6	13	Despejado

Los números 100 a 2000

100 cien	**600** seiscientos(as)
101 ciento uno	**700** setecientos(as)
200 doscientos(as)	**800** ochocientos(as)
300 trescientos(as)	**900** novecientos(as)
400 cuatrocientos(as)	**1000** mil
500 quinientos(as)	**2000** dos mil

1. Use numbers 1–2000 to state a specific year in Spanish.

   1152   mil ciento cincuenta y dos

   1996   mil novecientos noventa y seis

2. Use the preposition *de* to connect a day, a month and a year.

   Hoy es el 12 **de** octubre **de** 1995.

Cómo hablar sobre la edad (*age*)

—¿Cuántos años tienes, Mario?   *How old are you, Mario?*

—Tengo veintiséis años.   *I'm twenty-six years old.*

—¿Cuándo es tu cumpleaños?   *When is your birthday?*

—Es el catorce de diciembre.   *It's on December 14th.*

—¿En qué año naciste?   *In what year were you born?*

—Nací en mil novecientos setenta.   *I was born in 1970.*

Practiquemos

•F• **Eventos históricos.**   Lea cada oración con el año correcto.

1. Abraham Lincoln fue elegido presidente en...
2. Hernán Cortés llegó a México en...
3. Los rusos lanzaron el "Sputnik" en...
4. Israel y Palestina establecieron paz en...
5. Los aztecas fundaron Tenochtitlán en...
6. Los peregrinos establecieron Jamestown en...

Años históricos	
1325	1957
1519	1976
1607	1992
1776	1993
1860	2001

7. Cristóbal Colón llegó al Nuevo Mundo el 12 de octubre de _____. En el año _____ se celebró el quintocentenario de este descubrimiento.
8. Los Estados Unidos declaró su independencia de Inglaterra el 4 de julio de _____. Luego, doscientos años más tarde, en el año _____, los norteamericanos celebraron el bicentenario de este evento importante.
9. En el año _____ vamos a comenzar otros 1.000 años de historia de nuestro mundo.
10. Mi papá nació en _____, mi mamá nació en _____ y yo nací en _____.

•G• **Fechas importantes.**   Hable con un(a) compañero(a) de clase.

ESTUDIANTE A

1. ¿Cuántos años tienes?
3. _____. ¿Cuándo es tu cumpleaños?
5. Es el _____. ¿En qué año naciste?
7. Nací en _____. ¿Dónde naciste?
9. Nací en _____.

ESTUDIANTE B

2. _____. ¿Y tú?
4. Es el _____. ¿Y el tuyo?
6. Nací en _____. ¿Y tú?
8. Nací en _____. ¿Y tú?
10. ¡Qué interesante!

ser = to specify a date: *¿Cuándo es tu cumpleaños? / Es el 16 de julio.*

•H• **Entre amigos.**   Hable por teléfono con otro(a) estudiante.

ESTUDIANTE A

1. Call your friend on the phone and identify yourself.
3. Return the greeting. Then comment on today's weather.
5. Respond. Then invite your friend to your birthday party.
7. Answer the questions. Then ask if your friend can come.
9. End the conversation.

ESTUDIANTE B

2. Answer the phone and greet your friend.
4. Respond positively or negatively, depending on your feelings.
6. Find out the details (when, at what time, where).
8. Accept the invitation and express your appreciation.
10. Say thank you and good-bye.

GRAMÁTICA ESENCIAL

In this section you will learn how to describe people's daily routines.

Present Tense of Reflexive Verbs

Spanish speakers often use a reflexive construction to describe their daily routine, such as getting up, dressing and so forth.

A reflexive construction consists of a reflexive pronoun and a verb. In English, reflexive pronouns end in *-self* or *-selves;* for example: myself, yourself, ourselves. In Spanish, reflexive pronouns are used with some verbs (called "reflexive verbs") that reflect the action back to the subject of a sentence.

Subject   Pronoun   Verb

Mario   **se**   **levanta a las 6:00.**   *Mario gets (himself) up at 6:00.*

How to use reflexive constructions

1. Use a reflexive pronoun (e.g., *me*) with its corresponding verb form (e.g., *levanto*), according to the subject of the sentence (e.g., *yo*).

levantarse (*to get up*)

(yo) **me levanto**	I get up
(tú) **te levantas**	you get up
(usted, él / ella) **se levanta**	you get up, he / she gets up
(nosotros / nosotras) **nos levantamos**	we get up
(vosotros / vosotras) os levantáis	*you get up*
(ustedes, ellos / ellas) **se levantan**	they get up

2. Place reflexive pronouns as follows:

   a. Place the pronoun in front of the conjugated verb.

   Mario **se levanta** a las seis.   *Mario gets up at six.*

   b. When a reflexive verb is used as an infinitive or as a present participle, place the pronoun either before the conjugated verb or attach it to the infinitive or to the present participle.

   Él **se** va a levantar pronto. ⎫
         or   ⎬ *He's going to get up soon.*
   Él va a levantar**se** pronto. ⎭

   Él **se** está levantando ahora. ⎫
         or   ⎬ *He's getting up now.*
   Él está levantándo**se** ahora.[1] ⎭

estar = to express ongoing actions: Él está levantándose ahora.

[1] When a reflexive pronoun is attached to a present participle (e.g., *levantándose*), an accent mark is added to maintain the correct stress.

Reflexive Verbs for Daily Routines[1]

despertarse (e → ie)	*to wake up*
levantarse	*to get up*
ducharse	*to take a shower*
bañarse	*to take a bath*
secarse	*to dry off*
afeitarse	*to shave*
peinarse	*to comb one's hair*
maquillarse	*to put on makeup*
vestirse (e → i)	*to get dressed*
lavarse (*los dientes*)[2]	*to brush (one's teeth)*
lavarse (*las manos*)	*to wash up (one's hands)*
quitarse (*la ropa*)	*to take off (one's clothes)*
ponerse (*el pijama*)	*to put on (one's pajamas)*
acostarse (o → ue)	*to go to bed*
dormirse (o → ue)	*to fall asleep*

Practiquemos

• A • **Conversaciones familiares.**   Complete las conversaciones con la forma correcta de los infinitivos.

acostarse   dormirse   levantarse

MARIO: ¿A qué hora _____ ustedes por la noche en tu casa?

JUANA: Pues, mis padres y yo _____ a las 11:00. Mi hermano menor, que tiene dos años _____ a las 8:00. A veces, él _____ rápidamente, pero _____ durante la noche y va al baño. Luego _____ otra vez.

MARIO: ¿A qué hora _____ ustedes por la mañana?

JUANA: Los días de trabajo, (yo) _____ a las 7:00 y mis padres _____ a las 7:30. Mi hermano Pepe _____ a las 8:00 u 8:30.

lavarse   secarse   ducharse   vestirse   afeitarse

TITO: Papá, ¿por qué _____ la cara todos los días?

ANDRÉS: _____ porque no quiero tener barba (*beard*), hijo.

TITO: Y luego, ¿qué haces, papá?

ANDRÉS: _____, _____ y luego _____. Y tú, ¿por qué _____ (tú) los dientes todos los días, hijo?

TITO: ¡Porque mamá insiste!

---

[1] When the action is performed on another person, a reflexive pronoun is **not** used with these verbs. Compare these two examples:

Me despierto a las siete.   *I wake up at seven o'clock.*
Despierto a mi hijo a las ocho.   *I wake up my son at eight o'clock.*

[2] When reflexive verbs are used with parts of the body or with articles of clothing, use the definite article (*el, la, los, las*), as shown in the examples.

Me lavo **los** dientes todos los días.   *I brush **my** teeth every day.*
Tito está poniéndose **el** pijama.   *Tito is putting on **his** pajamas.*

• **B** • **La rutina de Juana.** Complete la siguiente descripción de la rutina de la enfermera Juana Ortega López con formas apropiadas de los verbos entre paréntesis.

Todos los días, excepto los domingos, Juana *se despierta* (despertarse) a las siete y _____ (levantarse) a las siete y cuarto. Primero, ella _____ (ir) al baño donde _____ (ducharse) por cinco minutos, luego _____ (secarse) bien. Cuando ella _____ (tener) más tiempo, _____ (bañarse) en la bañera (*the bathtub*). Juana _____ (vestirse), _____ (peinarse), _____ (maquillarse) y _____ (ponerse) un poco de perfume. Después _____ (tomar) café y _____ (comer) un poco. Luego Juana _____ (lavarse) los dientes y _____ (salir) de su casa. Ella _____ (ir) a la clínica donde _____ (trabajar) con su asistente Alba. A la una de la tarde Juana _____ (volver) a casa, _____ (lavarse) las manos y _____ (almorzar).

---

por = duration of time:
por cinco minutos

• **C** • **¿Qué está haciendo Mario?** Diga lo que Mario está haciendo en este momento.

Ejemplo: *Mario está despertándose a las seis...*

  O *Mario se está despertando a las seis...*

• **D** • **Habla Mario.**   Imagínese que usted es Mario, y que él está describiendo lo que va a hacer mañana, martes. Mire las ilustraciones de la página 116 y describa su rutina.

Ejemplo: *Mañana voy a despertarme a las seis…*

O   *Mañana me voy a despertar a las seis…*

• **E** • **¿Y ustedes?**   Converse con un(a) compañero(a) de clase.

ESTUDIANTE A	ESTUDIANTE B
1. ¿Qué tienes que hacer mañana?	2. Mañana _____. ¿Y tú, (nombre)?
3. Pues, necesito _____. Oye, ¿a qué hora te acuestas?	4. Los días de clase / trabajo _____ a la(s) _____. ¿Y tú?
5. _____ a la(s) _____ porque tengo que _____.	6. Comprendo. ¿Y a qué hora te levantas por la mañana?
7. Bueno, normalmente _____. Siempre tengo mucho sueño. ¿Tú también?	8. Sí,… (No,…). Perdón, ahora tengo que ir a _____. Necesito _____.
9. Hasta _____, (nombre)	10. _____.

• **F** • **¡Ah… los fines de semana!**   Conozca mejor a otro(a) estudiante. Pregúntele…

1. a qué hora se acuesta los viernes.

2. a qué hora se levanta los sábados.

3. si se pone jeans o si se viste elegantemente.

4. adónde va y qué hace el resto del día.

5. a qué hora se acuesta los sábados.

6. si se duerme fácilmente o si se duerme con dificultad.

7. cuántas horas duerme los sábados y domingos.

• **G** • **Mi rutina diaria.**   Escriba un párrafo sobre su rutina diaria. Luego léale su descripción a otro(a) estudiante. La rutina de Juana (**Actividad B** de la página 116) puede servirle como modelo.

Los días de clase (trabajo) me despierto a las _____. Me levanto a las _____, luego…

ATAJO

Phrases / Functions: talking about daily routines
Grammar: verbs: reflexives

GRAMÁTICA ESENCIAL

In this section you will learn to describe activities that occurred in the past.

Preterite Tense of Regular Verbs

Spanish speakers use the preterite tense as one way to describe completed actions, conditions and events in the past.

How to form the preterite tense

1. To form the preterite for most Spanish verbs, add the following endings to the verb stem. Note the identical endings for *-er* and *-ir* verbs.

	levant**arse**	com**er**	viv**ir**
(yo)	me levant**é**	com**í**	viv**í**
(tú)	te levant**aste**	com**iste**	viv**iste**
(usted, él / ella)	se levant**ó**	com**ió**	viv**ió**
(nosotros / as)	nos levant**amos**	com**imos**	viv**imos**
(vosotros / as)	*os levant**asteis***	*com**isteis***	*viv**isteis***
(ustedes, ellos / ellas)	se levant**aron**	com**ieron**	viv**ieron**

—¿Ya **desayunó** Tito?   *Did Tito already have breakfast?*
—Sí. **Comió** cereal y bebió jugo.   *Yes. He ate cereal and drank juice.*

—¿A qué hora **se levantó**?   *What time did he get up?*
—A las nueve. **Descansó** bien.   *At nine o'clock. He rested well.*

2. *-ar* and *-er* stem-changing verbs have **no** stem change in the preterite; use the same verb stem as you would for a regular verb.

pensar: pensé, pensaste, pensó, pensamos, *pensasteis*, pensaron
volver: volví, volviste, volvió, volvimos, *volvisteis*, volvieron

—Sé que mi abuelito está enfermo.   *I know that my Grandpa is sick.*
  Pensé mucho en él, mamá.   *I thought a lot about him, Mom.*
—Está mejor, Mario. Ayer **volvió**   *He's better, Mario. Yesterday he*
  del hospital y anoche **se acostó**   *came back from the hospital and*
  temprano.   *last night he went to bed early.*

estar = to state a condition (with an adjective): *Mi abuelito está enfermo.*

3. Several verbs have some spelling changes in the preterite. Verbs ending in *-car, -gar* and *-zar* have a spelling change in the *yo* form of the preterite tense.

c changes to *qu*	*g* changes to *gu*	*z* changes to *c*
bus**c**ar → bus**qu**é	lle**g**ar → lle**gu**é	comen**z**ar → comen**c**é

Hace tres semanas fui a Guatemala. **Llegué** allí en autobús por la mañana, luego **busqué** trabajo todo el día. Finalmente encontré trabajo en una cervecería. **Almorcé** muy tarde en un café y después volví a casa. El lunes pasado **comencé** a trabajar en la cervecería.

4. *-ir* and *-er* verbs that have a vowel before the infinitive ending require a change in the *usted / él / ella* and *ustedes / ellos / ellas* forms of the preterite tense: *i* between two vowels changes to *y*.

	creer (*to believe*)	leer (*to read*)	oír (*to hear*)
(usted, él / ella)	creyó	leyó	oyó
(ustedes, ellos / ellas)	creyeron	leyeron	oyeron

Mario **leyó** muchos anuncios de trabajo en el periódico. Luego **oyó** en la radio un anuncio de trabajo en una cervecería de la capital. Encontró trabajo allí, pero sus familiares casi (*almost*) no le **creyeron**.

How to use the preterite

1. The preterite tense is used to refer to past actions, conditions or events that the speaker or writer considers as **completed**. In other words, the speaker or writer focuses on a time in the past at which the action, condition or event began and was completed or was viewed as completed.

   Anoche Mario **tomó** un autobús a Tamahú donde su mamá y su novia lo **recibieron** con abrazos. Luego **caminaron** a su rancho y **llegaron** allí en veinte minutos. Mario **se lavó** las manos y **cenó** con su familia. Todos le **preguntaron** sobre su nueva vida en Guatemala y **hablaron** mucho. Naturalmente **se acostaron** muy tarde.

2. Spanish speakers use the preterite tense with the verb form *hace* plus an amount of time to express how long ago an action or event occurred.

   —¿**Cuánto tiempo hace** que   *How long ago did you meet*
     conociste a Yolanda y a Andrés?   *Yolanda and Andrés?*[1]
   —Creo que los **conocí hace un año**.   *I think I met them a year ago.*

---

[1] The preterite tense of *conocer* expresses the meaning of **met** (for the first time) in English.

Practiquemos

• A • **Una mamá ocupada.**   Ayer Yolanda hizo muchas cosas en casa.

1. Diga las actividades que hizo ella.

por = duration of time: *por media hora*

Por la mañana Yolanda / trabajar mucho. Primero, / bañar a su hijo Tito. Luego ella / lavar ropa. Cuando / terminar eso, / salir de la casa y / comprar comida en una tienda. Ella / volver a casa a las doce. Por la tarde Yolanda / comenzar a preparar el almuerzo, luego / almorzar con su familia pero no / comer mucho. Después / le ayudar a su mamá a lavar más ropa. A las tres Yolanda / jugar con Tito por media hora; luego / escribir dos cartas. Finalmente ella / descansar en la sala donde / leer el periódico.

2. Cuando Andrés llegó a casa de su trabajo, Yolanda le describió lo que hizo todo el día.

— *Por la mañana trabajé mucho. Primero,…*

• B • **Los novios.**   Complete los siguientes párrafos con las formas apropiadas del pretérito.

Ejemplo: Yo *conocí* a mi novio hace dos años.

ver	hablar	aceptar
comer	conocer	caminar
beber	invitar	

Me llamo Juana Ortega López. Yo _____ a mi novio Mario hace dos años en una fiesta en Cobán. Él me _____ al cine y yo _____ su invitación. Fuimos al Cine Rey donde _____ una película norteamericana con subtítulos en español. Después, _____ a un café donde _____ unas limonadas, _____ unos tacos y _____ sobre la película y nuestras familias.

leer	hablar	levantarse
salir	acostarse	despertarse
bailar	comprender	

MARIO: ¿_____ bien la película, Juana?

JUANA: Un poco. Yo _____ los subtítulos rápidamente pero tengo sueño hoy. Anoche _____ tarde porque fui a una fiesta con mi prima.

MARIO: ¿Una fiesta? ¿Qué hicieron ustedes?

JUANA: Pues, mi prima y su novio _____ salsa y chachachá y yo _____ con mis amigos.

MARIO: ¿No _____ tú, Juana?

JUANA: Sí, _____ un poco. Luego mi prima y yo _____ de la fiesta a las dos de la mañana.

MARIO: ¡Ay, qué tarde, Juana! ¿Y a qué hora _____ ustedes esta mañana?
JUANA: _____ a las 11:00, pero no _____ hasta las 12:00.
MARIO: ¡Por Dios! ¡Qué fiesta!

• C • **¿Qué hizo Mario?** Cuéntele a otro(a) estudiante. Describa lo que hizo Mario ayer según las ilustraciones en la página 116.

Ejemplo: *Mario se despertó a las seis...*

• D • **En un centro comercial.** Imagínese que usted y un(a) compañero(a) están en un centro comercial. Conversen en español.

ESTUDIANTE A	ESTUDIANTE B
1. ¡Hola, _____! Hace *(tiempo)* que no te veía. ¿Cómo estás?	2. _____, gracias. Y tú, ¿qué tal?
3. Pues, _____. ¿Qué estás haciendo aquí?	4. Estoy _____. Hace *(tiempo)* que _____.
5. Sí, comprendo. Yo estoy aquí porque _____.	6. Oye, ¿tienes tiempo para tomar un café?
7. Bueno, sí. Hace buen (mal) tiempo hoy, ¿no?	8. _____.

para = in order to:
para tomar un café

• E • **Situaciones.** Converse con un(a) compañero(a) de clase.

Estudiante A: You see your Spanish-speaking friend (your classmate) at a party. Greet your friend, then ask about his or her day yesterday (e.g., what time he or she got up, if he or she had breakfast, what your friend did at home, school or work, when he or she went to bed, etc.).

Estudiante B: Answer your friend's questions. Then ask about the activities he or she did yesterday. Try to keep your conversation going as long as possible, using only the Spanish words and phrases you know.

• **F** • **La semana pasada.**   Escriba diez oraciones en español sobre algunas actividades que usted hizo la semana pasada. Los verbos y las frases en la lista son posibilidades.

Ejemplo: *La semana pasada almorcé en un café chino. También...*

jugar	almorzar en ?	estudiar español
ducharse	descansar bien	leer el periódico
desayunar	trabajar en casa	escribir una carta
levantarse	salir con amigos	mirar televisión

ASÍ SE DICE

Sustantivos
la bañera *bathtub*
el baño *bathroom*
la cara *face*
la cena *dinner, supper*
el cuarto *room (Latin America)*
el cumpleaños *birthday*
los dientes *teeth*
el jugo *juice*
la lluvia *rain*
la nieve *snow*
el pijama *pajamas*
la ropa *clothes, clothing*
el ruido *noise*

Las estaciones del año   *(Seasons of the year)*
el invierno *winter*
el otoño *fall*
la primavera *spring*
el verano *summer*

Adjetivos
alquilado *rented*

Verbos
acostarse (o → ue) *to go to bed*
afeitarse *to shave*
bañarse *to take a bath*

cenar *to have (eat) supper (dinner)*
comprar *to buy*
creer *to believe, to think*
desayunar *to have (eat) breakfast*
despertarse (e → ie) *to wake up*
dormirse (o → ue) *to fall asleep*
ducharse *to take a shower*
lavar(se) *to wash (up)*
lavarse los dientes *to brush one's teeth*
levantarse *to get up*
llover (o → ue) *to rain*
maquillarse *to put on makeup*
nacer *to be born*
nevar (e → ie) *to snow*
oír *to hear*
peinarse *to comb one's hair*
ponerse *to put on*
preparar *to prepare*
quitarse *to take off*
secarse *to dry off*
terminar *to finish*
vestirse (e → i) *to get dressed*

Adverbios
casi *almost*
pronto *soon*

tarde *late*
temprano *early*
tremendo *tremendous*

Cómo comentar sobre el tiempo   *(How to comment on the weather)*
¿A cuánto está la temperatura? *What's the temperature?*
¿Qué tiempo hace? *What's the weather like?*
Hace (buen / mal) tiempo. *It's (nice / bad) weather.*
Hace calor. *It's hot.*
Hace fresco. *It's cool.*
Hace frío. *It's cold.*
Hace sol. *It's sunny.*
Hace viento. *It's windy.*
Está despejado. *It's clear.*
Está lloviendo. *It's raining.*
Está nevando. *It's snowing.*
Está nublado. *It's cloudy.*

Expresiones idiomáticas
al mes *per month, monthly*
hace dos semanas *two weeks ago*
más tarde *later*
tener calor *to be hot*
tener frío *to be cold*

La Ruta Maya

Un esfuerzo internacional

La Ruta Maya es un proyecto interna-cional cuyo propósito principal es el de preservar la rica herencia maya que comparten° cinco países del Hemis-ferio Norte: México, Belice, Guate-mala, Honduras y El Salvador.

Muchas familias mayas, como ésta en Guatemala, van a beneficiarse económicamente del plan de La Ruta Maya porque pueden vender los pro-ductos que hacen en sus casas.

Transporte moderno a sitios antiguos

Un elemento clave° del proyecto es una ruta de 2.300 kilómetros en forma del número 8 que conectará miles de sitios arqueológicos mayas, dándoles a los visitantes acceso a las áreas remotas de esta región selvática°. Para minimizar la construcción de caminos°, las personas que están planeando la construcción de La Ruta Maya sugieren que se utilicen dife-rentes medios de transporte alterna-tivos tales como un monoriel, tele-férico°, lanchas, mulas o senderos°.

esencial

share

de jungla

roads

cable car / trails

Ecoturismo y economía

Otro elemento clave del proyecto es controlar la destrucción del bosque pluvial° que está occurriendo en esta zona inmensa indiscriminadamente. El plan de La Ruta Maya incluye la administración cuidadosa de reservas biosféricas que beneficiarían al pueblo

rain forest

En La Ruta Maya se encuentra la famosa pirámide de Kulkucán en Uxmal, México.

oils

Support

local maya por el ecoturismo y la venta de productos renovables tales como la fruta, el cacao, el café, los aceites° y las medicinas.

Apoyo° político y económico

En fin, La Ruta Maya desarrollaría el ecoturismo sin destruir la naturaleza y, al mismo tiempo, el plan produciría los fondos necesarios para pagar la preservación de una región maravillosa y única del mundo. Recientemente los presidentes de los cinco países de esa región votaron para darle su apoyo político y económico al proyecto de La Ruta Maya.

¿Comprendió usted?

Lea las siguientes oraciones; luego indique si son ciertas o falsas según la lectura.

1. La Ruta Maya es un proyecto binacional.
2. El ecoturismo es un elemento clave de este proyecto.
3. Los mayas van a beneficiarse del plan de una manera económica.
4. Se van a construir muchos caminos y hoteles en esa región.
5. Los presidentes de los cinco países de La Ruta Maya están de acuerdo con el proyecto.

¿Qué dice usted?

Piense en sus respuestas a las siguientes preguntas. Luego exprese sus ideas y opiniones por escrito o con un(a) compañero(a) de clase, según las indicaciones de su profesor(a).

1. ¿Cree usted que La Ruta Maya es una buena o una mala idea? ¿Por qué?
2. ¿Tiene usted interés en visitar la región de La Ruta Maya algún día? ¿Por qué?
3. ¿Cuáles otras regiones debemos preservar en nuestro mundo? ¿Cómo podemos preservarlas?

¡A LEER!

Skimming for Information

When you pick up a newspaper or a magazine, you probably glance through it to see what interests you by looking at the illustrations, the titles and the words in boldface type. What you are doing is skimming for information—getting a general idea of content.

Skim the three descriptions on page 125 to get a general understanding of what they are about, then answer questions 1–4 on page 126.

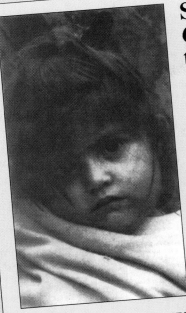

1. These descriptions are . . .
   a. invitations.
   b. announcements.
   c. brief reports.
   d. advertisements.

2. The main purpose of the descriptions is . . .
   a. to inform.
   b. to persuade.
   c. to criticize.
   d. to entertain.

3. The main message of all three descriptions is . . .
   a. "We need your money now."
   b. "Help us to help others."
   c. "Volunteer your free time."
   d. "Pray for world peace now."

4. Where do you think the descriptions were published?

Scanning for Information

Scanning is a reading strategy used for locating specific information in printed material. For example, when looking for a number in a telephone book, you carefully scan for a particular name of a person and his or her address.

Scan the same three descriptions to find the information asked for in questions 5–7.

5. Which organization . . .
   a. helps needy children?
   b. is religiously oriented?
   c. is directed toward Americans?
   d. is directed toward Spaniards?

6. If people wanted to sponsor a specific child, they should contact . . .
   a. Unicef.
   b. World Vision.
   c. the U.S. Peace Corps.
   d. any of these three organizations.

7. How could people contact each of these three organizations?

¡A ESCRIBIR!

Writing a Narrative

A narrative tells a story of events in chronological order. The writer must help the reader to follow these events easily by showing the time relationship between sentences.

To show the sequence of time, use the following expressions, as shown in the model narrative about last weekend.

durante	*during*
primero	*first*
luego	*then*
después	*afterwards*

más tarde	*later*
por fin	*finally*
el sábado	*on Saturday*
hace un mes	*one month ago*
el sábado pasado	*last Saturday*
toda la mañana	*all morning*
en cinco minutos	*in five minutes*
a las siete	*at 7 o'clock*
hasta las ocho	*until 8 o'clock*
por media hora	*for a half-hour*
algunos días	*some days*
antes de + infinitive	*before*
después de + infinitive	*after*

El fin de semana pasado

El sábado pasado *me levanté* **tarde** *porque fui a una fiesta el viernes* **hasta las dos de la mañana. Primero,** *desayuné con mi hermana que se levantó* **tarde** *también.* **Luego** *miré televisión* **por una hora, finalmente** *me duché.*

Salí de mi casa **a las 12:15** *y fui a mi trabajo en Sears. Llegué allí* **en quince minutos** *y trabajé* **toda la tarde por cinco horas. Después de** *volver a casa, visité a una amiga. Ella se llama Linda Robles y estudia en mi universidad porque quiere ser abogada. Ella y yo hablamos* **por media hora, luego** *volví a casa donde descansé* **un poco. El sábado por la noche** *fui al cine con mi novio.* **Después** *comimos en un restaurante. Me acosté* **a las doce.**

El domingo por la mañana *estudié español.* **Por la tarde** *trabajé* **otra vez** *en Sears. Es un trabajo aburrido pero gano suficiente dinero para vivir.* **Por la noche** *mi novio y yo vimos una película de vídeo en su apartamento. Finalmente volví a casa y me acosté* **temprano.**

Write a narrative about one of the following topics. Use the time expressions above and others you know to link together your sentences as you have seen in the model composition. Do not use a dictionary; rather, try to use only the Spanish words and phrases you know.

Temas

1. Mi rutina diaria
2. Mi futura carrera
3. El fin de semana pasado
4. Un incidente interesante
5. Mi familia y mis responsabilidades

ATAJO

Phrases / Functions: expressing time relationships; sequencing events; talking about past events; talking about the recent past

Vocabulary: beach; calendar; camping; professions; days of the week; family members; leisure; sports; time expressions

Grammar: verbs: preterite

¡A divertirnos mucho!

We meet Jaime Stewart, his wife Silvia and their two children in Concepción, Chile. They discuss the Olympic soccer match they had watched on television the previous evening. On their eleventh wedding anniversary, Jaime and Silvia dine out at a Chinese restaurant where they reminisce about their marriage. Later, Jaime and his family celebrate Christmas at the home of his parents in central Chile.

¡Vamos a la playa!

ENFOQUE

COMMUNICATIVE GOALS

You will be able to talk and write about how you and others spend your free time.

LANGUAGE FUNCTIONS

Expressing likes and dislikes
Describing leisure-time activities
Inviting a friend out
Expressing preferences
Discussing past activities

VOCABULARY THEMES

Pastimes
Sports
Snack foods

GRAMMATICAL STRUCTURES

Preterite of irregular verbs
Preterite of stem-changing verbs
Indirect object pronouns with *gustar*

CULTURAL INFORMATION

Pastimes in Spanish-speaking countries
Sports in the Spanish-speaking world
International recruitment of athletes

EN CONTEXTO

Jaime Stewart y su esposa Silvia viven con sus dos niños en Concepción, Chile.(1) Jaime tiene cuarenta y cinco años, es alto y pelirrojo° y tiene los ojos azules°.(2) Silvia Rapu de Stewart tiene treinta años, nació en la Isla de Pascua y es de ascendencia polinesia.(3) Sus hijos se llaman Martín Luis (10 años) y Francisco Javier o "Pancho" (7 años).

redheaded
blue eyes

JAIME: ¿Te gustaron los Juegos Olímpicos(4) anoche, Pancho?

PANCHO: Sí, papá. Me gustó especialmente el equipo° argentino, que estuvo fabuloso.

team

SILVIA: Por eso los argentinos ganaron° el partido de fútbol°. Oye, hace buen tiempo hoy. Tengo ganas de° ir a la playa° Lota.(5)

won / soccer game
I feel like / beach

MARTÍN: Sí, vamos. Y allí podemos almorzar en el restaurante Solymar como lo hicimos el año pasado. Nos divertimos° mucho en Lota.

We had fun

PANCHO: Claro. Porque nadamos todo el día y comimos helado° de chocolate en la heladería.

ice cream

SILVIA: Te gusta mucho el helado, ¿verdad°, hijo?

right

PANCHO: Sí, mamá. Tú sabes que me gustan todas las cosas dulces°.

sweet

JAIME: Después de almorzar en el Solymar, podemos pasear° y visitar el pequeño museo del pueblo.

take a walk

MARTÍN: Sí. Voy a llevar mi cámara nueva para sacar unas fotos.

SILVIA: Bueno, ¡vamos a la playa!

Notas de texto

1. Concepción is located 375 miles (580 kilometers) south of Santiago, the capital of Chile. It has a population of 670,000 people and is a large industrial center.

2. For centuries, people have been emigrating to Latin America from many different countries, a fact which is reflected in the wide diversity of its population. It is not uncommon, therefore, to see Latin Americans who do not fit the common stereotype.

3. *La Isla de Pascua* or Easter Island, which is part of Chile, is the most remote inhabited island in the world. Easter Island is located 2,464 miles (3,790 kilometers) west of Santiago. Most of the 2,500 Easter Islanders live in the village of Hanga Roa. About three-fourths of them were born

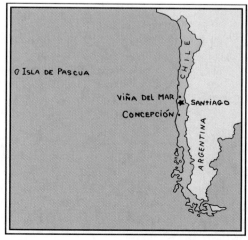

on the island and are of mixed European and Polynesian ancestry; the other residents are from mainland Chile. Most Easter Islanders speak Spanish and the local language, Rapa Nui.

4. The Olympic Games are seen worldwide via satellite television. More than one billion people around the world watch the games, in which many countries participate.

5. *Playa Lota* is located about 50 kilometers (33 miles) south of Concepción, Chile.

¿Comprendió usted?

Indique la respuesta correcta.

1. Martín y Pancho son (altos / hermanos / pelirrojos / primos).
2. El esposo de Silvia se llama (Jaime / Rapu / Martín / Pancho).
3. La familia va a (acostarse / vestirse / bañarse / divertirse).
4. La familia Stewart va a la playa (hoy / mañana / en dos días).
5. El tiempo hoy está (malo / lluvioso / bueno / muy nublado).
6. A (Silvia / Jaime / Martín / Pancho) le gustó mucho el partido.
7. Lota es un(a) (playa / persona / ciudad / comida / restaurante).
8. A los Stewart les gusta (ir a la playa / jugar fútbol / esquiar).
9. El fotógrafo de la familia es (Pancho / Jaime / Silvia / Martín).
10. Los Stewart viven en (un pueblo / una isla / Chile / la Argentina).

VOCABULARIO ESENCIAL

Cómo conversar sobre los pasatiempos
In this section you will learn to describe the pastimes that you and others enjoy.

Los pasatiempos

—¿Qué tienes ganas de hacer hoy?
—Tengo ganas de...

sacar fotos

ir de compras

jugar cartas   **tocar guitarra y cantar**   **pasear en el parque**

¡CUIDADO! The verb *jugar* means to play a sport or a game. The verb *tocar* means to play a musical instrument, a stereo, a radio or a tape recorder.

ver un partido de fútbol y comer...

chocolate

helado

papas fritas

palomitas de maíz

Practiquemos

• **A** • **Los pasatiempos.**   Hágale preguntas a un(a) compañero(a) de clase según el ejemplo. Él o ella debe responder **sí** o **no,** dando un poco más de información.

    Ejemplo: salir con tus amigos los viernes

                A: *¿Te gusta salir con tus amigos los viernes?*
                B: *Sí. Vamos al cine o comemos en un café.*
      O   B: *No.*

1. pasear en el parque a veces
2. ir de compras frecuentemente
3. escuchar radio por la noche
4. leer novelas románticas en casa
5. hacer ejercicio frecuentemente

6. sacar fotos los fines de semana
7. salir con tus amigos los sábados
8. ver partidos de fútbol en la tele
9. comer helado o chocolates
10. jugar cartas con tus amigos o familiares

• B • **¿Te gusta la música?** Pregúntele a otro(a) compañero(a) de clase.

1. ¿Te gusta escuchar música? ¿Qué tipo de música te gusta más: música clásica o jazz? ¿Tienes pocas o muchas cintas (*tapes*) de música? ¿Tienes muchos o pocos discos compactos? ¿Vas a los conciertos con mucha o con poca frecuencia? ¿A qué tipo de conciertos vas?
2. ¿Qué tipo de música te gusta para bailar: música rock, música rap u otra música? ¿Te gusta ver películas de rock en vídeo? (¿Sí? ¿Cuál es tu película de rock preferida?)
3. ¿Tocas guitarra, piano, violín u otro instrumento musical? ¿Qué instrumento quieres aprender a tocar: la guitarra, el piano, el violín u otro instrumento?
4. ¿Te gusta cantar? ¿Cantas bien o mal? ¿Cómo se llama tu cantante (*singer*) preferido(a)? ¿Por qué te gusta?

• C • **Una invitación.** Hable con un(a) compañero(a) de clase o escriba la siguiente invitación en español.

1. Invite a su amigo(a) a salir.
2. Explíquele lo que usted quiere hacer (pasatiempo).
3. Dígale el día y la hora cuando usted quiere salir.
4. Infórmele quiénes van a acompañarles.
5. Dígale cómo van a llegar (en auto, etcétera).

C • U • L • T • U • R • A

Los pasatiempos en los países hispanos

Los pasatiempos más populares entre los hispanos son principalmente sociales. A mucha gente le gusta hablar en la plaza o el parque central, tomar un refresco en algún café e ir al cine. Los fines de semana muchos hispanos visitan a amigos y parientes, comen juntos en casa o en un restaurante, pasean con ellos en algún parque, visitan un museo o escuchan un concierto.

¿Qué dice usted?

1. ¿Cómo pasa usted su tiempo libre?
2. ¿Qué pasatiempos son populares entre sus amigos y familiares?

Los deportes

¿Qué te gustaría hacer?

Me gustaría... (*I would like . . .*)

hacer ejercicio   **jugar fútbol**

nadar en una piscina

correr en un parque

patinar   **esquiar**

montar en bicicleta   **montar a caballo**

Practiquemos

• D • Deportistas famosos.   Haga asociaciones entre los siguientes deportistas y sus grandes talentos.

Ejemplo: Diego Maradona

Diego Maradona juega fútbol en muchos países.

1. Nancy López   jugar fútbol en muchos países
2. José Santos   jugar tenis con los mejores tenistas
3. Greg Lemonde   jugar golf en muchas partes del mundo
4. Sandra Meyer   ser famosa por el patinaje de figuras
5. Katerina Witt   montar su bicicleta en el *Tour de France*
6. José Canseco   jugar béisbol con un equipo norteamericano
7. Gabriela Sabatini   montar a caballo rápidamente en las carreras

                         correr muy rápidamente en los Juegos Olímpicos

• E • Mis preferencias.   Cuéntele a un(a) compañero(a) de clase algunos deportes que le gustan a usted o que le gustaría practicar. Los tres puntos (…) indican otra posibilidad.

Me gusta… / Me gustaría…

correr (por la mañana / los domingos / …)

nadar en (una piscina / el océano / …)

montar a caballo (con mis amigos / con / …)

esquiar (cerca de mi casa / en el Canadá / …)

jugar (béisbol / básquetbol / vólibol / …)

hacer ejercicio (en un gimnasio / en casa / …)

montar en bicicleta en (el campo / la ciudad / …)

• F • Deportes preferidos.   Pregúntele a otro(a) compañero(a) de clase.

1. ¿Cuál es tu deporte favorito? ¿Qué otro deporte te gusta mucho?
2. ¿Qué deporte prefieres más: jugar tenis o jugar béisbol?
3. ¿Sabes montar a caballo? (¿Sí? ¿Montas bien o mal? ¿Adónde vas?)
4. ¿Sabes patinar? (¿Sí? ¿Con quién? ¿Dónde patinan ustedes?)
5. ¿Con qué frecuencia haces ejercicio? ¿Qué tipo de ejercicio haces?

•**G**• **Otra invitación.**   Converse con un(a) compañero(a) de clase.

ESTUDIANTE A	ESTUDIANTE B
1. ¡Hola! Habla [su nombre].	2. ¡Hola, [nombre]! ¿Qué hay de nuevo?
3. Pues, ¿tienes ganas de jugar _____?	4. Sí, me gustaría. ¿Pero cuándo?
5. _____.	6. Ay, no puedo. Tengo que _____.
7. ¿Puedes ir el [#] de [mes]?	8. Hmm. ¿Qué día de la semana es?
9. Es un _____.	10. ¡Sí, puedo ir!

•**H**• **¡A escribir!**   Primero, complete la tabla con la información apropiada. Luego escriba tres párrafos, usando la información de la tabla, como en el ejemplo de la página 138.

ATAJO

Phrases / Functions: describing weather
Vocabulary: months; seasons; sports
Grammar: verbs: regular; verbs: *hacer*; verbs: *gustar*

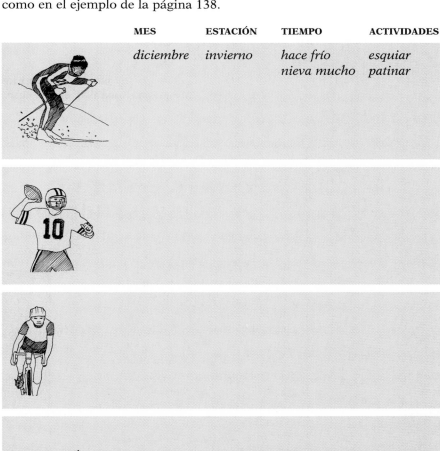

	MES	ESTACIÓN	TIEMPO	ACTIVIDADES
	diciembre	*invierno*	*hace frío nieva mucho*	*esquiar patinar*

Ejemplo: *En diciembre es invierno. A veces, hace mal tiempo; hace frío y nieva mucho. En invierno me gusta esquiar y patinar.*

**No me gustan ni los pasatiempos ni los deportes.
Me gusta descansar en mi hamaca.**

C • U • L • T • U • R • A

Los deportes en el mundo hispano

En el mundo hispano, los deportes más populares son el fútbol, el vólibol, el básquetbol y la natación. Todos los países hispanos tienen un equipo nacional de fútbol. Estos jugadores semiprofesionales atraen mucha atención y bastante entusiasmo del público porque representan a su país. El béisbol es muy popular en los países caribeños como, por ejemplo, Cuba, Puerto Rico y la República Dominicana. El boxeo y las carreras° de bicicleta y de caballo° son otros deportes populares en Latinoamérica y en España. A algunos hispano- parlantes les gusta jugar tenis o golf. Hoy en día, hay equipos masculinos y equipos femeninos en casi todos los deportes.

races
horses

Nancy López es una gran campeona profesional de golf.

¿Qué dice usted?

Conteste las siguientes preguntas.

1. ¿Qué deportes son populares en su país? ¿y en su ciudad?
2. ¿Qué deportes son populares en su universidad? ¿y en su familia?

⟿ GRAMÁTICA ESENCIAL ⟿

In this section you will describe some of your past activities and those of others.

Preterite Tense of Irregular Verbs

As you know, Spanish speakers use the preterite tense to describe actions, conditions and events that took place and were completed in the past.

How to form irregular preterites

Some Spanish verbs have irregular verb stems in the preterite. Their endings have no accent marks.

SOME VERBS THAT DESCRIBE ACTIONS

hacer:	**hic**e	**hic**iste	**hiz**o[1]	**hic**imos	*hicisteis*	**hic**ieron
poner:	**pus**e	**pus**iste	**pus**o	**pus**imos	*pusisteis*	**pus**ieron
venir:	**vin**e	**vin**iste	**vin**o	**vin**imos	*vinisteis*	**vin**ieron
dar:	**d**i	**d**iste	**d**io	**d**imos	*disteis*	**d**ieron
ver:	**v**i	**v**iste	**v**io	**v**imos	*visteis*	**v**ieron
decir:	**dij**e	**dij**iste	**dij**o	**dij**imos	*dijisteis*	**dij**eron
traer:	**traj**e	**traj**iste	**traj**o	**traj**imos	*trajisteis*	**traj**eron
ir:	**fu**i	**fu**iste	**fu**e	**fu**imos	*fuisteis*	**fu**eron

—¿Qué **hiciste** anoche? *What did you do last night?*
—**Fui** de compras. ¿Y tú, Marilú? *I went shopping. And you, Marilú?*
—**Hicimos** una fiesta aquí en casa. *We gave a party here at home.*

---

[1] Note the spelling change from *c* to *z* in this *usted / él / ella* form. This change occurs to retain the soft sound: *z + o* has a soft sound. *c + o* has a hard sound.

SOME VERBS THAT DESCRIBE NON-ACTIONS

estar:	**estuve**	**estuv**iste	**estuv**o	**estuv**imos	*estuvisteis*	**estuv**ieron
tener:	**tuve**	**tuv**iste	**tuv**o	**tuv**imos	*tuvisteis*	**tuv**ieron
poder:	**pud**e	**pud**iste	**pud**o	**pud**imos	*pudisteis*	**pud**ieron
saber:	**sup**e	**sup**iste	**sup**o	**sup**imos	*supisteis*	**sup**ieron
querer:	**quise**	**quis**iste	**quis**o	**quis**imos	*quisisteis*	**quis**ieron
ser:	**fui**	**fui**ste	**fu**e	**fui**mos	*fuisteis*	**fu**eron[1]

—¿Dónde **estuviste** ayer, Martín?   *Where were you yesterday, Martín?*
—**Fui** al parque. Mi equipo y yo   *I went to the park. My team and I*
  tuvimos que practicar fútbol.   *had to practice soccer.*

1. The preterite of *poder, saber* and *querer* have special meanings.[2]

pude	*I could (and did)*	**no pude**	*I (tried and) could not*
supe	*I found out*	**no supe**	*I never knew*
quise	*I wanted (and tried)*	**no quise**	*I refused*

  —**Supe** que Pancho tuvo un   *I found out that Pancho had an*
    accidente.   *accident.*
  —Sí. **Quiso** montar su bici muy   *Yes. He tried to ride his bike very*
    rápidamente, pero **no pudo**.   *fast, but he couldn't.*

2. The preterite of *hay* is *hubo* (there was, there were).

  —¿**Hubo** un partido de fútbol hoy?   *Was there a soccer game today?*
  —Sí. **Hubo** tres partidos.   *Yes. There were three games.*

Practiquemos

• A • **Un padre preocupado.**   Complete los siguientes párrafos con las formas apropiadas del pretérito de los infinitivos.

    Ejemplo: El sábado pasado Jaime / saber que…

               El sábado pasado Jaime supo que…

El sábado pasado Jaime / saber que su hijo Pancho / tener un accidente en su bicicleta. Jaime / ir al hospital, / ver a Pancho y / hablar con el médico, quien le / decir que el niño / salir bien del accidente. Más tarde, / venir Silvia y Martín, quienes le / traer unos chocolates. Después, los dos niños y sus padres / ir a casa.

---

[1] Note that the preterite forms for *ir* and *ser* are identical; context clarifies their meaning in a sentence.

[2] You may remember that the preterite forms of the verb *conocer* have the meaning of **met** in English.

Esa noche Jaime / querer descansar un poco, pero no / poder. Primero, / hacer ejercicios por veinte minutos, / ir al baño y / ducharse por quince minutos. Luego / ponerse el pijama y / acostarse. Pero Jaime no / poder dormir bien y / tener que levantarse dos veces. / Ser una noche terrible, pero afortunadamente él no / tener que trabajar el día siguiente. Ahora Jaime y Pancho están muy bien.

•B• **Una fiesta estupenda.**   Pregúntele a un(a) compañero(a) de clase.

1. ¿Cuándo fuiste a una fiesta estupenda? 2. ¿Qué tipo de fiesta fue (por ejemplo, una fiesta de cumpleaños)? 3. ¿Quién hizo la fiesta y dónde fue? 4. ¿Con quién fuiste? 5. ¿A qué hora comenzó la fiesta? 6. ¿A qué hora llegaste allí? 7. ¿Qué otras personas fueron a la fiesta? 8. ¿A quién conociste allí? 9. ¿Qué hicieron tú y tus amigos en la fiesta?

•C• **¿Qué pasó ayer?**   Converse con un(a) compañero(a) de clase. Diga la forma apropiada de los infinitivos y dé información personal donde hay líneas.

Ejemplo: A: ¿Cómo / estar?   →   *¿Cómo estás?*
              B: _____.   →   *Bien, gracias.*

ESTUDIANTE A	ESTUDIANTE B
1. ¡Hola! ¿Cómo / estar?	2. _____. Y tú, ¿qué tal?
3. _____. ¿Qué / hacer (tú) ayer?	4. Hacer / dos cosas. Primero, _____. Luego _____. Y tú, ¿qué / hacer?
5. Ayer / ir a _____ porque / tener que _____.	6. Sí, comprendo. Oye, ¿ver (tú) la película "_____"?
7. ¿Qué película / decir (tú)?	8. "_____".
9. _____. ¿Por qué?	10. _____. Ay, tengo que irme. Necesito _____.
11. ¡Chao!	12. ¡Hasta _____!

•D• **Una fiesta aburrida.**   Cuéntele a otro(a) estudiante sobre una fiesta que fue aburrida. Por ejemplo, cuéntele…

1. dónde y cuándo fue la fiesta.
2. qué tiempo hizo ese día.
3. con quién fue a la fiesta.
4. quiénes llegaron después
5. quién conoció usted allí.
6. qué supo usted en la fiesta.
7. qué hicieron los invitados.
8. por qué la fiesta fue aburrida.

•E• **Un buen fin de semana.**   En una hoja aparte, describa un fin de semana maravilloso que usted tuvo. Por ejemplo:

1. ¿Adónde y cuándo fue usted?
2. ¿Quiénes fueron con usted?
3. ¿Qué deportes practicaron?
4. ¿Qué vieron ustedes allí?
5. ¿Qué otras cosas hicieron?
6. ¿Qué no pudieron hacer?

Preterite With Stem-Changing Verbs

Spanish -*ir* verbs that have a stem change in the present tense also have a stem change in the *usted / él / ella* and *ustedes / ellos / ellas* forms of the preterite tense: *e* changes to *i*, and *o* changes to *u*.

vestirse		dormir	
Present (e → i)	Preterite (e → i)	Present (o → ue)	Preterite (o → u)
me visto	me vestí	duermo	dormí
te vistes	te vestiste	duermes	dormiste
se viste	se vistió	duerme	durmió
nos vestimos	nos vestimos	dormimos	dormimos
os vestís	*os vestisteis*	*dormís*	*dormisteis*
se visten	se vistieron	duermen	durmieron

—Pancho **durmió** muy bien anoche.   *Pancho slept very well last night.*
—¿Qué hizo cuando se levantó?   *What did he do when he got up?*
—**Se vistió**, luego desayunó.   *He got dressed, then he had breakfast.*

Practiquemos

• F • **Por teléfono.**   Silvia está hablando por teléfono con su amiga Marilú. Complete su conversación, usando formas apropiadas de los verbos entre paréntesis.

(dormir)

MARILÚ: ¿_____ ustedes bien anoche?
SILVIA: Yo _____ bien y los niños _____ muy bien. Pero Jaime _____ mal.

(divertirse)

MARILÚ: ¿Cómo _____ ustedes el domingo?
SILVIA: Yo _____ jugando con los niños, pero Jaime no _____ porque estuvo enfermo. Ahora está mejor, gracias a Dios.

• G • **Una pequeña fiesta.**   El sábado pasado Jaime y Silvia hicieron una fiesta en su casa. Diga lo que pasó allí.

A las siete Jaime y Silvia / ducharse, luego / vestirse. A las ocho y media / llegar los primeros invitados. Silvia / servir unos sándwiches, pero una amiga de ella / preferir no comer nada. Un señor / pedir una cerveza y su esposa / preferir tomar un refresco; Jaime les / servir estas dos bebidas. Todos / divertirse mucho en la fiesta: ellos / bailar y / cantar hasta la una de la mañana. Cuando los invitados / salir, Jaime y Silvia / acostarse y / dormir bien.

• **H** • **En una tienda.**   Imagínese que usted vio a un(a) amigo(a) en una tienda. Conversen ustedes en español.

ESTUDIANTE A	ESTUDIANTE B
1. ¡Hola, [nombre]! ¿Cómo estás?	2. _____. Y tú, ¿qué tal?
3. _____. Me divertí mucho ayer. Fui a _____. Allí yo _____.	4. ¡Qué bien! Yo fui a un café con mi _____.
5. Ah, ¿sí? Pues, ¿qué pidieron ustedes?	6. Yo pedí _____, pero mi _____ prefirió _____.
7. [Hágale otra pregunta personal.]	8. [Conteste la pregunta.]
9. [Termine la conversación.]	10. [Diga un saludo apropiado.]

• **I** • **¿Qué pasó?**   Escriba una composición de tres párrafos sobre un partido deportivo en el que usted se divirtió mucho. Use las siguientes preguntas como guía.

Párrafo 1: ¿Dónde fue el partido? ¿Con quién fue usted? ¿Cómo se vistió usted (se vistieron ustedes)?

Párrafo 2: ¿A qué hora llegó usted (llegaron ustedes) al partido? ¿Cómo se divirtieron usted y sus amigos? ¿Qué comieron y bebieron? ¿Quién sirvió la comida y las bebidas? ¿Qué quiso usted hacer, pero sus amigos no quisieron hacerlo?

Párrafo 3: ¿A qué hora salió usted del partido? ¿Adónde fue? ¿A qué hora se acostó usted? ¿Se durmió inmediatamente o no? ¿Por qué?

C • U • L • T • U • R • A

La búsqueda internacional de atletas

El béisbol es uno de los deportes favoritos en México, América Central, Venezuela y el Caribe. Tradicionalmente, muchos entrenadores (*coaches*) norteamericanos han buscado y empleado a los mejores jugadores de béisbol de estos países y regiones en sus equipos en los Estados Unidos. De igual manera, algunos entrenadores latinoamericanos han empleado a los mejores jugadores norteamericanos de básquetbol en sus equipos profesionales.

• • • • • • • • • • • • • • • • •

Entrevista

Imagine that you are going to interview an internationally known Hispanic athlete or entertainer. Write three or four questions in Spanish that you would like to know about his or her past activities. Then pretend that one of your classmates is the athlete or entertainer, and ask him or her your questions.

Ejemplos: *¿Dónde nació usted?*
¿Cuándo comenzó usted a tener mucho éxito?
¿Con qué otras personas famosas trabajó usted?

Una Herencia Deportiva

Los Beisbolistas de la República Dominicana.

Cruzando las lluvias tropicales que con frecuencia caen sobre la República Dominicana, una bola de béisbol surca el cielo para consagrar nuevos ídolos de este deporte en los Estados Unidos.

Desde principios de siglo, la República Dominicana ha sido una verdadera fábrica de beisbolistas talentosos, tanto que hoy 17 de los 26 equipos de las Ligas Mayores tienen academias de béisbol en este país. Desde ahí se desarrolla el talento de algunos de los mejores jugadores. En 1990, más de 50 beisbolistas dominicanos brillaron por su vitalidad y estilo en las grandes ligas.

Y la lista de nuevas figuras se hace mayor cada año. Anheuser-Busch y su familia de distribuidores Budweiser celebran la contribución que el talento de los jugadores de la República Dominicana ha hecho al béisbol. Una herencia deportiva que enriquece al mundo entero.

ANHEUSER-BUSCH CELEBRA
UNA HERENCIA VIVA
Budweiser

GRAMÁTICA ESENCIAL

In this section you will learn how to express your likes, dislikes and preferences, and to ask others about theirs.

Indirect Object Pronouns With gustar

To express likes and dislikes, Spanish speakers often use the verb *gustar* (to be pleasing to someone).

The Verb *gustar* + Infinitive

To express **to whom** an action is pleasing, use one of the following indirect object pronouns with the verb form *gusta* plus an infinitive.

INDIRECT OBJECT PRONOUNS

me	to me
te	to you (informal)
le	to you (formal), to him, to her
nos	to us
os	*to you (informal)*
les	to you, to them

— **gusta** + infinitive

—¿Qué te gusta hacer?   *What do you like to do?*
—**Me gusta** ir al cine.   *I like to go to the movies. (Going to the movies pleases me.)*

As you see above, the indirect object pronouns *le* and *les* have more than one meaning. To clarify to whom something is pleasing, specify the person or persons with *a* (to) such as *a Silvia* and *a tus amigos,* and remember to include the *le* or *les*.

—¿**A Silvia le** gusta nadar?   *Does Silvia like to swim?*
—Sí. También le gusta patinar.   *Yes. She also likes to skate.*
—¿**A tus amigos les** gusta patinar?   *Do your friends like to skate?*
—No. Les gusta jugar tenis.   *No. They like to play tennis.*

Practiquemos

• A • **Los gustos.**   Lea los gustos de la familia Stewart, usando **le** o **les**.

1. A Martín _____ gusta jugar fútbol.

2. A su hermano Pancho _____ gusta comer helado.

3. A sus padres _____ gusta jugar cartas.

4. A su mamá _____ gusta ir de compras con su amiga.

5. A la familia Stewart _____ gusta pasear en el parque.

6. A su papá _____ gusta sacar fotos con su cámara Polaroid.

7. A los abuelos de Pancho _____ gusta recibir sus cartas.

• B • **Los fines de semana.**   Complete la conversación, usando **me, te, le, nos, les.**

MARILÚ: ¿Qué _____ gusta hacer los fines de semana, Silvia?
SILVIA: _____ gusta correr en el Parque Ecuador.
MARILÚ: Ah, ¿sí? A mi amiga Ramona _____ gusta correr allí también.
SILVIA: ¿Qué _____ gusta hacer a ti y a tu esposo los fines de semana?
MARILÚ: _____ gusta ir de compras, comer en un café y mirar a la gente.

•**C**• **Preferencias.**   Exprese sus preferencias con un(a) compañero(a) de clase.

Ejemplos: *Me gusta ir al cine frecuentemente.*
No me gusta escuchar música rock en la radio.

Me gusta… / **No me gusta**…
ir al cine frecuentemente
jugar cartas con mi familia
escuchar música rock en la radio
ir de compras los fines de semana
ver películas violentas en la tele
tomar exámenes de español los viernes
divertirme con mis amigos los domingos

Ahora, cuéntele a otro(a) estudiante las preferencias de su compañero(a).

•**D**• **Mi familia y mis amigos.**   Léale las siguientes preguntas a un(a) compañero(a) de clase. Él (Ella) debe responder positiva o negativamente y dar un poco más de información.

Ejemplo: A: *¿A tu papá le gusta leer novelas?*
B: *Sí. Este mes lee "Gone With the Wind".*
O   B: *No. Le gusta mirar televisión.*

1. ¿A tus padres les gusta ir de compras?
2. ¿A tu hermano(a) le gusta jugar béisbol?
3. ¿A tus amigos les gusta patinar o esquiar?
4. ¿A tu mejor amigo(a) le gusta hacer ejercicio?

•**E**• **¿Qué hay en la tele?**   Converse con otro(a) estudiante.

ESTUDIANTE A	ESTUDIANTE B
1. ¿Te gusta mirar televisión?	2. _____. Mi programa preferido es _____.
3. A mí me gusta "_____". ¿Conoces ese programa?	4. _____ y (no) me gusta. ¿Cuándo lo miras?
5. Todos los (día) a la(s) _____ de la (mañana / tarde / noche).	6. Creo que es un programa (bueno / malo) porque _____.

•**F**• **¡Mucho gusto!**   Hable con otro(a) estudiante o escriba una conversación entre dos personas.

1. Salude a su compañero(a) de clase y dele la mano.
2. Digan de dónde son ustedes (ciudad, estado / provincia, país).
3. Comenten un poco sobre el buen o el mal tiempo de hoy.
4. Discutan lo que les gusta hacer los fines de semana.
5. Hablen sobre sus planes para el fin de semana que viene.
6. Hagan un plan interesante para salir a divertirse en una semana.

Indirect Object Pronouns With gustar (continued)

The Verb gustar + Noun

You have just learned to express likes and dislikes in Spanish by using an indirect object pronoun with the verb form *gusta* plus an **infinitive.**

—¿Qué **te gusta tomar?**   *What do you like to drink?*
—**Me gusta tomar** café.   *I like to drink coffee.*

When you use *gustar* with a **noun** you must change the verb form to match the noun (singular or plural). Use one of the following indirect object pronouns with the verb form *gusta* or *gustan* plus a definite article and a noun.

INDIRECT OBJECT PRONOUNS

me	to me
te	to you (informal)
le	to you (formal), to him, to her
nos	to us
os	*to you (informal)*
les	to you, to them

gusta + **el / la** + singular noun
gustan + **los / las** + plural noun

—¿Te **gusta la cerveza?**   *Do you like beer?*
—No. Me **gustan los refrescos.** *No. I like soft drinks.*

Practiquemos

•**G**• **Pancho y Silvia.**   Complete la conversación, usando **me, te, le, nos** o **les.**

SILVIA: ¿Por qué no _____ gusta el yogur, Pancho?
PANCHO: Porque no _____ gusta, mamá.
SILVIA: Pero _____ gusta a tu papá y a mí.
PANCHO: A Martín no _____ gusta mucho.
SILVIA: Pues, el yogur es nutritivo, hijo.
PANCHO: A mí _____ gusta el helado. ¿Es nutritivo, mamá?
SILVIA: Un poco, sí. A nosotros _____ gusta el helado.

•**H**• **¿Qué les gusta?**   Complete la conversación, usando **gusta** o **gustan**, apropiadamente.

MARILÚ: ¿Te _____ los deportes, Pancho?
PANCHO: Sí, me _____ mucho el fútbol.
MARILÚ: ¿Qué otro deporte te _____?
PANCHO: Me _____ las carreras de autos.
MARTÍN: Sí, te _____ porque los autos son espectaculares.

•I• **Menú mexicano.**   Converse con un(a) compañero(a) de clase.

Me gusta(n)… / No me gusta(n)…

el chocolate	los nachos con queso
las margaritas	los frijoles refritos
el café con leche	las enchiladas grandes
la cerveza mexicana	los tacos con guacamole

ATAJO

Phrases / Functions:
expressing an
opinion
Vocabulary: family
members; leisure;
sports

•J• **Gustos y disgustos.**   Describa a una persona de su familia o a un(a) amigo(a). Incluya su nombre, sus gustos y sus aversiones.

Ejemplo: *Mi amiga se llama Donna Pirouz. A Donna le gustan los deportes. Le gusta jugar básquetbol con sus amigos. A Donna no le gusta estudiar mucho, pero es una buena estudiante. Le gusta comer bocadillos* (snack foods); *por ejemplo, le gustan mucho las palomitas de maíz y los refrescos.*

ASÍ SE DICE

Sustantivos
la bebida   *drink*
el (la) cantante   *singer*
la cámara   *camera*
la cinta   *tape (recording)*
el equipo   *team*
la guitarra   *guitar*
el (la) invitado(a)   *guest*
la isla   *island*
el juego   *game*
el museo   *museum*
los ojos   *eyes*
el parque   *park*
el partido   *game, match*
la piscina   *swimming pool*
la playa   *beach*

Los pasatiempos
cantar   *to sing*
ir de compras   *to go shopping*
jugar (a las) cartas   *to play cards*
pasear   *to take a walk*

sacar fotos   *to take pictures*
tocar (un instrumento)   *to play (an instrument)*
ver un partido de fútbol   *to watch a soccer game*

Los deportes
correr   *to jog, to run*
esquiar   *to ski*
hacer ejercicio   *to exercise*
jugar (al) fútbol   *to play soccer*
montar a caballo   *to go horse-back riding*
montar en bicicleta   *to go bicycling*
nadar   *to swim*
patinar   *to skate*

Los bocadillos   (Snack Foods)
el chocolate   *chocolate*
el helado   *ice cream*
las palomitas de maíz   *popcorn*

las papas fritas   *French fries*
el yogur   *yogurt*

Adjetivos
azul   *blue*
dulce   *sweet*
pelirrojo   *redheaded*

Verbos
divertirse (e → ie, i)   *to have fun*
ganar   *to win*
me / te gustaría   *I / you would like*

Adverbios
contra   *against*
durante   *during*

Expresiones idiomáticas
tener ganas de + infinitive   *to feel like*
verdad   *correct, right*

• Lección 8 •

¡Buen provecho!

ENFOQUE

COMMUNICATIVE GOALS

You will be able to order a meal in a restaurant and describe some of your daily activities.

LANGUAGE FUNCTIONS

Naming common foods
Stating preferences
Expressing opinions
Ordering a meal
Referring to specific things
Asking for food in a store
Referring to things already mentioned

VOCABULARY THEMES

Common foods
Restaurant expressions
Idioms: *tener hambre, sed*

GRAMMATICAL STRUCTURES

Demonstrative adjectives
Neuter demonstrative pronouns
Direct object pronouns

CULTURAL INFORMATION

Hispanic restaurant customs
Mealtimes in Latin America and Spain
Tapas bars

EN CONTEXTO

Jaime y Silvia están celebrando su aniversario matrimonial en Chung Hua, un restaurante chino en Concepción, Chile.(1)

Enjoy your meal!	JAIME: ¡Buen provecho°, mi amor!
I'm very hungry.	SILVIA: Gracias, querido. Tengo mucha hambre°. ¡Mmm! Esta sopa está muy buena. ¿Cómo está tu chop suey?
seafood	JAIME: ¡Rico! Y estos mariscos° están muy ricos también.
	SILVIA: Yo sé que te gustan mucho los mariscos porque siempre los pides cuando comemos aquí.
rice	JAIME: Sí, porque los preparan bien con arroz° chino. Me gusta la comida china.
I remember	SILVIA: A ti te gusta todo tipo de comida, Jaime. Recuerdo° los curantos(2) que comíamos cuando visitábamos a mis padres en la Isla de Pascua. Comías un poco de todo.
(sweet)heart	JAIME: Claro, para no ofender a tu familia, corazón°.
anyone / I'm thirsty	SILVIA: Nunca ofendiste a nadie°, Jaime. Ay, tengo sed°. Voy a tomar un poco de agua mineral.
hot	JAIME: También yo tengo sed. … ¡Uy! Este té está muy caliente°.
they have just	SILVIA: Sí, querido, porque acaban de° servirlo.
	JAIME: Oye, tengo algo para ti. …
	SILVIA: Ay, ¿qué es esto, Jaime?
	JAIME: Un pequeño regalo.
	SILVIA: Es un brazalete con un corazón muy bonito. ¡Muchas gracias!
	JAIME: De nada, mi amor. Te quiero mucho, Silvia.
we try (taste)	SILVIA: Y yo te quiero mucho a ti, Jaime. Oye, ¿por qué no probamos° este vino°?
wine	
Cheers!	JAIME: Buena idea. Gracias por once años maravillosos de matrimonio. ¡Salud°!
	SILVIA: ¡Salud!

Notas de texto

1. Ethnic restaurants are very successful in Latin America and Spain. Millions of people from all over the world have emigrated to those areas, including experienced restaurateurs who opened restaurants in their adopted country.

2. A *curanto* is a mixture of chicken, sausages, fish and shellfish that are steamed together for many hours in a makeshift underground oven.

¿Comprendió usted?

Indique si las siguientes oraciones son ciertas o falsas según lo que usted leyó. Si una oración es falsa, cámbiela para que sea correcta.

1. Hace doce años que Jaime y Silvia se casaron.

2. Silvia y su esposo están un poco tristes hoy.

3. Jaime recibió un regalo muy bonito de su esposa.

4. Los padres de Silvia viven en la Isla de Pascua.

5. Silvia tomó vino porque dice que tenía mucha sed.

6. Los niños de Jaime y Silvia están comiendo con ellos.

7. Jaime y su esposa están almorzando en un café japonés.

VOCABULARIO ESENCIAL

In this section you will learn to name foods you like and dislike and to order a meal in a restaurant.

Cómo conversar sobre la comida

¿Qué come usted para…

el desayuno?   **el almuerzo?**   **la cena?**

Las carnes y el pescado

el jamón con huevos fritos

el pollo con ensalada

el bistec con papas fritas

el pescado con arroz

Las sopas   *Los panes*

de tomate   **de verduras**   **el pan y mantequilla**   **el pan tostado con mermelada**

> **"Contigo pan y cebolla."**
> —Refrán popular

Las bebidas

el agua mineral   **la leche**   **el café**   **el té**

el jugo de naranja   **el refresco**   **el vino tinto**   **la cerveza**

Los postres

el pastel   **el helado**   **el queso**   **la fruta**

Cómo pedir en un restaurante

Quiero… un vaso de agua con hielo.
una taza de té con limón.
un café (con crema / azúcar).

I want . . . a glass of water with ice.
a cup of tea with lemon.
coffee (with cream / sugar).

Tráigame la cuenta, por favor.

Bring me the bill, please.

Esta propina es para el (la) camarero(a).

This tip is for the server.

Practiquemos

•A• **En categorías.**   En cada grupo diga qué palabra es de otra categoría, y por qué.

> **Ejemplo:**   el vino, el bistec, el café, el jugo
> *El bistec es de otra categoría porque no es bebida.*

1. la sopa, el agua, el café, la leche
2. el jugo, el pastel, el queso, el helado
3. el jamón, el pollo, el pescado, el bistec
4. la cerveza, el refresco, la fruta, el agua
5. el limón, la naranja, el pan, la banana

•B• **Mis bebidas preferidas.**   Exprese sus preferencias.

1. Con el desayuno prefiero tomar…
2. Cuando estudio en casa, tomo…
3. Cuando tengo mucha sed, bebo…
4. Con el almuerzo me gusta beber…
5. En las fiestas me gusta tomar…
6. A veces, los fines de semana tomo…
7. Con la cena prefiero beber…
8. Cuando estoy en el cine, tomo…

café con crema
leche (chocolate)
té caliente / helado (*iced*)
limonada (con hielo)
agua mineral (con hielo)
jugo de tomate / naranja
un refresco (frío)
una cerveza (fría)
vino tinto / blanco

•C• **Mis opiniones personales.**   Primero, complete apropiadamente las siguientes oraciones con diferentes tipos de comida. Luego léale sus oraciones a otro(a) estudiante, quien, a su vez, le da su opinión.

> **Ejemplo:**   A: El *queso* contiene mucho colesterol.
> B: *Estoy de acuerdo.* (I agree.)
> O   B: *No estoy de acuerdo.*

1. Un sandwich de _____ y queso es delicioso.
2. Es típico tomar _____ con pescado.
3. El arroz con _____ es una comida muy nutritiva.
4. El pan tostado con _____ y jugo es un buen desayuno.
5. El bistec con _____ y vino es un almuerzo perfecto.
6. Los mariscos con ensalada y _____ es una buena cena.
7. El _____ de tomate con vodka es un cóctel famoso.
8. Cuando uno tiene mucha sed, es preferible tomar _____.
9. El _____ con helado de chocolate contiene pocas calorías.
10. La _____ es una buena bebida para los niños de cinco años.

•D• **¿Qué dice usted?** Pregúntele a otro(a) estudiante.

1. ¿A qué hora desayunas? ¿Dónde tomas tu desayuno? ¿Desayunas solo(a) o con otras personas? (¿Quiénes son?) ¿Qué prefieres tomar por la mañana: café, té, leche, chocolate o jugo? ¿Qué te gusta comer por la mañana?

2. En tu casa, ¿cuál es la comida principal del día: el desayuno, el almuerzo o la cena? ¿Dónde y a qué hora almuerzas los domingos? ¿Qué comes? ¿Qué tipo de comida no te gusta?

3. Normalmente, ¿a qué hora cenas? ¿Qué te gustaría comer esta noche?

•E• **Café Monterrey.** ¿A usted le gusta el café? Aquí tiene usted un sobre de un paquete de café instantáneo. Lea el paquete y luego conteste las preguntas.

1. ¿En qué país se produce el Café Monterrey?
2. ¿Qué palabras describen ese café?
3. ¿Cómo se dice "instantáneo en polvo" en inglés?

•F• **¡Buen provecho!** Imagínese que usted está en un restaurante chileno y que son las 2:30 de la tarde, la hora del almuerzo. Hable con otro(a) estudiante: una persona es el (la) camarero(a) y la otra persona es su cliente. Usen el vocabulario de las páginas 151 y 152 en su conversación.

CAMARERO(A)	CLIENTE
1. Buenas ____, (señor / señorita / señora).	2. ____.
3. ¿Qué quiere usted comer primero?	4. Quiero ____, por favor.
5. Perdón, pero hoy no tenemos ____.	6. Ah, ¿no? Bueno, ¿hay ____?
7. Sí, (señor / señorita / señora) ¿Qué quiere como plato principal?	8. Pues, quiero ____. También me gustaría ____.

9. Excelente. ¿Y para tomar?   10. Prefiero _____.

11. Perfecto. Muchas gracias.

(Después de comer por media hora…)

1. Quiere usted café, (señor / señorita / señora)?

2. Sí, con _____, por favor. (No, prefiero _____.)

3. Muy bien. ¿Y de postre?

4. De postre quiero _____.

5. _____.

6. _____.

(Después del almuerzo…)

1. Sí, (señor / señorita / señora).

2. La cuenta, por favor.

3. _____.

4. _____.

5. Adiós.

6. _____.

Ahora cambien papeles (*switch roles*) y hagan otra conversación.

•G• Un menú personal.   Prepare una lista con la comida que usted quiere comer mañana para el desayuno, el almuerzo y la cena. Luego compare su lista con la lista de un(a) compañero(a) de clase.

> **Ejemplo:**   El desayuno: *café con leche, pan tostado con mermelada*
> *Para el desayuno, voy a tomar café con leche. También voy a comer pan tostado con mermelada.*

El desayuno: **El almuerzo:**   **La cena:**

C • U • L • T • U • R • A

Las costumbres en los restaurantes hispanos

En Latinoamérica y en España, la mayoría de los restaurantes tienen un menú a la entrada. El menú indica los precios de la comida a la carta y la comida a precio fijo°, que se llama el plato del día, el cubierto o la comida corriente.

fixed

Cuando uno entra en un restaurante, el camarero o la camarera lo saluda. Por lo general, no hay una sección de no fumar° como en los restaurantes estadounidenses o canadienses.

non-smoking

Al terminar la comida, el camarero o la camarera le ofrece café y postre. Generalmente no le trae la cuenta hasta que usted se la pida. Para llamarlo(la), tiene que decirle: "Camarero" o "Señorita" o "Mozo", según el país en que se encuentre. Muchas veces, la cuenta incluye la propina; si no, es normal dejar una propina apropiada. Si usted no está seguro(a) si la cuenta incluye la propina o no, es conveniente preguntar.

• • • • • • • • • • • • • • • • • • • •

MOSAICO CULTURAL
Program 8—Ricos sabores—*regional foods and dishes*

¿Qué dice usted?

Pregúntele a otro(a) estudiante.

1. ¿Por qué hay un menú a la entrada de muchos restaurantes en Latino-américa y en España? ¿A usted le gusta esta costumbre? ¿Por qué?

2. ¿Cómo se llaman los camareros en su país?

3. ¿Cuándo se trae la cuenta en casi todos los restaurantes norteameri-canos? ¿A usted le gusta esta costumbre? ¿Por qué?

4. Cuando usted come en un restaurante, generalmente, ¿qué porcentaje (%) de la cuenta deja (*do you leave*) de propina? ¿Es preferible incluir o no incluir la propina en la cuenta? ¿Por qué?

 GRAMÁTICA ESENCIAL

In this section you will learn to specify certain people, things, places and ideas.

Demonstrative Adjectives[1]

Demonstrative adjectives point out a specific noun. They must agree in gender (masculine or feminine) and number (singular or plural) with the noun to which they refer.

este queso	*this cheese*	**estos** huevos	*these eggs*
esta fruta	*this fruit*	**estas** papas	*these potatoes*
ese bistec	*that steak*	**esos** tomates	*those tomatoes*
esa leche	*that milk*	**esas** verduras	*those vegetables*

—¿Dónde compraste **esta** fruta?   *Where did you buy this fruit?*
—La compré en el mercado.   *I bought it in the market.*
—¿Y **esos** pasteles grandes?   *And those large pastries?*
—Los compré en una pastelería.   *I bought them in a pastry shop.*

Neuter Demonstrative Pronouns

The words *esto* (this) and *eso* (that) refer to nonspecific things that are not yet identified or to ideas that were already mentioned.

—¿Qué es **esto**, mamá?   *What's this, Mom?*
—Es una papaya.   *It's a papaya.*

—¿Comprendes **eso**, papá?   *Do you understand that, Dad?*
—Sí, pero es difícil.   *Yes, but it's difficult.*

---

[1] Demonstrative pronouns are used in place of nouns; for example, *éste* / *ésta* (this one), *ésos* / *ésas* (those over there). You should be able to recognize the meaning of these pronouns when you hear or read them.

Practiquemos

•A• **¡Qué rica está la comida!**   En este momento la familia Stewart está almorzando. ¿Qué comentarios tienen ellos sobre la comida? Use **este**, **esta**, **estos** o **estas** para indicar lo que dicen.

Ejemplo: PANCHO: ¡*Esta* comida está rica!

MARTÍN: _____ queso es mi favorito.

JAIME: ¡Mmm! Me gusta _____ sopa, Silvia.

PANCHO: Mamá, _____ papas están fabulosas.

SILVIA: _____ pescado está muy rico, ¿verdad?

JAIME: Ay, están muy ricos _____ mariscos.

MARTÍN: Oye, _____ arroz está muy bueno, mamá.

•B• **De compras.**   Ahora Silvia, Jaime y sus hijos están mirando la comida de un supermercado que está cerrado (*closed*) en este momento. ¿Qué comentarios tienen sobre la comida que ven allí? Use **ese**, **esa**, **esos** o **esas**, apropiadamente.

SILVIA: _____ vino tinto es excelente, querido.

JAIME: Y _____ cerveza alemana también. ¡Mira!

SILVIA: ¿Ves _____ mantequilla, Martín? Tiene muchas calorías.

MARTÍN: _____ pasteles también, mamá. ¡Pero qué ricos!

PANCHO: ¡Mira, mamá! _____ papas son muy grandes.

SILVIA: Sí, pero mira _____ tomates. Son pequeños.

PANCHO: ¡Mira! ¡Mira, papá! _____ pollos se ven viejos.

JAIME: Y _____ pescado también. ¡Uf! ¡Vamos a casa!

•C• **Productos importados.**   Pancho está en un supermercado con Silvia. ¿Qué pregunta el niño y cómo responde su mamá?

Ejemplo: bistec argentino → bistec brasileño

PANCHO: *¿Te gusta este bistec argentino?*
SILVIA: *No. Prefiero ese bistec brasileño.*

PANCHO		**SILVIA**
1. vino chileno	→	vino italiano
2. café colombiano	→	café brasileño
3. cerveza alemana	→	cerveza mexicana
4. quesos canadienses	→	quesos holandeses
5. jamón de Kentucky	→	jamón de Dinamarca
6. naranjas españolas	→	naranjas de África del Sur

•**D**• **Entre amigos.**   Pregúntele a un(a) compañero(a) de clase.

1. ¿Dónde almuerzas durante la semana este semestre (trimestre)?
2. ¿Con quién te gusta almorzar?
3. ¿Comes después de esta clase? ¿Por qué?
4. ¿Qué tienes ganas de hacer esta semana?
5. ¿Piensas comer en un restaurante?
6. ¿Con qué frecuencia comes en un restaurante?
7. ¿En qué tipo de restaurante te gusta comer con tus amigos?
8. ¿Tienes un restaurante preferido en esta ciudad? (¿Sí? ¿Cuál es? Descríbelo, por favor.)

•**E**• **En el mercado.**   Practique la siguiente conversación con otro(a) estudiante. Use adjetivos demostrativos con otras palabras y frases apropiadas.

VENDEDOR(A)	CLIENTE
1. (Buenos / Buenas) _____.	2. _____. ¿Cuánto cuestan _____ tomates?
3. Cuestan _#_ pesos el kilo.	4. Bueno, quiero medio kilo y un kilo de _____ papas, por favor.
5. Bien. ¿Qué más?	6. Quiero seis de _____ naranjas.
7. ¿Otra cosa, (señor / señorita / señora)?	8. Sí. _____ bistec. ¿Cuánto cuesta el kilo?
9. _#_ pesos. Está rico.	10. ¿Sí? Pues, quiero medio kilo. Y medio kilo de _____ jamón.
11. ¿Algo más?	12. No, _____ es todo.
13. _____.	14. _____.

•**F**• **¡A conocerse mejor!**   Traiga a clase algunas fotos de personas, cosas y lugares que usted conoce, y explíqueselas a un(a) compañero(a) de clase, como se hace en el ejemplo.

Ejemplo: A: *En esta foto ves a mi familia. Esta mujer es mi mamá y ese hombre es mi papá. Estos son mis hermanos; se llaman Chris y Jeff. Y este perro es Lucky.*
B: *¿Quién es esa persona?*
A: *¡Soy yo!*

ATAJO

Vocabulary: food: drinks; food: meat; food: fish & seafood; food: fruits; food: legumes & vegetables
Grammar: verbs: present

•**G**• **¡Buen provecho!**   Escriba dos párrafos, usando estos párrafos como modelos.

Pienso almorzar a la(s) _____ esta tarde. Voy a comer con _____. (Voy a comer solo/a.) Tengo ganas de comer _____ y tomar _____.
     Esta noche voy a cenar a las _____ en _____ con _____. Quiero comer _____ y _____. Y pienso beber _____. De postre prefiero _____.

C·U·L·T·U·R·A

A la hora de comer

En el mundo hispánico se desayuna entre las seis y las ocho de la mañana. Es una comida muy sencilla, que los europeos llaman un desayuno continental. En general, el desayuno consiste en una taza de café, pan con mermelada o mantequilla y, a veces, fruta. En Latinoamérica, sin embargo, el desayuno casi siempre es con queso, jamón, huevos, pan, mermelada, café o chocolate.

La comida principal del día es el almuerzo, que se toma entre la una y las tres de la tarde. El almuerzo consiste en una sopa, pescado o carne con verduras y papas o arroz, una ensalada, luego fruta u otro postre. Normalmente, se sirven pasteles solamente en ocasiones especiales. Después del almuerzo, los adultos toman café o té y hablan por media hora o más, una costumbre que se llama **la sobremesa**. En algunos países, muchas oficinas cierran por dos horas o más para permitirles a los empleados almorzar. En otros países los empleados tienen solamente una hora o media hora para almorzar. En estos casos, el almuerzo consiste en

light

algo ligero° como un sandwich y café o té caliente o un refresco.

En algunos países latinoamericanos se cena después de las siete de la noche y en otros países, como España y la Argentina, se comienza a servir la cena entre las nueve y las diez. Esta comida es algo más ligera que el almuerzo. Puede consistir en un sand-

huevos con papas

wich o una tortilla°. Puesto que la cena se sirve tan tarde, algunos hispanos toman

snack

una merienda° entre las cinco y las seis de la tarde.[1] La merienda consiste en sándwiches, pasteles servidos con chocolate, té, café con leche o algún refresco.

GANGES

EL RESTAURANTE INDIO DE MADRID

Ganges

Bolivia, 11 (cerca de avda. Alberto Alcocer). Barrio Chamartín. Tel: 259 25 85 / 26 38. **Horario comida:** *13 a 16 h.* **Horario cena:** *21 a 24 h.* **Precio medio:** *3.800 ptas.* **Tarjetas crédito::** *AE, DC, EU, MC, VISA.*

Actividad

Hable con un(a) compañero(a) de clase.

1. Comparen las horas cuando ustedes desayunan, almuerzan y cenan con la información de esta lectura.

2. ¿A qué hora toman ustedes la merienda? ¿Qué comen y beben?

---

[1] En Chile, la merienda se llama **la once**, que se toma a las cinco de la tarde. Se dice que durante la época colonial cuando los hombres chilenos querían salir a tomar aguardiente (un licor), palabra que contiene once letras, les decían a las mujeres "Vamos a tomar once", para no ofenderlas.

El fundo Santa Bertina

Lea el anuncio; luego conteste
las preguntas.

1. ¿Qué tipo de restaurante es
el Fundo Santa Bertina?

2. ¿A qué hora se abre (*open*)
el restaurante?

3. ¿Qué día es mejor para
comer en el Fundo?

4. ¿Qué atracciones de allí le
interesan a usted?

"Papas fritas en mi casa son mejores que carne asada
en la del vecino."

—Refrán popular

GRAMÁTICA ESENCIAL

In this section you will learn to communicate more smoothly in Spanish
by not repeating the names of people or things.

Direct Object Pronouns

A pronoun is a word that is used in place of a noun to avoid repeating the name of a person, place or thing. For example, in the following sentences, *ella* replaces *Silvia*.

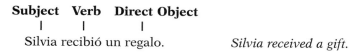

Silvia recibió un regalo.   **Ella** está muy contenta.
(***Silvia*** *received a gift.*)   (***She*** *is very happy.*)

What are direct object pronouns?

All sentences have a subject and a verb. Many sentences also have an object which receives the action of the verb. For example, in the following sentence, the direct object (*un regalo*) receives the action of the verb (*recibió*) performed by the subject (*Silvia*).

Subject   Verb   Direct Object
    | | |
Silvia recibió un regalo.   *Silvia received a gift.*

Identify the direct objects in the following sentences:

Jaime despertó a Martín a las ocho. Luego preparó el desayuno para todos. Más tarde, Pancho jugó fútbol con sus amigos en el Parque Ecuador. Después, ellos tomaron refrescos en el centro.

How to use direct object pronouns

A direct object pronoun may be used in place of a direct object noun.

Jaime quiere **a su esposa**.   →   Jaime **la** quiere.
Su esposa recibió **un regalo**.   →   Su esposa **lo** recibió.

In the preceding sentences, the direct object pronouns *la* and *lo* replaced the direct object nouns *esposa* and *regalo*, respectively.

Direct Object Pronouns

SINGULAR		PLURAL	
me	me	**nos**	us
te	you (informal)	*os*	*you (informal)*
lo	him, you (formal), it (masculine)	**los**	you (formal), them (masculine)
la	her, you (formal), it (feminine)	**las**	you (formal), them (feminine)

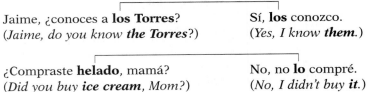

Jaime, ¿conoces a **los Torres**?
(*Jaime, do you know **the Torres**?*)

Sí, **los** conozco.
(*Yes, I know **them**.*)

¿Compraste **helado**, mamá?
(*Did you buy **ice cream**, Mom?*)

No, no **lo** compré.
(*No, I didn't buy **it**.*)

Where to place direct object pronouns

1. Place the pronoun in front of the conjugated verb.

   —¿Comiste tus verduras, hijo?   *Did you eat your vegetables, son?*
   —Sí, papá. Ya **las comí**.   *Yes, Dad. I already ate them.*

2. In negative sentences, place the *no* in front of the pronoun.

   —¿Preparaste la cena, mamá?   *Did you make supper, Mom?*
   —No. **No la** preparé.   *No. I didn't make it.*

3. When the direct object pronoun is used with an infinitive or a present participle, place it either before the conjugated verb or attach it to the infinitive or the present participle. (A written accent is needed to retain the stressed vowel of a present participle when a direct object pronoun is attached to it.)

   La voy a preparar pronto.
   or   *I'm going to make it soon.*
   Voy a **prepararla** pronto.

   La estoy preparando ahora.
   or   *I'm preparing it now.*
   Estoy **preparándola** ahora.

Practiquemos

•A• **A la hora del almuerzo.**   Silvia y Jaime están almorzando con sus hijos. Complete estas conversaciones con pronombres apropiados.

Ejemplo: —Mamá, no quiero comer mi pollo.
              —Bueno, puedes comer*lo* más tarde.

1. —Mamá, no puedo tomar toda mi leche.
   —Puedes tomar_____ más tarde, Pancho.

2. —Martín, ¿ya comiste tu pescado?
   —Pues… no. El gato está comiéndo_____.

3. —Esta noche quiero dos huevos fritos, mamá.
   —No, Pancho. Voy a preparar_____ para el desayuno.

4. —De postre quiero una de esas naranjas, papá.
   —Bien. Acabo de comprar_____ en el mercado.

• B • **Una invitación.**   Complete las conversaciones con **me**, **te**, **nos**, **lo**, **la**, **los** o **las**.

En casa

SILVIA: Jaime, ¿conoces a Ramón Torres?

JAIME: Pues… sí, _____ conozco un poco. ¿Por qué?

SILVIA: Porque Ramón y su esposa _____ invitaron a una fiesta.

JAIME: ¿_____ invitaron a nosotros? Hmm… _____ conocimos el año pasado, ¿no?

SILVIA: Sí, en una fiesta, pero nunca _____ visitamos. ¿Vamos a la fiesta o no?

JAIME: Sí, cómo no. Vamos.

En la fiesta

SILVIA: Gracias por tu invitación, Ramón. _____ recibimos la semana pasada.

RAMÓN: De nada, Silvia. ¿Conoce usted a mis hijas?

JAIME: Pues, creo que no _____ conozco.

RAMÓN: Bueno, ésta es Ángelina y ésta es Berta.

BERTA: Mucho gusto.

SILVIA: Berta, ¿no _____ recuerdas? Soy la señora Stewart. _____ conocí hace dos meses.

BERTA: Ah, sí, señora Stewart. Ahora _____ recuerdo a usted.

• C • **Padre e hijo.**   Ahora—Jaime está en casa con su hijo Pancho, quien le hace muchas preguntas. ¿Qué dice Jaime?

> **Ejemplo:**   ¿Dónde conociste a mamá? (…en la universidad, hijo)
> *La conocí en la universidad, hijo.*

PANCHO	JAIME
1. Papá, ¿quieres mucho a mami?	Sí, hijo. …mucho
2. ¿También nos quieres a mí y a Martín?	Claro que…
3. Oye, ¿dónde aprendiste inglés, papi?	…en el colegio
4. ¿Puedes hablar bien el rapa nui?	No, Pancho. …bien
5. ¿Vamos a visitar la Isla de Pascua?	Pues, sí. …
6. ¿Cuándo vamos a visitar a mis abuelos allí?	…en enero, hijo

• D • **¡A divertirse!** Hágale preguntas a otro(a) estudiante con las siguientes palabras, como en el ejemplo.

Ejemplo: ves películas en vídeo (¿Cuándo? / ¿Con quién?)
A: *¿Cuándo ves películas en vídeo?*
B: *Las veo cuando tengo tiempo.*
A: *¿Con quién las ves?*
B: *Las veo con mis amigos.*

1. comer nachos (¿Con qué? / ¿Cuándo? / ¿Dónde?)
2. celebrar tu cumpleaños (¿Cuándo? / ¿Con quiénes?)
3. hacer fiestas (¿Cuándo? / ¿Con qué frecuencia?)
4. sacar fotos (¿En qué ocasiones? / ¿A quiénes?)

• E • **Entrevista.** Pregúntele a un(a) compañero(a) de clase.

1. ¿Cómo se llama uno de tus amigos preferidos? ¿Dónde lo conociste? ¿Cómo es? ¿Quién es una de tus amigas? ¿Dónde la conociste? ¿Cómo es ella? ¿Cuándo la llamas por teléfono? ¿De qué hablan ustedes? ¿Cómo se divierten ustedes?

2. ¿Cuál es tu deporte favorito? ¿Cuándo y dónde lo juegas? ¿Cuándo aprendiste a jugarlo? Normalmente, ¿con quién lo juegas? ¿Lo juegan bien o mal? ¿Lo jugaron la semana pasada? ¿Cuándo van a jugarlo otra vez? ¿Qué otro deporte te gusta?

3. ¿Miras mucha o poca televisión? ¿Por cuántas horas la miras cada semana? ¿Qué programas de televisión te gustan? ¿A qué hora los miras? ¿Con qué frecuencia los miras?

• F • **En casa.** Lea las siguientes situaciones; luego escriba una oración para terminar cada conversación lógicamente.

Ejemplo: Jaime está en la sala con su esposa.
— ¿Por qué estás escuchando música clásica, querido?
— *Estoy escuchándola porque quiero descansar un poco.*

1. Jaime y Silvia están comiendo un pollo exquisito con papas, ensalada, sopa de tomate y vino blanco.
— ¿Por qué preparaste una comida especial esta noche, Silvia?
— _____.

2. Silvia está hablando con su hijo, que quiere jugar fútbol.
— ¿Por qué no puedo jugar fútbol hoy, mamá? Hace buen tiempo.
— _____.

3. Martín está comiendo una naranja cuando su hermano lo ve.
— ¿Por qué estás comiendo esa naranja? No te gustan las naranjas.
— _____.

4. Silvia volvió del mercado y puso la tele. Luego llegó Martín.
— ¿Por qué estás mirando tele, mamá?
— _____.

ATAJO
Grammar: personal pronouns: direct

C·U·L·T·U·R·A

Los bares de tapas

Los bares de tapas son como una institución social en España. Entre las cinco y las seis de la tarde, muchos españoles van a los bares de tapas para charlar con sus amigos y para hacer nuevos amigos.

Las tapas son aperitivos° como, por ejemplo, pedazos° de jamón o queso, salchichas pequeñas, calamares°, sardinas y gambas al ajillo°. Otra tapa popular es la tortilla española, que es una tortilla de patatas (papas), huevos y cebolla frita en aceite° de oliva. En los bares de tapas también se sirven bebidas alcohólicas como vino y cerveza, tanto como° gaseosas y café.

Conversación

Pregúntele a un(a) compañero(a) de clase.

1. ¿Qué piensas de los bares de tapas?
2. ¿Qué tapas te gustan?
3. ¿Te gustaría ir a algún bar de tapas? ¿Por qué?
4. ¿Qué te gusta comer entre comidas? ¿Y qué bebes?
5. ¿Qué comiste entre comidas ayer? ¿Qué bebiste?

Estos jóvenes españoles van frecuentemente a los bares de tapas para charlar con sus amigos.

ASÍ SE DICE

Sustantivos
el amor   *love*
el brazalete   *bracelet*
la comida   *food, meal, lunch*
el corazón   *heart*
la cuenta   *bill*
el hielo   *ice*
el mercado   *market*
la propina   *tip*
el regalo   *gift, present*
la taza   *cup*
el tipo   *kind(s)*
el vaso   *glass (for water, milk)*

Las comidas
el almuerzo   *lunch*
la cena   *dinner, supper*
el desayuno   *breakfast*

Los platos principales
el bistec   *steak*
los huevos (fritos)   *(fried) eggs*
el jamón   *ham*
los mariscos   *shellfish, seafood*
el pescado   *fish*
el pollo   *chicken*

Las frutas y los vegetales
el arroz   *rice*
el limón   *lemon*
la naranja   *orange*
las papas (fritas)   *(French fried) potatoes*
el tomate   *tomato*
las verduras   *vegetables*

Otras comidas   (Other Foods)
el azúcar   *sugar*
la carne   *meat*

la crema   *cream*
la ensalada   *salad*
la mantequilla   *butter*
la mermelada   *marmalade*
el pan   *bread*
el pan tostado   *toast*
la sopa   *soup*

Los postres   (Desserts)
la fruta   *fruit*
el pastel   *pastry*
el queso   *cheese*

Las bebidas   (Beverages, Drinks)
el agua   *water*
el café   *coffee*
el jugo   *juice*
la leche   *milk*
el té   *tea*
el té helado   *iced tea*
el vino blanco   *white wine*
el vino tinto   *red wine*

Adjetivos
caliente   *hot*
chino   *Chinese*
frito   *fried*
rico   *delicious*

Adjetivos demostrativos
este, esta, esto   *this*
estos, estas   *these*
ese, esa, eso   *that*
esos, esas   *those*

Verbos
celebrar   *to celebrate*
ofender   *to offend*

preparar   *to prepare, to make (a meal)*
probar (o→ue)   *to try (something), to taste*
recordar (o→ue)   *to remember*

Pronombres
algo   *something*

Pronombres directos
me   *me*
te   *you (informal)*
lo   *him, you (formal), it (masculine)*
la   *her, you (formal), it (feminine)*
nos   *us*
os   *you (informal)*
los   *you (formal), them (masculine)*
las   *you (formal), them (feminine)*

Expresiones idiomáticas
acabar de + infinitive   *to have just*
¡Buen provecho!   *Enjoy your meal!*
¡Claro!   *Sure! Of course!*
corazón   *sweetheart (term of affection)*
estar de acuerdo   *to agree*
querido(a)   *dear (term of affection)*
¡Salud!   *Cheers!*
tener hambre   *to be hungry*
tener sed   *to be thirsty*

¡Feliz Navidad!

ENFOQUE

COMMUNICATIVE GOALS

You will be able to name many kinds of gifts, describe family gatherings and describe some of your childhood activities.

LANGUAGE FUNCTIONS

Naming gifts you have received
Naming gifts you need or want
Suggesting what gifts to buy
Expressing negative ideas
Expressing likes and dislikes
Describing childhood experiences

VOCABULARY THEMES

Jewelry
Writing materials
Electronic equipment
Other common gifts

GRAMMATICAL STRUCTURES

Affirmative and negative expressions
Imperfect tense

CULTURAL INFORMATION

Religious holidays
Holy Week activities

EN CONTEXTO

Christmas
opening

Los Stewart están pasando el día de Navidad° en la casa de los padres de Jaime en Quilpué(1), Chile. Ahora Pancho y Martín están abriendo° sus regalos.(2)

dieron

PANCHO: ¡Miren! Mis abuelitos me regalaron° una grabadora Sony y dos cintas con música de Disney.(3) Voy a ponerlas ahora. ¡Gracias, abuelitos!

ABUELA: De nada, Pancho. Tu abuelito y yo las compramos cuando visitamos DisneyWorld en la Florida el mes pasado.(4)

swimsuit
equipment
next

MARTÍN: ¡Mira lo que recibí de papá y mamá! Un traje de baño° y un equipo° para hacer esnorquel. ¡Gracias!

SILVIA: De nada, hijo. Puedes llevarlos a la Isla de Pascua el próximo° mes cuando visites a tus otros abuelos durante las vacaciones del colegio.(5)

place

ABUELA: Yo siempre quise visitar la Isla de Pascua, pero nunca fui porque no conozco a nadie allí. De niña mi papá me contaba sus aventuras en el Océano Pacífico y siempre me decía que la Isla de Pascua es un lugar° fascinante.

last

MARTÍN: Pero abuelita, puedes ir allí y conocer a mis otros abuelos. La última° vez que los visitamos me dijeron que ustedes deben visitarlos.

we sent them / card

ABUELA: Pues, algún día vamos a hacerlo, Martín. Hace una semana les mandamos° una tarjeta° de Navidad.

SILVIA: Oye, tengo una idea. ¿Por qué no llamamos por teléfono a tus abuelitos para saludarlos?

PANCHO: Sí, ¡pero primero vamos a abrir todos los regalos, mamá!

SILVIA: Está bien, hijo. ¡Feliz Navidad!

Notas de texto

1. Quilpué, Chile, is a city of over 100,000 people, located west of Santiago near the Pacific Ocean.

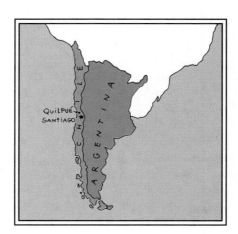

2. Chileans receive their Christmas gifts either on Christmas Eve (*la Nochebuena*) or on Christmas morning. In some Hispanic countries, however, gifts are exchanged on January 6, *el Día de los Reyes Magos* (Day of the Wise Men or Epiphany).

3. Each year Spanish-speaking countries import billions of dollars worth of foreign products from all over the world. In fact, today there are imported products even in the most remote villages of Latin America and Spain.

4. Every year, tens of thousands of Latin Americans travel abroad to tour or to visit friends and relatives.

5. Remember that the seasons are reversed in the Northern and Southern Hemispheres. Therefore, Pancho and Martín have their summer vacation from school in December, January and February.

¿Comprendió usted?

Indique si las siguientes oraciones son ciertas o falsas. Si son falsas, dígalas correctamente. Para cada respuesta, dé pruebas (*proof*) específicas de la conversación.

1. Silvia recuerda a sus padres el día de Navidad.
2. Los Stewart están celebrando la Navidad en Quilpué.
3. Martín recibió una bicicleta de sus padres.
4. Martín y su hermano van a visitar la Isla de Pascua.
5. La abuela paterna de Martín visitó esa isla una vez.
6. Ella conoció a los abuelos maternos de sus nietos.

VOCABULARIO ESENCIAL

Los regalos (*gifts*)

In this section you will learn to name gifts that you have received and others that you want to give.

En la joyería (jewelry store)

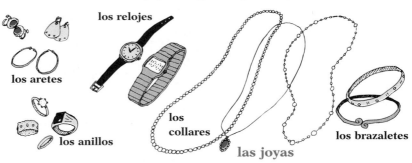

los relojes

los aretes

los anillos

los collares

las joyas

los brazaletes

En la papelería (stationery store)

el papel
para cartas

el álbum
para fotos

los
sobres

los
bolígrafos

los
lápices

las tarjetas
postales

En un almacén (department store)
Equipo electrónico

Los artículos eléctricos

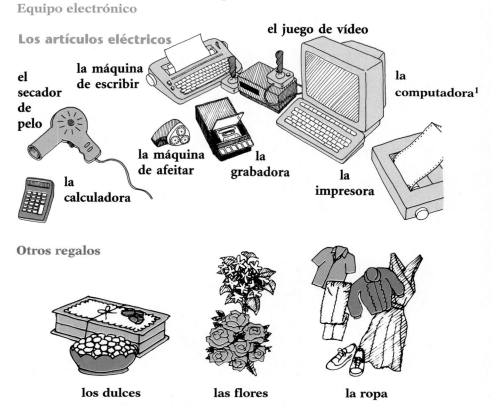

el juego de vídeo

el
secador
de
pelo

la máquina
de escribir

la
computadora[1]

la máquina
de afeitar

la
grabadora

la
impresora

la
calculadora

Otros regalos

los dulces

las flores

la ropa

---

[1] In Spain, *el ordenador* is used for **computer**.

los juguetes   **algo para la casa**   **el equipo deportivo**

Cómo hablar de regalos

—El sábado es la boda de mi amiga.	*My friend's wedding is on Saturday.*
—¿Qué vas a comprarle?	*What are you going to buy her?*
—Pienso regalarle algo para su casa.	*I thought of giving her something for her home.*
—¿Cuánto quieres gastar?	*How much do you want to spend?*
—No sé, pero no tengo mucho dinero.	*I don't know, but I don't have much money.*
—Podrías darle un reloj bonito.	*You could give her a pretty clock.*
—¿Están caros los relojes?	*Are clocks expensive?*
—Algunos están caros y otros están baratos.	*Some are expensive and others are inexpensive.*
—Pues, creo que voy a regalarle un álbum para fotos.	*I think I'm going to give her a photo album.*
—Buena idea… así, va a recordar su boda siempre.	*Good idea . . . that way she'll remember her wedding forever.*

Practiquemos

• A • **En categorías.**

1. En una hoja aparte organice todos los artículos de la lista que sigue de acuerdo a las seis categorías siguientes:

Ropa	**Juguetes**	**Equipo electrónico**
Joyas	**Cosas para escribir**	**Equipo fotográfico**

álbumes para fotos, anillos, aretes, bicicletas, bolígrafos, brazaletes, calculadoras, cámaras, collares, computadoras, grabadoras, impresoras, juegos de vídeo, juegos electrónicos, lápices, máquinas de afeitar, máquinas de escribir, papel para cartas con sobres, películas en vídeo, pijamas, relojes, secadores de pelo, suéteres, teléfonos, televisores, trajes de baño, videocámaras, videocaseteras

2. Compare sus listas con las listas de otro(a) estudiante.

3. Hágale las siguientes preguntas a su compañero(a) de clase.

    a. ¿Qué cosas de cada categoría **tienes** en este momento?

    b. ¿Qué cosas de tu lista **necesitas**?

    c. ¿Qué cosas **quieres** comprar? ¿Por qué?

• B • Regalos ideales.

1. Piense en un regalo apropiado para las siguientes personas, según su edad y la ocasión indicada. (Refiérase al vocabulario en las categorías de la Actividad A.) Luego escriba el nombre del regalo en la tabla.

PERSONA	EDAD	OCASIÓN	REGALO
Rosa Ledesma	5 años	cumpleaños	…
Ana Martínez	37 años	Navidad	…
Tomás y Lola Díaz	26 años	boda	…
Miguel Herrero	18 años	graduación del colegio	…
Beto y Ana Gómez	67 años	aniversario matrimonial	…
Juan de Salas	4 días	nacimiento	…
mi…	…	…	…
yo	…años	…	…

2. Compare su lista de regalos con la lista de otro(a) estudiante. Mientras están comparando sus listas, háganse preguntas personales sobre los regalos como, por ejemplo:

    a. ¿Dónde vas a comprar el regalo?

    b. ¿Cuánto va a costarte?

    c. ¿Por qué no compras un(a)… ?

• C • ¿Y usted? Hágale las siguientes preguntas a un(a) compañero(a) de clase.

Mis regalos

1. ¿Cuándo fue tu último cumpleaños? ¿Qué regalos recibiste?

2. ¿Qué regalos te gustaría recibir en tu próximo cumpleaños?

3. ¿Qué otros regalos recibiste este año? ¿Quién te dio esos regalos?

Regalos para otros

1. ¿Gastaste mucho o poco dinero comprando regalos este año? ¿Más o menos cuántos dólares gastaste?

2. ¿A quiénes les diste regalos este año? ¿Qué les regalaste a esas personas? ¿Dónde los compraste?

3. ¿Qué regalos necesitas comprar este año? ¿Para quiénes son? ¿Dónde vas a comprarlos?

• D • **¡Felicidades!**   Dos amigos de los Stewart, Roberto y Carmela, van a casarse pronto.

1. Lea cada situación. Luego escriba a qué tienda va cada persona y qué cosas va a comprar allí.

   Ejemplo: Roberto y Carmela necesitan comprar sus anillos de boda.
   Van a una joyería para comprarlos.

Situaciones

1. Los novios quieren comprar las invitaciones de boda.
2. Tienen que pedir una torta nupcial para la recepción.
3. También necesitan pedir bistec y jamón para la cena.
4. Roberto debe comprar ropa para la ocasión especial.
5. Carmela y su madre van a llevar rosas a la catedral.
6. Roberto quiere comprarle algo especial a Carmela.
7. Carmela también tiene ganas de comprarle algo a su novio.
8. El padre de la novia quiere sacar fotos, pero no tiene cámara.
9. Roberto y Carmela quieren recordar su día especial para siempre.
10. Ellos quieren darles las gracias a todos por sus regalos.

Tiendas

joyería	librería	carnicería
almacén	papelería	perfumería
florería	relojería	pastelería

2. Compare lo que usted escribió con lo que escribió un(a) compañero(a) de clase.

• E • **Entre amigos.**   Converse con otro(a) estudiante.

ESTUDIANTE A	ESTUDIANTE B
1. El [día] de [mes] es el cumpleaños de mi _____.	2. Ah, ¿sí? ¿Cuántos años va a cumplir?
3. _____. Él (Ella) es muy _____.	4. Pues, ¿qué vas a comprarle?
5. No sé. ¿Tienes algunas ideas?	6. Hmm. Bueno, creo que _____.
7. No, porque _____.	8. ¿Cuánto quieres gastar?
9. Más o menos _____ dólares.	10. Entonces, ¿algo (barato / caro)?
11. Sí, porque _____.	12. Bueno, podrías darle _____.
13. Pues, creo que voy a regalarle _____.	14. _____.

Ahora cambien sus papeles y hagan esta actividad otra vez.

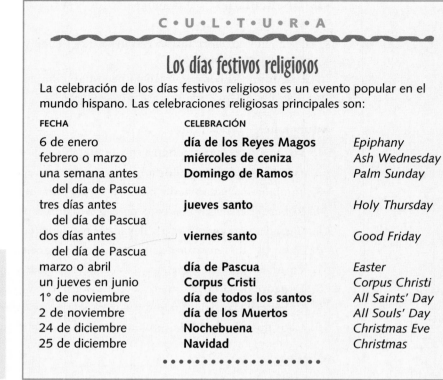

C·U·L·T·U·R·A

Los días festivos religiosos

La celebración de los días festivos religiosos es un evento popular en el mundo hispano. Las celebraciones religiosas principales son:

FECHA	CELEBRACIÓN	
6 de enero	**día de los Reyes Magos**	*Epiphany*
febrero o marzo	**miércoles de ceniza**	*Ash Wednesday*
una semana antes del día de Pascua	**Domingo de Ramos**	*Palm Sunday*
tres días antes del día de Pascua	**jueves santo**	*Holy Thursday*
dos días antes del día de Pascua	**viernes santo**	*Good Friday*
marzo o abril	**día de Pascua**	*Easter*
un jueves en junio	**Corpus Cristi**	*Corpus Christi*
1° de noviembre	**día de todos los santos**	*All Saints' Day*
2 de noviembre	**día de los Muertos**	*All Souls' Day*
24 de diciembre	**Nochebuena**	*Christmas Eve*
25 de diciembre	**Navidad**	*Christmas*

MOSAICO CULTURAL
Program 9—Creencias y celebraciones—religious holidays and celebrations

¿Qué dicen ustedes?
Pregúntele a otro(a) estudiante.

1. ¿Qué celebraciones religiosas hay en tu país?
2. ¿En qué meses son esas celebraciones?
3. ¿Qué haces en esas celebraciones?
4. ¿Cuál es tu celebración preferida, y por qué?

GRAMÁTICA ESENCIAL

In this section you will learn more ways to make affirmative and negative statements in Spanish.

Affirmative and Negative Expressions

algo	*something, anything*	**algún**	*some, any*
		siempre	*always*
alguien	*somebody, someone, anyone*	**también**	*also, too*
		o...o	*either . . . or*
alguno(a/os/as)	*some, any*		

nada	*nothing, not . . . at all*	**ningún**[2]	*no, none, not any*
		nunca	*never, not ever*
nadie	*nobody, no one, not anyone*	**tampoco**	*neither, not . . . either*
ninguno(a)[1]	*no, none, not any*	**ni...ni**	*neither . . . nor*

How to use these expressions

1. In a negative Spanish sentence, at least one negative comes before the verb. There are often several negatives in one sentence.

—¿Recibiste algunas cartas? — *Did you receive some letters?*
—**No, no** recibí **ninguna**. — *No, I didn't receive any.*

2. Omit the word **no** if a negative word precedes the verb.

no + verb + negative word → Negative word + verb

No viene **nadie** conmigo. → **Nadie** viene conmigo.
No voy **nunca** al centro. → **Nunca** voy al centro.

Point out the double negatives in these sentences.

3. The words *alguno, alguna, algunos* and *algunas* are adjectives; use *algún* before a masculine singular noun.

—¿Hay algún postre, mamá? — *Is there any dessert, Mom?*
—Sí, hay **algunas** naranjas. — *Yes, there are some oranges.*

4. Express *neither* with a subject pronoun (*yo, tú, usted, él, ella, nosotros / as, ustedes*) + *tampoco*.

—Nunca compro dulces. — *I never buy candy.*
—Yo **tampoco**. — *Me neither.*

5. Place *ni* before nouns or verbs to express the idea of *neither* or *nor*.

—¿Prefieres ropa o joyas como regalo de Navidad? — *Do you prefer clothing or jewelry for a Christmas present?*
—No quiero **ni** ropa **ni** joyas. Prefiero recibir un equipo para hacer esnorquel. — *I want neither clothes nor jewelry. I prefer to receive snorkeling equipment.*

—¿Prefieres correr o jugar tenis hoy? — *Do you prefer to jog or to play tennis today?*
—No quiero **ni** jugar tenis **ni** correr. Tengo ganas de montar a caballo. — *I neither want to play tennis nor to jog. I feel like going horseback riding.*

---

[1] Spanish speakers seldom use the plural forms *ningunos* and *ningunas*. Instead, they use the singular forms of these words: *Algunas personas no tienen* **ningún** *amigo*. (Some people have no friends. [or] Some people don't have any friends.)

[2] Use *ningún* and *algún* before masculine singular nouns; for example: *Algún día voy a visitar Chile, pero ahora no tengo ningún interés*. (Some day I'm going to visit Chile, but now I'm not interested.)

Practiquemos

•A• **Entre dos amigas mexicanas.**   Complete la siguiente conversación, usando **también**, **tampoco**, **siempre** y **nunca**.

MARÍA: Mi familia _____ almuerza en casa el día de Navidad. Es mucho más íntimo que comer en algún restaurante.

JUANA: Estoy de acuerdo contigo, María. Como ustedes, nosotros _____ comemos en casa ese día. ¿Y sabes qué? Mi esposo Raúl _____ me ayuda a preparar el almuerzo navideño.

MARÍA: ¡Qué bien, María! ¿Abren ustedes los regalos el 25 de diciembre?

JUANA: No, _____. No nos gusta abrirlos hasta el 6 de enero.

MARÍA: A nosotros _____.

•B• **Entre esposos.**   Complete las dos conversaciones siguientes, usando **algo, nada, alguien, nadie, o...o** y **ni...ni.**

—Jaime, voy al supermercado porque no hay casi _____ en el refrigerador. ¿Quieres comer _____ especial esta noche?

—No, gracias, querida. No quiero comer _____ más hoy porque comí mucho en el almuerzo.

—Bueno. Hasta luego, corazón.

Más tarde...

—¡Hola, querido! Oye, conocí a _____ en el supermercado que te conoce.

—Ah, ¿sí? Debe ser _____ un amigo _____ un compañero de trabajo. ¿Quién es?

—No es _____ un amigo _____ un compañero tuyo. Se llama Lucía Reyes.

—¿Cómo? ¿Lucía Reyes? No conozco a _____ con ese nombre.

—¿No? Pues, ella me dijo que fue tu novia una vez.

—¿Mi novia? ¡Imposible! _____ estás loca _____ estás jugando conmigo, Silvia.

—¿No recuerdas a Lucía? Me dijo que fue tu novia cuando tenías catorce años. ¡Ja, ja!

•C• **Una llamada a la Isla de Pascua.**   Los Stewart están hablando por teléfono con los padres de Silvia. Complete la siguiente conversación parcial, usando **algún, alguna, algunos, algunas, ningún, ninguna** y **ninguno**.

SILVIA: Acabamos de abrir todos los regalos, papá. Jaime me regaló un collar, un anillo y _____ libros.

ALFREDO: Y tú, Pancho, ¿recibiste _____ regalo interesante este año?

PANCHO: No, abuelito. Este año no recibí _____, pero mis otros abuelos me regalaron una grabadora con _____ cintas con música de Disney.

ALFREDO: ¿Y tu hermano? En su tarjeta dijo que no recibió _____ regalo.

PANCHO: No es cierto. Martín recibió ropa y _____ juegos electrónicos, pero no recibió _____ tarjeta. Y tú, abuelito, ¿recibiste muchas tarjetas este año?

ALFREDO: _____, sí. Recibimos una tarjeta de tus abuelos allí. Quiero que vengan a visitarnos _____ día.

• D • **De mal humor.**   Pancho está de mal humor hoy y, por eso, siempre les contesta negativamente a sus amigos. ¿Qué les dice?

> **Ejemplo:**   MAGÁLY: ¿Quieres jugar conmigo? (nadie)
>
>   PANCHO: *No quiero jugar con nadie.*

AMIGOS	PANCHO
1. Susana: ¿Quieres jugar con nosotros?	(nadie)
2. Magály: ¿Quieres nadar en mi piscina?	(ninguna)
3. Lorena: ¿Qué tienes ganas de hacer hoy?	(nada)
4. Benito: ¿Por qué no vamos al almacén hoy?	(nunca, ningún)
5. Samuel: ¿Te gustaría ir al Parque Ecuador?	(tampoco)
6. Nátali: ¿Quieres jugar fútbol o patinar?	(ni…ni)
7. Aníbal: ¿No haces mucho ejercicio, Pancho?	(ningún)

• E • **¿Es verdad o no?**   Un(a) compañero(a) de clase va a leerle a usted las siguientes oraciones. Cierre el libro y contéstele apropiadamente.

> **Ejemplo:**   Jaime y Silvia no tienen (nunca / ningún) niño.
>
>   USTED: *Jaime y Silvia no tienen ningún niño.*
>
>   ÉL / ELLA: *No tienes razón. Tienen dos hijos.*

1. Jaime no habla (nunca / nadie) con sus hijos.
2. Martín y Pancho no recibieron (ninguno / ningún) regalo.
3. Silvia no mira televisión. Pancho (tampoco / también).
4. (Ningún / Nadie) residente de la Isla de Pascua es chileno.
5. Los Stewart no son (o / ni) chilenos (o / ni) latinoamericanos.

• F • **Dos conversaciones.**   Practique la primera conversación con otro(a) estudiante. Luego inventen otra conversación.

A: ¿Quieres visitar Chile algún día?
B: Sí, pero no tengo ni tiempo ni dinero ahora.
A: ¿Cuándo quieres ir?
B: En diciembre porque hace buen tiempo.

A: ¿Quieres visitar _____ algún día?
B: Sí, pero no _____.
A: ¿Cuando quieres ir?
B: En _____ porque hace _____.

•**G**• **Mis preferencias.**   Hable con otro(a) estudiante, usando las oraciones incompletas como guía. La línea (____) indica que ustedes deben usar palabras apropiadas ahí.

Ejemplo: Siempre me gusta jugar *tenis* con mi *amigo Brian*.

En el verano me gusta jugar ____ con algunos(as) ____. También me gusta ____, pero casi nunca juego ____ porque… Tampoco…
      En el invierno me gusta ____ en ____ donde siempre hace ____.
En el invierno normalmente no juego ____ ni ____ porque…
Algún día quiero aprender a ____ con alguien muy ____.

C•U•L•T•U•R•A

La Semana Santa

Uno de los eventos religiosos más importantes del mundo hispano es la Semana Santa, que es la semana antes del domingo de Pascua. Durante esa época la gente de algunos países hispanos adorna el interior de sus casas con crucifijos, estatuas de su santo preferido, ramos de flores y telas de color violeta, que simbolizan el duelo° de la crucifixión. Los niños se visten de ángeles o de Jesús y María. El tono de tristeza por la muerte de Jesús cambia a uno de alegría° el domingo de Pascua cuando se celebra este día especial con fiestas, exhibiciones, carreras de caballos, música, corridas de toros° y fuegos artificiales°.

La celebración de la Semana Santa en Sevilla, una ciudad situada al sur de España, es especialmente conocida. Este evento comienza con una procesión lenta° y solemne por las calles de la ciudad. Algunos hombres de Sevilla, vestidos con ropa oscura o de color negro o violeta, símbolo de penitencia, llevan plataformas o "pasos" enormes que pesan alrededor de 3.000 kilos. Estos están decorados con estatuas de Jesucristo y la Virgen María con maravillosas escenas bíblicas. Algunos de los pasos son del siglo° XVII, y fueron creados por los famosos escultores españoles Juan Martínez Montañés (1568–1649) y Pedro Roldán (1624–1700). Una de las estatuas más famosas de la procesión es Nuestra Señora de la Macarena.

La celebración de la Semana Santa en Sevilla, España, es famosa en el mundo hispano.

grief, agony

joy

bullfights / fireworks

slow

century

Preguntas

1. ¿Cuándo ocurre este evento religioso?
2. ¿Qué llevan los hombres por la calle?
3. ¿Quiere usted ir a Sevilla durante la Semana Santa?

> "Además de sangre y fuego, la Semana Santa
> está hecha de oro y luz. Y para verlo, hay
> que verlo en Sevilla, cuya Semana Grande es
> la más grande."
>
> —Antonio Caballero, español, *Cambio16*, abril de 1990

 GRAMÁTICA ESENCIAL

In this section you will learn how to describe activities that you and others used to do.

Imperfect Tense

Spanish speakers use the imperfect tense to describe actions, conditions and events that used to occur routinely or repeatedly in the past.

How to form the imperfect

1. To form the imperfect, add the following endings to the verb stem. Note the identical endings for -*er* and -*ir* verbs.

	jugar	**hacer**	**divertirse**
(yo)	jug**aba**	hac**ía**	me divert**ía**
(tú)	jug**abas**	hac**ías**	te divert**ías**
(usted, él / ella)	jug**aba**	hac**ía**	se divert**ía**
(nosotros / as)	jug**ábamos**	hac**íamos**	nos divert**íamos**
(*vosotros / as*)	*jug**abais***	*hac**íais***	*os divert**íais***
(ustedes, ellos / ellas)	jug**aban**	hac**ían**	se divert**ían**

—Abuelito, ¿qué **hacías** el día
de Navidad cuando **tenías**
mi edad?

*Grandpa, what did you use to do
on Christmas Day when you were
my age?*

—Mi familia y yo **abríamos**
nuestros regalos y **nos
divertíamos** mucho.

*My family and I would open our
gifts and we would have a lot of
fun.*

2. Three Spanish verbs are irregular in the imperfect.

ir	ser	ver
iba	era	veía
ibas	eras	veías
iba	era	veía
íbamos	éramos	veíamos
ibais	*erais*	*veíais*
iban	eran	veían

—Cuando **era** niño, **iba** al
cine con mis padres.

*When I was a boy, I used to go
to the movies with my parents.*

—¿Qué tipo de películas **veían**
ustedes?

What kind of films would you see?

—**Veíamos** documentales y
películas de Disney.

*We saw documentaries and
Disney films.*

3. The imperfect tense of *hay* is *había* (there was, there were).

—¿**Había** muchas fiestas en tu
casa?

*Were there a lot of parties at
your house?*

—No, pero **había** mucha gente.

No, but there were a lot of people.

How to use the imperfect

Spanish speakers use the imperfect to describe actions, conditions and
events that occurred routinely or repeatedly in the past. Notice how Jaime
uses the imperfect tense to describe **how things were** when he was a boy.

Cuando **era** niño mi vida **era** diferente de como es ahora. **Tenía**
menos responsabilidades y **estaba** más contento. Por ejemplo, los
sábados **me levantaba** tarde porque no **había** mucho que hacer.
Tomaba una taza de chocolate caliente, **comía** pan tostado con
queso y **miraba** televisión. Por la tarde, mi hermano José Antonio y
yo **jugábamos** fútbol con nuestros amigos. Después, **comprá-
bamos** refrescos y **nos divertíamos** en el Parque Ecuador. José
Antonio y yo **volvíamos** a casa cansados pero felices (contentos).

The imperfect tense can be translated in different ways, depending on the context of the sentence.

> De niña, Silvia **vivía** (*lived*) en la Isla de Pascua. Los sábados ella y su mamá **iban** (*used to go*) de compras a Hanga Roa, donde **compraban** (*they would buy*) en una tienda pequeña. Un sábado, cuando **caminaban** (*they were walking*) al centro, vieron al Padre Riedl que **montaba** (*was riding*) su bicicleta. **Iba** (*He was going*) a visitar a algunos pacientes al hospital.

Practiquemos

• A • **De niña.**   Silvia está contándole a Pancho algunas cosas que ella hacía de niña. Para saber lo que ella le dice, cambie los verbos indicados al imperfecto.

> **Ejemplo:**   Yo / vivir en la Isla de Pascua.
> *Yo vivía en la Isla de Pascua.*

Mi familia y yo / vivir en una casa pequeña en Hanga Roa. (Nosotros) no / tener ni auto ni motocicleta, pero / tener dos caballos y una bicicleta. Tu abuelo / ser guía de turistas, que / visitar la Isla de Pascua; / él conocer bien la isla y / leer todos los libros nuevos sobre su historia. Mi mamá / trabajar en casa porque / tener mucho trabajo: (nosotros) / ser siete personas. Los sábados y domingos mis cuatro hermanos y yo / divertirse mucho: / montar a caballo, / nadar en el mar e / ir a diferentes partes del pueblo a jugar con nuestros amigos. (Nosotros) Nunca / estar aburridos porque / haber muchas cosas que hacer. A veces por la noche mi papá / tocar guitarra y / cantar viejas canciones de la isla mientras mis hermanas y yo / bailar al ritmo de la música. Yo / querer mucho a mi familia y / haber mucha felicidad en nuestra casa.

• B • **¿Qué hacía Mario?**   Cuéntele a otro(a) estudiante.

Mire la ilustración de las actividades de Mario Ixtamazic en la página 116 (*Lección 6*) de este libro, y describa qué hacía cuando trabajaba en la cervecería guatemalteca.

• C • **Hace mucho tiempo.**   Jaime está contándole a Martín sobre sus primeros años de matrimonio con Silvia. Complete la siguiente conversación, indicando las formas correctas de los verbos entre paréntesis.

MARTÍN: Papá, ¿dónde (vivieron / vivían) tú y mamá los primeros años después de casarse?

JAIME: (Vivimos / Vivíamos) por un año con mis padres en Quilpué porque no (tuvimos / teníamos) mucho dinero en aquellos días.

MARTÍN: ¿Qué tipo de trabajo (hiciste / hacías) allí?

JAIME: Yo (fui / era) fotógrafo. (Saqué / Sacaba) fotos en las bodas. (Gané / Ganaba) poco dinero, pero (fue / era) suficiente para vivir.
MARTÍN: ¿Cuándo (fueron / iban) ustedes a vivir a Santiago?
JAIME: Cuando (naciste / nacías). Recuerdo bien tu primera Navidad.
MARTÍN: Ah, ¿sí? ¿Qué regalos (recibí / recibía), papá?
JAIME: Tu mamá y yo te (regalamos / regalábamos) ropa y algunos juguetes. Y (recibiste / recibías) una pequeña bicicleta de mis padres, pero no (pudiste / podías) montarla porque (tuviste / tenías) solamente un año y medio.

• **D** • **Recuerdos.**   Pregúntele a un(a) compañero(a) de clase.

1. **La familia:** ¿Dónde y con quién vivías cuando tenías seis años? ¿Cuántos hermanos tenías? ¿Quién era el menor? ¿y el mayor? ¿Qué tipo de trabajo hacía tu papá? ¿Trabajaba tu mamá también? (¿Dónde? ¿Qué hacía?) ¿Cuándo visitabas a tus familiares?

2. **Tus cosas de niño:** De niño(a), ¿tenías una bicicleta? ¿Tenías un perro, un gato o un caballo? (¿Sí? ¿Era grande o pequeño?) ¿Qué otras cosas tenías? ¿Cuál era la cosa más importante que tenías?

3. **Los amigos:** ¿Tenías muchos o pocos amigos en la escuela primaria? ¿Cómo te divertías con ellos? ¿Cómo se llamaba tu mejor amigo o amiga en la escuela secundaria? ¿Dónde vivía? ¿Qué hacían ustedes juntos(as)? ¿Tenías novio(a)? (¿Cómo se llamaba? ¿Cómo era?)

4. **Los pasatiempos:** De adolescente, ¿cómo pasabas el tiempo cuando no estudiabas o trabajabas? ¿Practicabas algún deporte? (¿Cuál?) ¿Con qué frecuencia ibas al cine? ¿Qué tipo de películas veías? ¿Qué programas de televisión mirabas? ¿Con quién los mirabas?

5. **Las celebraciones:** Cuando eras niño(a), ¿cuáles celebraciones o días festivos te gustaban más? ¿Qué hacías en esas ocasiones? ¿Qué regalos recibías y dabas?

• **E** • **Hace muchos años.**   Imagínese que usted y su amigo(a) tienen cuarenta años. Ahora conversen sobre su adolescencia.

AMIGO(A) A	AMIGO(A) B
1. ¿Cómo / ser cuando / tener 15 o 16 años?	2. Pues, yo / ser un poco… ¿Cómo / ser tú?
3. Mis padres / creer que yo / ser muy…	4. Yo / ser… Oye, ¿cómo se / llamar tu primer(a) novio(a)?
5. Él (Ella) se / llamar ____ y / tener ____ años. ¿Y el tuyo (la tuya)?	6. ____. ¿Qué / hacer ustedes para divertirse?
7. Él (Ella) y yo / ir a muchos lugares; por ejemplo…	8. ¿Le / comprar regalos a su novio(a)?
9. ____. ¿Y tú? ¿Cómo / divertirte de adolescente?	10. ____.

ATAJO

Vocabulary: family members; city; professions; trades; sports

Grammar: verbs: imperfect

•F• **¿Y usted?** Escriba un párrafo sobre algunas actividades que usted, su familia y sus amigos hacían cuando usted tenía entre diez y trece años.

Cuando yo tenía doce años, mi familia y yo vivíamos en… Nuestra casa (Nuestro apartamento)… Mi papá trabajaba en… y mi mamá… En general, mis padres… Mis hermanos y yo nos divertíamos mucho. Por ejemplo… Yo tenía un(a) amigo(a), que se llamaba _____. A veces, él (ella)… y yo… También…

ASÍ SE DICE

Sustantivos

el almacén *department store*
la boda *wedding*
el equipo *equipment*
la Navidad *Christmas*

En la joyería

el anillo *ring*
los aretes *earrings*
el brazalete *bracelet*
el collar *necklace*
las joyas *jewelry*
el reloj *watch*

En la papelería

el álbum para fotos *photo album*
el bolígrafo *ballpoint pen*
el lápiz *pencil*
el papel para cartas *stationery*
el sobre *envelope*
la tarjeta *card*
la tarjeta postal *postcard*

Equipo electrónico

la calculadora *calculator*
la impresora *printer*
el juego de vídeo *video game*
la máquina de escribir *typewriter*

la máquina de afeitar *shaver*
el secador de pelo *hair dryer*

Otros regalos

algo para la casa *something for the home*
los dulces *candy*
el equipo deportivo *sports equipment*
las flores *flowers*
el juguete *toy*
el reloj *clock*
la ropa *clothing*
el traje de baño *swimsuit*

Adjetivos

caro *expensive*
barato *inexpensive*
feliz *happy*
próximo *next*
último *last*

Verbos

abrir *to open*
costar (o→ue) *to cost*
gastar *to spend (money)*
hacer esnorquel *to snorkel*
llevar *to take, to wear (clothing)*

mandar *to send*
pasar *to spend (time)*
poner *to play (e.g., a stereo)*
regalar *to give (as a gift)*

Adverbios

juntos *together*

Expresiones afirmativas

algo *something, anything*
alguien *somebody, someone, anyone*
algún *some, any*
alguno(a/os/as) *some, any*
o…o *either . . . or*

Expresiones negativas

nada *nothing, not . . . at all*
nadie *nobody, no one, not anyone*
ningún *no, none, not any*
ninguno(a) *no, none, not any*
ni…ni *neither . . . nor*
nunca *never, not ever*
tampoco *neither, not . . . either*

Expresiones idiomáticas

¡Feliz Navidad! *Merry Christmas!*

Rapa Nui: el ombligo° del mundo

navel

Geografía

La Isla de Pascua, llamada Rapa Nui por los pascuenses, está situada al sur del Trópico de Cáncer en el Océano Pacífico, a 3.700 kilómetros al oeste de Santiago, Chile. Es una de las islas más aisladas del mundo; la tierra poblada más cercana es la Isla Pitcairn, situada a 1.900 kilómetros hacia el oeste. La Isla de Pascua es pequeña, tiene forma triangular y es de origen volcánico.

Orígenes del pueblo: ¿Polinesia o América?

No se conoce el origen de los pascuenses, pero hay dos teorías. Según una teoría, las primeras personas que llegaron a la Isla de Pascua vinieron del oeste, o sea de Polinesia. Según la otra teoría, los primeros residentes vinieron de Sudamérica y más especí-

ficamente del Perú. Los historiadores están seguros que en el momento de la invasión española, los indios peruanos sabían de las islas distantes del Pacífico. Siglos° antes, sus antecedentes habían visitado esas islas, incluso posiblemente la Isla de Pascua. En efecto, en 1947 el aventurero y arqueólogo noruego Thor Heyerdahl confirmó que tales viajes° eran posibles. Ese año, él y sus compañeros navegaron en la balsa° "Kon-Tiki" desde el Perú hasta las islas polinesias Tuamotu.

Descubrimiento

La Isla de Pascua fue descubierta el día de Pascua de Resurrección en abril de 1722 por el navegante° holandés Jacob Roggeveen. Él le dio ese nombre a la isla para conmemorar ese día, pero los residentes locales la llamaban

Centuries

voyages

raft

sailor

Te Pito o Te Henua en su lengua rapa nui, que significa "El ombligo del mundo".

Los moais antiguos

La mayor atracción de la Isla de Pascua son los moais. Estas figuras gigantescas, que son más de 600 en toda la isla, están esculpidas en piedra° volcánica. Casi todas tienen forma de hombres, y ninguno es idéntico al otro. Algunos moais están enterrados° parcialmente y otros están parados en **ahus** o plataformas. Sus cabezas son rectangulares y alargadas con barbillas o mentones° prominentes y labios° delgados. Algunos llevan **pukaos** o "sombreros" hechos de piedra roja en forma de cilindros, símbolos del pelo. Unos pocos moais tienen ojos° de coral y obsidiano. Para los antiguos pascuenses, los moais representaban a jefes fallecidos° o dioses.

buried

chins
lips

eyes
stone
deceased

Estos antiguos moais son la mayor atracción de la Isla de Pascua.

Así se hace el curanto típico de la Isla de Pascua. ¡Qué rico!

Estos siete moais, que se llaman Ahu Akivi, son los únicos moais de la Isla de Pascua que están viendo el mar.

Los pascuenses modernos

Hoy en día más de 2.500 personas viven en la Isla de Pascua. Aproximadamente setenta por ciento de ellos son de origen polinesio; los otros son principalmente inmigrantes de Chile continental. Casi todos los pascuenses viven en el pueblo de Hanga Roa en la costa oeste de la isla. Ellos se ganan la vida principalmente promocionando el turismo.

¿Comprendió usted?

Lea las siguientes oraciones; luego indique si son ciertas o falsas según la lectura.

1. La Isla de Pascua es muy remota.
2. Está cerca de la Isla Pitcairn.
3. Thor Heyerdahl descubrió la Isla de Pascua.
4. Se sabe que los pascuenses son de origen polinesio.
5. Rapa Nui es otro nombre para la Isla de Pascua.
6. La Isla de Pascua fue descubierta en este siglo.
7. Los residentes de esa isla se llaman moais.
8. La agricultura es la base para ganarse la vida allí.

¿Qué dice usted?

Responda a las siguientes preguntas. Luego exprese sus ideas y opiniones por escrito o con un(a) compañero(a) de clase, según las indicaciones de su profesor(a).

1. ¿Cree usted que los pascuenses son de origen polinesio o americano? ¿Por qué?
2. ¿Tiene usted interés en visitar la Isla de Pascua algún día? ¿Por qué? ¿A usted le gustaría vivir allí? ¿Por qué?
3. ¿Por qué es importante preservar los moais de la Isla de Pascua?

¡A LEER!

Guessing From Context

Efficient readers use effective strategies for guessing the meaning of unfamiliar words and phrases in a reading selection. For example, they rely on what they already know about the reading topic (background information), they guess what the reading will be about (prediction), and they use ideas they understand in the passage (context). Now look at the advertisement on page 188 and answer the questions on page 187.

- Background information
    1. What comes to your mind when you think of skiing?
    2. Where do people go snow skiing in your country?
- Prediction
    1. Where do you think the photograph on page 188 was taken?
    2. What language do you think the people speak there?
- Context
    1. What is the main purpose of this text?
    2. What is the tone of the writer: factual or opinionated?

Guessing from Printed Clues

Printed material often contains different kinds of clues that can help you skim, scan and guess words and ideas. For example, some words and phrases appear in large, boldface or italic print to attract the reader's attention. Some words are repeated several times to persuade the reader, and other words appear together with a graphic design to help the reader remember a particular concept.

- Skim

    Read the text on page 188 quickly without stopping.
    1. Which words and phrases appear in large print, and why?
    2. Which words and phrases accompany a graphic design, and why?
    3. What is the main purpose of this text?
- Scan

    Read the text again but more slowly.
    1. List in Spanish or English the main attractions of *El Fraile*.
    2. Which words and phrases are repeated most often, and why?
    3. What do you think *El Fraile* is?
- Guess

    Use context to guess the meaning of the following three words.

1. **nivel:**	level	slope	length
2. **pendiente:**	course	place	slope
3. **andarivel:**	limit	ski lift	team

Which cues most helped you to understand this reading?

type of print used in ad	my knowledge of the subject
certain words and phrases	my experience in reading ads
the layout of the ad itself	the graphic designs in the ad

Esquíe de mayo a diciembre

centro de ski
El Fraile
COYHAIQUE-XI REGION

Cada año, entre mayo y noviembre, Ud. puede disfrutar las delicias de esquiar en el centro de ski El Fraile, ubicado a sólo 29 Km. de Coyhaique y a más de 1.000 metros sobre el nivel del mar, en medio de un hermoso paisaje cordillerano.

En sus 550 hectáreas de superficie esquiable hay cinco excelentes canchas, con diversas pendientes, cubiertas de nieve polvo y rodeadas de majestuosos bosques de lenga, pino y ñirre.

Cuenta con dos andariveles de arrastre, servicio de arriendo y taller de reparaciones de equipos. Instructores experimentados ayudan a quienes se inician en el hermoso deporte del ski. La cafetería, agradable y acogedora, se convierte en un animado punto de reunión y descanso para los amantes del deporte blanco.

El trayecto entre Coyhaique, donde el visitante puede pernoctar en la Hostería Coyhaique, y El Fraile se recorre en menos de una hora en medio de un paisaje exhuberante, por el camino principal hacia Balmaceda.

Destacan la laguna Foitzick, la Gran Muralla China y la Cascada del Río Polux.

Desde Coyhaique el visitante puede llegar al centro de ski en su propio automóvil, recomendándose usar vehículos de doble tracción o con cadenas; también hay transporte colectivo.

Coyhaique, capital de la XI Región, es un importante centro de servicios turísticos y punto de partida para visitar Puerto Aysén, Puerto Ibáñez, los lagos Atravesado, Riesco y Elizalde con las hermosas cabañas de Hostería Lago Elizalde y la Carretera Austral.

Expertos de Transporte Turístico
Coyhaique - Sorno - Puerto Aysén - Puerto Montt
Baquedano 1171 Fono: 21333 Coyhaique

HOTELSA
Hostería COYHAIQUE - Hostería LAGO ELIZALDE
Información y reservas
Las Urbinas 53 Of. 42 - Fonos: 2326825 - 2315456
Telex 241266 HOTSA - Santiago de Chile

Operador de Turismo
Clases y arriendo de equipos de ski
Vuelos charter, grupos, ski-weeks
Rivadavia 827 Telef. 21489 Comodoro Rivadavia
República Argentina

Información canchas y andariveles

Nombre Cancha	Nivel	Pendiente	Largo
1. ESCUELA	Principiantes	8°	
2. LOS HUEMULES	Novicios	14°	600 mts.
3. LOS AGUILUCHOS	Intermedios	23°	1.800 mts.
4. LOS PUMAS	Interm. Avanzado	28°	1.800 mts.
5. LOS CONDORES	Expertos	35°	2.200 mts.

Andarivel	Marca	Tipo	Largo		Capacidad
Poma(A)	Pomaski	Arrastre	450 mts.	mín.	250 pers./hra.
				máx.	500 pers./hra.
Tivar(B)	Doppelmayr	Arrastre	1.000 mts.	mín.	500 pers./hra.
				máx.	1.000 pers./hra.

¡A ESCRIBIR!

Editing Your Writing

Editing your written work is an important skill to master. It is a good idea to edit it several times; for example, check your compositions for:

- Content
  1. Does the title capture the reader's attention?
  2. Is the information interesting to the reader?
  3. Is the information pertinent to the topic?
- Organization
  1. Is there one main idea in the paragraph?
  2. Do all the sentences relate to one topic?
  3. Is the order of the sentences logical?
- Cohesion and style
  1. Can you connect any sentences with *y (e)*, *que*, *pero*, or *donde?*
  2. Can you begin any sentences with the expressions *después* or *luego?*
  3. Can you avoid repeating any nouns by using direct object pronouns?

Edit the paragraph below three times and rewrite it correctly. The first time, check the vocabulary and the grammar. The second time, correct the organization of the paragraph. The third time, check it for cohesion and style. (Remember to use correct capitalization and punctuation.) Make any other changes that you think are necessary or desirable.

Una día

A los Stewart les gusta mucho los deportes. El Verano pasado ellos fue a la Centro de Ski "El Fraile". Fueron por un semana. Fueron en su auto viejo. Compraron el auto hace ocho años; ¡costó mucho dinero! Trajeron todo el equipo deportiva necesario para esquiar en los montañas. Cuando llegaron allí nevaba uno poco. Hacía mucho sol Fueron a la Hostería Coyhaique donde almorzaron. Pancho iba el primera persona de comenzar a esquia. Comieron sopa de tomate, bistec con Papas Fritas, y fruta y queso. Cambiaron la ropa. Se puso la ropa para esquiar. Salieron a esquiar.

Now exchange paragraphs with a classmate and check each other's work for errors. Then write a second draft of your paragraph and give it to your instructor for correction of any remaining errors.

ATAJO

Phrases / Functions: linking ideas
Grammar: adjective agreement; article: contractions *al, del;* article: definite *el, la, los, las;* article: indefinite *un, una;* relatives *que;* verbs: imperfect; verbs: preterite

Estados
Unidos

De compras

Óscar Galeano, his wife and their two daughters own a prosperous grocery store in a Hispanic-American neighborhood in Los Angeles, California. Sara Galeano goes to a local department store where she buys a birthday gift for her friend Susana. At Susana's birthday party, Sara learns that Susana and her family are going to Japan for six months.

· Lección 10 ·

¡Mmm! ¡Estas uvas están tan ricas!

ENFOQUE

COMMUNICATIVE GOALS

You will be able to talk and write about more common foods and to speak with people who sell food products.

LANGUAGE FUNCTIONS

Naming fruits and vegetables
Specifying preferences
Expressing likes and dislikes
Expressing grocery needs
Comparing and contrasting
Expressing opinions
Making requests
Giving advice

VOCABULARY THEMES

Fruits
Vegetables
Shopping expressions

GRAMMATICAL STRUCTURES

Comparatives
Superlatives
Formal (Polite) commands

CULTURAL INFORMATION

Specialized grocery stores
Open-air markets
How to pay for purchases

EN CONTEXTO

owner / groceries   Óscar Galeano es el dueño° de una tienda de comestibles° en East Los Angeles, California, una comunidad principalmente hispana.(1) Su esposa María y sus hijas adolescentes Laura y Sara, que nacieron en esa comunidad, también trabajan en la tienda. Ahora Javier González, distribuidor

business   de una empresa° de comestibles, está hablando con la familia Galeano.

JAVIER: Hoy traje algunos productos a buen precio. Miren estas bananas exquisitas de Guatemala. También tengo fruta kiwi de Nueva

sell   Zelanda.(2) Se pueden vender° cuatro por un dólar. Y ¡qué frescas

grapes   están estas uvas° chilenas! Por favor, pruébenlas.

ÓSCAR: ¡Mmm! ¡Estas uvas están ricas, Javier! ¿Sabe qué? La semana pasada vendimos más de mil dólares en frutas y vegetales.

are not afraid   JAVIER: ¡Fenomenal, hombre! Ustedes no le tienen miedo° al trabajo. Por

are so successful   eso tienen tanto éxito° con su tienda.

luck   MARÍA: Y mucha suerte° también, Javier. Hoy usted nos trajo más cosas que la vez pasada, y son de todas partes del mundo.

peppers   JAVIER: Sí, María. Tengo queso de Holanda, pimientos° de México, jugo de naranja del Brasil, sopa de Taiwán y té de Malasia. Pero esta coliflor es del Valle Imperial de California.(3)

best   SARA: Claro, porque los mejores° vegetales son de California, ¿verdad?

sure   ÓSCAR: Pues, no sé, hija. Pero estoy seguro° que el mejor café es de mi país: Colombia. Javier, ¿tiene tiempo de tomarse una taza del rico café colombiano? Acabo de prepararlo.

JAVIER: Claro que sí, Óscar. ¡Muchas gracias!

sit down   MARÍA: Por favor, siéntese° aquí con nosotros.

Notas de texto

1. California now has a huge multicultural society. Large ethnic groups of people including people from many Spanish-speaking countries, Vietnam, Korea and China, live in that state.

2. As in most countries, U.S. grocery stores and supermarkets import foodstuffs from many nations. An increase in imports and exports of food products indicates increasing global interdependence.

3. The Imperial Valley, located in southern California near El Centro, produces large quantities of agricultural products, some of which are exported.

¿Comprendió usted?

1. Los Galeano…
   a. viven en Colombia.
   b. tienen un almacén.
   c. son de Centroamérica.
   d. son muy trabajadores.

2. María…
   a. es la esposa de Javier.
   b. está casada con Óscar.
   c. preparó café para todos.
   d. llegó con el Sr. González.

3. Óscar…
   a. vivía en Colombia.
   b. es un hombre pobre.
   c. nació en California.
   d. está un poco triste.

4. Javier…
   a. nació en otro país.
   b. trabaja para Óscar.
   c. está muy entusiasmado.
   d. almorzó con los Galeano.

5. Javier y Óscar…
   a. toman café colombiano.
   b. nacieron en Guatemala.
   c. son agentes de viaje.
   d. fueron al Valle Imperial.

6. Sara y Laura…
   a. vivieron en Colombia.
   b. son compañeras de clase.
   c. venden frutas y vegetales.
   d. nacieron en el Valle Imperial.

7. Haga parejas entre los productos y su lugar de origen, según lo que usted acaba de leer.

   a. té   Chile
   b. uvas   México
   c. sopa   Brasil
   d. café   Taiwán
   e. jugo   Malasia
   f. kiwi   Holanda
   g. queso   Colombia
   h. coliflor   Guatemala
   i. bananas   California
   j. pimientos   Nueva Zelanda

C·U·L·T·U·R·A

A comprar comestibles

Aunque cada año los supermercados en Latinoamérica y los hipermercados en España son más populares, muchas personas prefieren comprar comida en tiendas más pequeñas. En España también hay tiendas de ultramarinos, en las que se venden productos de diferentes países además de los productos del país. En Puerto Rico y en España, las tiendas pequeñas de barrio° se llaman *colmados*. Allí uno puede encontrar productos de primera necesidad.

Hay muchos tipos de tiendas pequeñas, cuyos nombres terminan en *-ería*, por ejemplo: se puede ir a una lechería para comprar leche, a una

neighborhood

¿Qué se vende en esta pequeña tienda? ¿Cree usted que los precios están altos o bajos aquí? ¿Por qué?

huevería para comprar huevos, a una carnicería para comprar bistec, jamón y otras carnes y a una panadería para comprar pan. Muchas veces se encuentran dos tiendas combinadas en un solo lugar como, por ejemplo, la carnicería-pescadería o la panadería-pastelería.

• • • • • • • • • • • • • • • • • • • •

Preguntas

Responda a las siguientes preguntas. Luego compare sus respuestas con las respuestas de un(a) compañero(a) de clase.

1. Normalmente, ¿dónde compra usted comida? ¿Dónde la compró esta semana?

2. A veces, ¿compra usted comida en otro tipo de tiendas? ¿Qué productos prefiere comprar allí y no en un supermercado? ¿Por qué?

3. En su opinión, ¿qué beneficios hay al comprar comida en distintos tipos de tiendas? En comparación, ¿qué beneficios hay al comprar en un supermercado?

4. Indique la tienda (supermercado o tienda pequeña) con la cual usted asocia más las siguientes frases:

Muchos anuncios	Productos importados
Servicio excelente	Variedad de productos
Los mejores precios	Los productos más frescos
Uso de computadoras	Buena cantidad de productos

VOCABULARIO ESENCIAL

In this section you will learn to name some fruits and vegetables in Spanish and to buy food in Hispanic grocery stores and markets.

Las frutas y los vegetales

En el mercado se venden...

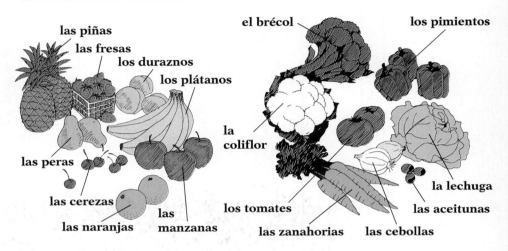

las piñas
las fresas
los duraznos
los plátanos
las peras
las cerezas
las naranjas
las manzanas

el brécol
los pimientos
la coliflor
los tomates
las zanahorias
las cebollas
la lechuga
las aceitunas

Cómo comprar comida

—¿En qué puedo servirle?   *May I help you?*
—Deme dos kilos[1] de esos   *Give me two kilos of those*
  plátanos, por favor.   *bananas, please.*
—Muy bien. ¿Algo más?   *Very well. Anything else?*
—¿Estas aceitunas están frescas?   *Are these olives fresh?*
—Sí, están muy frescas.   *Yes, they're very fresh.*
—Deme medio kilo, por favor.   *Give me a half kilo, please.*
—Medio kilo. Bien. ¿Otra cosa?   *A half kilo. Okay. Anything else?*
—No. Eso es todo, gracias.   *No. That's all, thank you.*

> **"Papas frías en mi casa son mejores que carne asada en la del vecino."**
>
> —refrán popular

---

[1] 1 kilo = 2.2 pounds

MEJORE SU SALUD° Y ALARGUE SU VIDA CON COMIDA

Después de todo la mayoría de las medicinas tienen productos químicos que se encuentran en los vegetales y frutas que están incluidos en nuestra dieta; conozca qué cualidades tienen ciertas frutas y verduras para mejorar y conservar su salud°.

La manzana: reduce el nivel° de colesterol, aminora la presión alta, estabiliza el nivel de azúcar, regula el apetito y reduce los riesgos de contraer resfriados.

Plátanos: previenen las úlceras y reducen el colesterol en la sangre; como contienen potasio ayudan a prevenir enfermedades de los huesos°.

Bróculi: reduce los riesgos de contraer cáncer al colon, porque como es una fibra natural ayuda° a la digestión y mantiene saludable el colon.

Espinacas: ayudan al organismo porque contienen hierro° y combinadas con zanahorias° reducen los riesgos de cáncer en el páncreas.

Ajo: combate infecciones, ayuda a la coagulación de la sangre, combate también la parasitosis y su composición química previene también contra la formación de células cancerígenas, además de que estimula el sistema inmunológico.

salud... *health,* **nivel...** *level,* **huesos...** *bones,* **ayuda...** *helps,* **hierro...** *iron,* **zanahorias...** *carrots*

Practiquemos

• A • **¡Mejore su salud!**   Lea el artículo de arriba. Luego complete las oraciones según lo que leyó.

1. Para reducir los riesgos de contraer cáncer, se debe comer _____, _____ y _____.

2. Dos alimentos que reducen el nivel de colesterol en la sangre son _____ y _____.

3. Los _____ y el _____ son buenos para la sangre.

4. Otra palabra para *vegetales* es _____.

•B• **Preferencias de frutas.**   Pregúntele a un(a) compañero(a) de clase.

1. ¿Comes poca o mucha fruta? Y de niño(a), ¿comías mucha o poca fruta?
2. ¿Cuál es tu fruta preferida? ¿Qué fruta te gustaba de niño(a)?
3. ¿Qué fruta no te gusta? ¿Qué fruta no te gustaba cuando eras niño(a)?
4. ¿Qué fruta prefieres comer con helado? ¿y con cereal?
5. ¿Qué tipo de mermelada te gusta poner en el pan tostado? ¿y de niño(a)?
6. ¿Qué tipo de jugo prefieres: jugo de naranja, de manzana o de tomate? ¿Qué tipo de jugo tomabas de niño(a)?

•C• **Mi lista de comida.**   Escriba una lista de frutas, vegetales y otros productos comestibles que usted quiere comprar esta semana. Luego compare su lista con la lista de un(a) compañero(a) de clase. Después contesten las siguientes preguntas.

1. ¿Quién va a comprar más comida, usted o su compañero(a)?
2. ¿Adónde van ustedes a comprarla? ¿Por qué prefieren comprar allí?
3. ¿Cuál es el producto más importante de sus listas? ¿y el menos importante?

•D• **¿En qué puedo servirle?**   Imagínese que usted está en la sección de un supermercado hispano donde se venden frutas y vegetales. Hable con otro(a) estudiante; una persona es el (la) empleado(a) y la otra es su cliente.

EMPLEADO(A)	CLIENTE
1. (Buenos / Buenas) _____.	2. _____.
3. ¿En qué puedo... ?	4. Pues, deme _____, por favor.
5. ¿Algo más, (señor / señorita / señora)?	6. Sí, quiero _____ (kilo / kilos) de _____.
7. _____. ¿Qué más?	8. ¿Tiene usted _____?
9. Bueno, _____.	10. _____.
11. ¿Otra cosa?	12. No, eso es...
13. _____.	14. _____.

C•U•L•T•U•R•A

Los mercados al aire libre°

open-air

Estas mujeres están vendiendo una gran variedad de vegetales en un mercado al aire libre en Mérida, México.

enclosed

En muchas ciudades hispanas hay mercados cerrados° o mercados al aire libre donde se venden muchos productos diferentes. Mucha gente compra diariamente en estos mercados porque sabe que allí puede encontrar mejores precios que en los supermercados o en las tiendas pequeñas. Además, a veces los productos de los mercados están más frescos que los productos de otros lugares porque vienen directamente de los agricultores, quienes los cultivan en sus granjas°.

farms

Generalmente, los mercados están divididos en varias secciones. Por ejemplo, en una sección se venden frutas y vegetales frescos. En otra sección hay carnes y pescados; también se puede comprar allí mantequilla, huevos, arroz y pan. Otra sección de los mercados está dedicada a la venta de ropa. En algunos mercados en las ciudades grandes también se pueden comprar cosas de interés turístico; como por ejemplo artesanías° típicas de la región. Muchas veces estos artículos no tienen un precio fijo y, por eso, se puede regatear° con los vendedores.

crafts

to bargain

Preguntas

1. En su opinión, ¿cuál es un aspecto interesante de un mercado al aire libre? ¿Quiere usted visitar uno? ¿Por qué?

2. ¿Cuáles son algunas ventajas (beneficios) y desventajas de comprar en un mercado al aire libre?

3. Imagínese que usted está en un mercado al aire libre ahora. ¿A qué sección del mercado le gustaría ir primero? ¿Por qué?

4. Y después, ¿a qué sección le gustaría ir? ¿Por qué?

MOSAICO CULTURAL
Program 10—
Millones en el mercado (*markets and supermarkets*)

GRAMÁTICA ESENCIAL

In this section you will learn how to make comparisons between people, things and places.

Comparatives

English speakers make comparisons either by adding the ending *-er* to an adjective (e.g., fresher) or they use the words *more* or *less* with an adjective (e.g., more appetizing, less expensive). Spanish speakers make comparisons in the following manner.

How to make unequal comparisons

1. Use *más* (more) or *menos* (less) before an adjective, an adverb or a noun, and *que* (than) after it.

más		*adjective*	(frescas)		
	+	*adverb*	(pronto)	+	**que**[1]
menos		*noun*	(dólares)		

—Aquí en el mercado hay **más** frutas **que** en el supermercado.   *Here in the market there are more fruits than at the supermarket.*

—Sí. ¡Mira! Estas peras cuestan **menos de** tres dólares el kilo.   *Yes. Look! These pears cost less than three dollars a kilo.*

—Sí, pero están **menos** frescas **que** ésas.   *Yes, but they're less fresh than those over there.*

2. Irregular comparatives

mejor(es)	*better*	**mayor(es)**	*older*
peor(es)	*worse*	**menor(es)**	*younger*

—Es **mejor** comer fruta **que** dulces entre comidas, ¿no?   *It's better to eat fruit than sweets between meals, isn't it?*

—Claro, porque los dulces son **peores** para los dientes.   *Sure, because sweets are worse for the teeth.*

—¿Es Sara **mayor** que Laura?   *Is Sara older than Laura?*

—No, Javier. Sara es **menor**.   *No, Javier. Sara is younger.*

---

[1] The preposition *de* is used before a number and means *than*; for example: *Tengo más de veinte dólares*. (I have more than twenty dollars.)

How to make equal comparisons

1. Use *tan*[1] (as) before an **adjective** or an **adverb**, and *como* (as) after it.

tan	+	*adjective* (baratos) *adverb* (frecuentemente)		+	**como**

—Estos tomates están **tan** baratos **como** esos pimientos.
These tomatos are as cheap as those peppers.

—Por eso, vengo de compras aquí **tan** frecuentemente **como** puedo.
That's why I shop here as often as I can.

2. Use *tanto / tanta* (as much) or *tantos / tantas*[2] (as many) before a **noun**, and *como* (as) after it.

tanto (trabajo) **tanta** (tarea) **tantos** (exámenes) **tantas** (responsabilidades)	+	**como**

—Cuando eras niño, ¿tenías **tanta** tarea **como** yo, papá?
When you were a boy, did you have as much homework as me, Dad?

—Claro, Laura. También tenía **tanto** trabajo y **tantas** responsabilidades **como** tienes en nuestra tienda.
Of course, Laura. I also had as much work and as many responsibilities as you have in our store.

—Pero estoy segura que no tenías **tantos** exámenes **como** yo, papá.
But I'm sure that you didn't have as many tests as me, Dad.

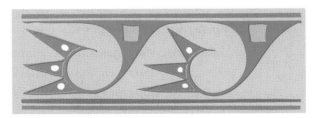

---

[1] *Tan* can also be used for emphasis; two examples: ¡*Este mercado es tan grande*! (This market is so big!) / ¡*Qué día tan bonito!* (What a beautiful day!)

[2] *Tanto(s) / Tanta(s)* can also be used to show a great amount of something; for example: ¡*Hace tanto calor!* (It's so hot!)

Practiquemos

•A• **¿Qué tienen?** Compare con otro(a) estudiante la cantidad de cosas que tienen Sara y Laura y sus dos amigos Beti y Tomás, usando **más / menos...que, tan...como o tanto(s) / tanta(s)...como.**

> **Ejemplo:** regalos
>
> A: *Cuántos regalos tiene Sara?*
> B: *Sara tiene menos regalos que Laura.*

SARA   **LAURA**

tarjetas postales   **cintas de música**

BETI   **TOMÁS**

•B• **¿Cómo es usted?** Complete las siguientes oraciones con un(a) compañero(a) de clase. Los tres puntos (...) indican otras posibilidades.

> **Ejemplos:** Soy más / menos guapo(a) que...
>
> *Soy menos guapa que Jodie Foster.*
> *Soy más guapa que mi hermana.*

1. Soy más / menos guapo(a) que _____.
   a. Jodie Foster   b. Kevin Costner   c. ...

2. Estoy tan ocupado(a) como _____.
   a. mi hermano(a)   b. mi profesor(a)   c. ...

3. Hablo inglés mejor / peor que _____.
   a. Barbara Walters   b. Daffy Duck   c. ...

4. Hago tanto ejercicio como _____.
   a. Jane Fonda   b. Road Runner   c. …
5. Tengo más / menos problemas que _____.
   a. mis padres   b. mis amigos   c. …

• C • ¿Qué opina usted?   Escriba un párrafo y haga comparaciones entre los supermercados y las tiendas. Use las palabras de las dos listas y otras palabras que usted sepa.

Ejemplo: *Los empleados de la tienda donde yo compro comida son más simpáticos que los empleados del supermercado de mi barrio. También el servicio es mejor, y muchas veces los productos están tan baratos como en el supermercado.*

PERSONAS Y COSAS		ADJETIVOS	
los precios	caro	fresco	mejor
el servicio	malo	barato	ocupado
los productos	peor	simpático	bajo (*low*)
los empleados	bueno	alto (*high*)	trabajador

Superlatives

English speakers single out someone or something from a group by adding the ending -*est* to an adjective (e.g., warmest), or they use expressions such as *the most* and *the least* with an adjective (e.g., the most elegant, the least expensive). Spanish speakers form superlatives as follows.

How to form superlatives

1. Use a definite article before the person, thing or place being compared, plus *más* (most) or *menos* (least), plus an adjective.

el (novio) **la** (hermana)	+	**más** **menos**	+	*adjective*
los (padres) **las** (compañeras)				

—Tengo mucha suerte, mamá.   *I'm very lucky, Mom.*
—¿Por qué, Laura?   *Why, Laura?*
—Porque tengo **los** padres **más** generosos, **la** hermana **más** inteligente, **el** novio **más** guapo y **las** compañeras **más** simpáticas del mundo.[1]   *Because I have the most generous parents, the most intelligent sister, the most handsome boyfriend and the nicest girlfriends in the world.*

---
[1] Use the word *de* to express **in** or **at** after superlatives if they are followed by a noun, as in this example.

2. Irregular superlatives:

el la los las	mejor(es) peor(es) menor(es) mayor(es)	best worst youngest oldest

—Los Galeano tienen una de **las mejores** tiendas del barrio.　　*The Galeanos have one of the best stores in the neighborhood.*

—Sí, y creo que la tienda Fonseca es **la peor**.　　*Yes, and I think the Fonseca store is the worst.*

—¿Cuántos niños tiene usted?　　*How many children do you have?*

—Tengo dos. Susana es **la mayor** y Pedro es **el menor**.　　*I have two. Susana is the oldest and Pedro is the youngest.*

Practiquemos

• D • Comparaciones de comidas.　　Conteste las siguientes preguntas lógicamente.

COMIDA	FIBRA (*FIBER*) (EN GRAMOS)
1 pera	1,5
1 durazno	1,5
10 papas fritas	2,1
1 manzana mediana	3,7

1. ¿Tienen las peras más o menos fibra que los duraznos?
2. ¿Qué comida tiene más fibra? ¿Y cuál es la que tiene menos?
3. ¿Qué comida le gusta más a usted, y por qué?

FRUTA	CALORÍAS	QUESO	CALORÍAS
pera	100	cheddar	113
manzana	80	colby	111
naranja	58	mozzarella	80

4. ¿Qué fruta y queso tienen menos calorías?
5. ¿Cuál es la mejor combinación de queso y fruta?
6. ¿Qué fruta y queso le gustan a usted? ¿Por qué?

• E • Mis opiniones personales.　　Exprese sus opiniones con un(a) compañero(a) de clase.

1. En mi opinión, el mejor restaurante de esta ciudad es _____. Creo que una de las mejores comidas de ese restaurante es _____. Al contrario, el peor restaurante por aquí es _____. ¿Qué crees tú?

2. La mejor música es _____. Uno(a) de los (las) mejores cantantes del mundo se llama _____; me gusta mucho su música. Al contrario, uno de los (las) peores cantantes se llama _____; su música es horrible.

3. Creo que una de las mejores películas recientes es _____. Los actores de esa película son _____ y _____. Al contrario, una de las peores películas recientes se llama _____; es una mala película.

• F • ¡Vamos a votar!   Escriba cuatro oraciones que describan a cuatro estudiantes diferentes de su clase de español, según las cuatro categorías de personalidad de la lista. Luego usted debe darle las oraciones a su profesor(a), quien va a anunciar los resultados.

Ejemplos: *Janice es la estudiante más generosa de la clase.*

Greg es el estudiante menos tímido de la clase.

CATEGORÍAS DE PERSONALIDAD

más contento(a)   menos tímido(a)

más generoso(a)   menos perezoso(a)

C • U • L • T • U • R • A

Cómo pagar las compras

En las tiendas pequeñas tanto como en los mercados al aire libre, los clientes le indican al empleado lo que quieren, sin tocar° las cosas. Cuando quieren comprar algo, el empleado lo lleva a la caja° donde los clientes le pagan al cajero o a la cajera. Luego esta persona les da a los clientes la compra con un recibo° en una bolsa.

touching
cash register

receipt

¿A usted le gustan las frutas frescas? Venga aquí a este mercado en las Ramblas de Barcelona, España.

Conversación

Hable con otro(a) estudiante.

1. Compare la manera hispana de comprar en una tienda pequeña o en un mercado con la manera en la que usted compra la comida en un supermercado.
2. ¿Cuáles son las ventajas y las desventajas de estos dos sistemas?
3. De los dos sistemas, ¿cuál prefiere usted y por qué?

 GRAMÁTICA ESENCIAL

In this section you will learn to give advice and make requests to people you address with *usted* or *ustedes*.

Formal (Polite) Commands

When we give advice to others or ask them to do something, we often use commands such as *Don't buy produce at that store* and *Give me a pound of those apples, please.* Spanish speakers use formal commands when they address people as *usted* or *ustedes*.

How to form formal commands

1. For most Spanish verbs, drop the -*o* ending from the present tense *yo* form and add the following endings to the verb stem: -*e* / -*en* for -*ar* verbs; -*a* / -*an* for -*er* and -*ir* verbs.

FORMAL COMMANDS

	INFINITIVE	YO FORM	USTED	USTEDES
-*ar* verbs	hablar	hablo	hable	hablen
-*er* verbs	volver	vuelvo	vuelva	vuelvan
-*ir* verbs	venir	vengo	venga	vengan

—**Pruebe** estas uvas chilenas.   *Try these Chilean grapes.*
—¡Qué ricas! Queremos un kilo.   *How delicious! We want a kilo.*
—Aquí tiene. **Vuelvan** pronto.   *Here you are. Come back soon.*

2. Verbs ending in -*car*, -*gar* and -*zar* have a spelling change: *c* changes to *qu*, *g* changes to *gu* and *z* changes to *c*.

INFINITIVE	USTED	USTEDES
sacar	saque	saquen
llegar	llegue	lleguen
comenzar	comience	comiencen

Javier, **almuerce** con nosotros.   *Javier, have lunch with us.*

Comiencen a comer, por favor.   *Begin eating, please.*

> **¡CUIDADO!** Stem-changing verbs retain their vowel change in formal commands, as in the example at the bottom of page 206 (*comenzar: e→ie = comiencen*).

3. Several irregular verbs vary from the preceding pattern. They have the following command forms.

INFINITIVE	USTED	USTEDES
dar	**dé**	**den**
estar	**esté**	**estén**
ir	**vaya**	**vayan**
saber	**sepa**	**sepan**
ser	**sea**	**sean**

—**Denos** un kilo de peras.   *Give us a kilo of pears.*
—Aquí tiene, señor Rivera.   *Here you are, Mr. Rivera.*
—Gracias. ...Ay, niños...,   *Thank you. . . . Oh, children . . .*
  sean buenos!   *be good!*

4. In affirmative commands, attach reflexive and object pronouns to the end of the command, thus forming one word. If the command has three or more syllables, write an accent mark over the stressed vowel. In negative commands, place the pronouns separately in front of the verb.

—**Pruébese** este suéter.   *Try this sweater on.*

—**No se lo pruebe.**   *Don't try it on.*

—**Tráiganos** otro café.   *Bring us another coffee.*

—**No nos traiga** más té.   *Don't bring us more tea.*

Practiquemos

•**A**• **Escuchen a su jefe.**   Javier González está hablando con dos dependientes que acaban de comenzar a trabajar para él. ¿Qué les dice?

Ejemplo: llegar a tiempo todos los días
              Lleguen a tiempo todos los días.

1. comenzar a trabajar a las nueve
2. tener paciencia con los clientes
3. escuchar lo que les preguntan y dicen
4. contestar sus preguntas y comentarios
5. servirles a los clientes rápidamente
6. nunca comer mientras están trabajando
7. llamarme si no pueden venir a trabajar

• **B** • **¡Qué manzanas tan ricas!**   ¿A usted le gustan las manzanas y el helado? Complete esta receta venezolana, usando los mandatos formales de los verbos indicados.

remojar
  (*to soak*)
cortar
  (*to cut*)
poner
  (*to put in*)
adornar
  (*to adorn*)
sacar
  (*to take out*)
escurrir
  (*to drain*)

Manzanas rellenas (*filled*) de helado

6 manzanas rojas
1 litro de helado de vainilla
6 galletas de barquillo
    con chocolate

_____ la parte superior de la manzana, horizontalmente. _____ la pulpa para poner ahí el helado. _____ las manzanas en agua con un poco de sal para que no se pongan negras y 15 minutos antes de servirlas, _____ las. Ya para servir, _____ el helado y _____ con las galletas.

• **C** • **Cómo vivir bien.**   María Galeano está mirando un programa de televisión, una entrevista con una sicóloga. Complete su entrevista con los mandatos afirmativos y negativos de los verbos entre paréntesis.

ALBERTA: Doctora, ¿qué aconseja (*advise*) sobre cómo vivir saludable-mente?

DOCTORA: Primero, (tomar) <u>tome</u> un buen desayuno todos los días, pero no (comer) _____ mucha comida dulce como los pasteles. Segundo, (poner) _____ en la mesa fruta fresca especialmente para los niños, y (servir) <u>les</u> yogur porque es nutritivo.

ALBERTA: Mmm. ¡A mí me gusta el yogur con fresas! ¿Está bien tomar los refrescos dietéticos, doctora?

DOCTORA: Con moderación, sí. Pero no los (beber) _____ con frecuencia porque contienen mucha cafeína. Por esta razón tampoco (tomar) _____ mucho café.

ALBERTA: Buenos consejos, doctora. ¿Cuántas horas cree usted que debe-mos dormir cada día, perdón… cada noche?

DOCTORA: Depende de la persona. (Dormir) _____ lo necesario y nada más. No (acostarse) _____ muy tarde ni (levantarse) _____ muy tarde. Si duerme mal, (leer) _____ o (escuchar) _____ música clásica antes de acostarse y (pensar) _____ en algo tranquilo.

ALBERTA: Muy bien. Es importante tener una vida social, ¿verdad?

DOCTORA: Sí, sí. (Hacer) <u>se</u> muchos amigos y (salir) _____ con ellos frecuentemente. (Ir) _____ (ustedes) al cine, (correr) _____ jun-tos por algún parque o (invitar) <u>los</u> a comer a su casa fre-cuentemente. En una palabra: (divertirse) _____ con sus amigos, y (vivir) _____ sin preocupaciones.

ALBERTA: Doctora, muchas gracias por estos consejos tan valiosos.

DOCTORA: De nada, señorita.

ATAJO

Phrases / Functions:
asking for help; asking in a store; asking the price
Vocabulary: stores; stores and products
Grammar: verbs: imperative *el imperativo*; verbs: imperative *usted(es)*; demonstr. adj: *este, ese, aquel*; demonstr. neuter: *esto, eso, aquello*

•D• **En una tienda pequeña.**   Escriba una conversación entre un(a) empleado(a) de una tienda pequeña (por ejemplo, una pastelería) y su cliente. Use mandatos formales afirmativos y negativos, apropiadamente, y use las palabras y frases que usted ya sabe.

ASÍ SE DICE

Sustantivos
los productos comestibles
   groceries
el (la) dueño(a)   *owner*
la empresa   *business*
el precio   *price*
la venta   *sale*

Las frutas
la cereza   *cherry*
el durazno (el melocotón)
   peach
la fresa   *strawberry*
la manzana   *apple*
la naranja   *orange*
la pera   *pear*
la piña   *pineapple*
el plátano (la banana)   *banana*

Los vegetales
la aceituna   *olive*
el brécol (el bróculi)   *broccoli*
la cebolla   *onion*
la coliflor   *cauliflower*

la lechuga   *lettuce*
el pimiento   *pepper*
el tomate   *tomato*
la zanahoria   *carrot*

Las cantidades   *(Quantities)*
el kilo   *kilo*
medio kilo   *one-half kilo*

Adjetivos
alto   *high*
bajo   *low*
fresco   *fresh*
seguro   *sure*

Comparativos y superlativos
bueno, mejor, el (la) / los (las) mejor(es)   *good, better, the best*
malo, peor, el (la) / los (las) peor(es)   *bad, worse, the worst*
el (la) más + adjective   *the most _____, the _____-est*

más / menos que   *more / less than*
tan...como   *as . . . as*
tanto / tanta...como   *as much . . . as*
tantos / tantas...como   *as many . . . as*

Verbos
sentarse (e→ie)   *to sit down*
vender   *to sell*

Expresiones idiomáticas
¿Algo más?   *Anything else?*
¿En qué puedo servirle?   *How may I help you?*
por nada   *you're welcome*
¿Otra cosa?   *Anything else?*
¿Qué más?   *What else?*
tener éxito   *to be successful*
tener miedo   *to be afraid*
tener suerte   *to be lucky*

· Lección 11 ·

¿Cuánto cuesta esa blusa?

ENFOQUE

COMMUNICATIVE GOALS

You will be able to ask questions and express your needs in department stores and nonfood specialty stores.

LANGUAGE FUNCTIONS

Stating preferences
Discussing what to wear
Speaking with salesclerks
Persuading others
Expressing wants
Expressing intentions

VOCABULARY THEMES

Clothing
Clothing accessories
Colors
Shopping expressions
Numbers over 2,000

GRAMMATICAL STRUCTURES

Present subjunctive following *querer*

CULTURAL INFORMATION

American versus European clothing sizes
Shopping in specialized nonfood stores
Store hours in Spanish-speaking countries

EN CONTEXTO

Juana Sánchez trabaja en un almacén pequeño en East Los Angeles.(1)
Ahora ella está hablando con su cliente Laura Galeano.

JUANA: ¿En qué puedo servirle, señorita?

LAURA: El sábado voy a la fiesta de mi mejor amiga y quiero comprarle un
regalo para su cumpleaños. ¿Qué me sugiere° usted?

suggest

JUANA: Pues,… tal vez° una bolsa° o una cartera°. Por ejemplo, mire estas
bolsas tan bonitas. Hay de Gucci, de Pierre Cardin y…(2)

maybe / purse / wallet

LAURA: Perdón, pero están muy caras y tengo poco dinero. Quiero
regalarle a mi amiga algo elegante, pero no caro.

JUANA: Entonces°, ¿quiere que le enseñe algo más barato? Bueno, tenemos
una buena selección de joyas baratas. Por ejemplo, mire estos collares… y estos brazaletes. ¿Le gustan?

Then

LAURA: Sí, pero mi amiga ya tiene muchas joyas. ¿Cuánto cuesta esa blusa
rosada°?

pink

JUANA: Cuarenta y nueve dólares. Es bonita, ¿verdad?

LAURA: Sí, muy bonita. Pero no sé la talla° que usa mi amiga. Y no quiero
gastar tanto dinero… porque, la verdad° es que no lo tengo.

size
truth

JUANA: ¿Tiene usted tarjeta de crédito, señorita?

LAURA: No. Mis padres no quieren que tenga. Siempre quieren que pague
al contado°. Perdón, ese paraguas° rosado, ¿cuánto cuesta?

in cash / umbrella

JUANA: Veintidós dólares. Es un regalo muy práctico… y elegante.

LAURA: Pues, el mes próximo mi amiga va a ir a visitar a sus tíos a
Oregón. Ella me dijo que llueve mucho allí. Creo que un paraguas
es un regalo perfecto para ella. Quiero uno de ésos, por favor.

JUANA: Muy bien, señorita.

Notas de texto

1. In East Los Angeles and in many other cities across the U.S. there are
prosperous small businesses owned and operated by Hispanic
Americans.

2. Department stores in the United States and abroad import goods from
many different countries. In fact, many people prefer imported styles
and brands over nationally-produced goods for a variety of reasons.

¿Comprendió usted?

• A • Escriba un resumen breve en inglés sobre el diálogo de arriba;
escriba no más de 35 palabras.

• B • Complete las siguientes oraciones según lo que usted acaba de leer.

1. Ahora Laura está en… (una tienda / su casa / un almacén).

2. El sábado ella va… (a una fiesta / de compras / al cine).

3. Su amiga vive en… (Oregón / California / otro estado).

4. Laura decide comprar… (una blusa / una bolsa / un paraguas).
5. El regalo que Laura compró es / está… (caro / práctico / blanco).
6. Laura pagó el regalo (con una tarjeta de crédito / al contado).
7. Juana es una mujer muy (persuasiva / impaciente / simpática).

VOCABULARIO ESENCIAL

In this section you will talk and write about clothing and accessories.

Cómo conversar sobre la ropa

La ropa y las cosas accesorias

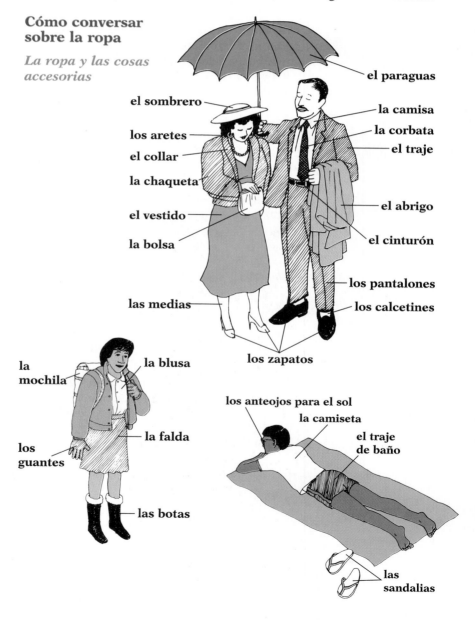

el paraguas
el sombrero
la camisa
los aretes
la corbata
el collar
el traje
la chaqueta
el vestido
el abrigo
la bolsa
el cinturón
los pantalones
las medias
los calcetines
los zapatos

la mochila
la blusa
la falda
los guantes
las botas

los anteojos para el sol
la camiseta
el traje de baño
las sandalias

Practiquemos

• A • **¿Qué lleva usted?**   Complete las siguientes oraciones, según las situaciones. Los tres puntos (...) representan otras posibilidades.

1. En clase llevo...
    a. una blusa y falda.
    b. un vestido y botas.
    c. una camiseta y jeans.
    d. una camisa y pantalones.
    e. ...

2. Cuando hace frío prefiero llevar...
    a. un abrigo y guantes.
    b. calcetines con botas.
    c. un sombrero y guantes.
    d. un suéter y una chaqueta.
    e. ...

3. Cuando voy a nadar llevo...
    a. mi traje de baño.
    b. un sombrero grande.
    c. anteojos para el sol.
    d. una mochila con mis cosas.
    e. ...

4. Para ocasiones formales me pongo...
    a. un collar y aretes.
    b. un traje bien hecho.
    c. una camisa con corbata.
    d. medias y zapatos elegantes.
    e. ...

• B • **Zapatos "Hush Puppies".**   Lea el siguiente anuncio; luego conteste las preguntas. Use un diccionario bilingüe cuando sea necesario.

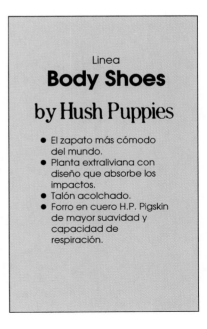

Línea
Body Shoes
by Hush Puppies

- El zapato más cómodo del mundo.
- Planta extraliviana con diseño que absorbe los impactos.
- Talón acolchado.
- Forro en cuero H.P. Pigskin de mayor suavidad y capacidad de respiración.

1. ¿Por qué son tan cómodos (*comfortable*) los zapatos Hush Puppies?

2. ¿De qué material son estos zapatos?

3. En su opinión, ¿por qué se usa un poco de inglés en el anuncio?

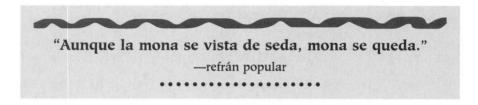

"Aunque la mona se vista de seda, mona se queda."
—refrán popular

Los colores[1]

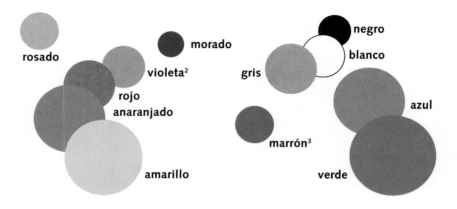

Practiquemos

• C • **Mis preferencias.**   Pregúntele a un(a) compañero(a) de clase.

1. ¿Tienes pocas o muchas camisetas? Más o menos, ¿cuántas? ¿De qué colores son? ¿Cuál es tu color preferido?

2. ¿Cuántos pares de zapatos de tenis tienes? ¿Están viejos o nuevos? ¿De qué colores son?

3. ¿Tienes un traje de baño? (¿Sí? ¿De qué color es?) ¿Dónde te gusta nadar, y por qué? ¿Nadas bien, mal o no sabes nadar?

4. ¿Cómo llevas tus libros a clase: en la mano, en una bolsa o en una mochila? Normalmente, ¿cuántos libros llevas a clase? ¿Cuáles son?

5. Si está lloviendo cuando vas a clase, ¿llevas un paraguas? (¿Sí? ¿De qué color es?) Si hace frío, ¿qué ropa te pones?

---

[1] To express the meaning of light or dark with most colors, use *claro* or *oscuro*, respectively. *azul claro* light blue *azul oscuro* dark blue

[2] The color *violeta* is used with masculine or feminine nouns (e.g., *vestido violeta, blusa violeta*).

[3] Spanish speakers use other words for the color brown such as *café* (for eyes), *castaño* (for eyes and hair) and *pardo*. The color *café* does not have plural forms (e.g., *ojos café*). In Cuba, Puerto Rico, and several other areas of the Spanish-speaking world, the word *moreno* is used to denote dark or brown skin. In other Hispanic countries, however, *moreno* refers to a person with dark hair and eyes. In Mexico, *moreno* refers to a person with very dark skin.

•D• **Situaciones.**   Hable con otro(a) estudiante. Primero, lean e imagínense las siguientes situaciones. Luego respondan a las preguntas.

1. Hace sol, está despejado y no hace viento. Ustedes y dos amigos quieren montar en bicicleta en un parque bonito. ¿Qué ropa van a ponerse y qué cosas van a llevar con ustedes?

2. El próximo domingo su amiga puertorriqueña va a cumplir quince años y ustedes están invitados a su fiesta. ¿Qué ropa van a llevar? ¿Qué van a regalarle a su amiga?

3. Ustedes piensan ir de vacaciones a Cancún, México, por dos semanas en diciembre cuando allí hace muy buen tiempo. ¿Qué ropa y cosas accesorias van a llevar?

4. Una amiga los (las) invitó a ustedes a esquiar en Vail, Colorado, por cinco días en diciembre. Ustedes aceptan la invitación. ¿Qué ropa van a llevar?

"*Mujer tendida en hamaca*"

Levi's

JEANS FOR WOMEN

Levi's Serie 900°. Ahora con el entalle, el estilo y los tamaños sólo para mujer.

Cómo comprar la ropa

—¿En qué puedo servirle?   *May I help you?*
—Quiero comprar un suéter.   *I want to buy a sweater.*

—¿Qué talla usa usted, señor?	*What size do you wear, sir?*
—Cuarenta y dos.	*Forty-two.*
—Aquí tiene dos de esa talla.	*Here are two in that size.*
—Prefiero este azul.	*I prefer this blue one.*
—¿Quiere usted probárselo?	*Do you want to try it on?*
—Sí, gracias. (Se lo prueba.) ¿Qué le parece?	*Yes, thank you. (He tries it on.) What do you think?*
—Le queda muy bien, señor.	*It fits you very well, sir.*
—¿Cuánto cuesta?	*How much is it?*
—Veinte mil pesos, señor.	*Twenty thousand pesos, sir.*
—Bien. Me lo llevo.	*Good. I'll take it.*

C • U • L • T • U • R • A

Las tallas de ropa

En España y en la mayoría de los países latinoamericanos, los números de las tallas de ropa difieren de los de los Estados Unidos y del Canadá. Consulte el siguiente cuadro para averiguar las tallas correctas para usted.

DAMAS

VESTIDOS / TRAJES

norteamericano	6	8	10	12	14	16	18	20
europeo	34	36	38	40	42	44	46	48

CALCETINES / PANTIMEDIAS

norteamericano	8	8½	9	9½	10	10½
europeo	0	1	2	3	4	5

ZAPATOS

norteamericano	6	6½	7	8	8½	9
europeo	36	37	38	38½	39	40

CABALLEROS

TRAJES / ABRIGOS

norteamericano	36	38	40	42	44	46
europeo	46	48	50	52	54	56

CAMISAS

norteamericano	14	14½	15	15½	16	16½	17	17½	18
europeo	36	37	38	39	41	42	43	44	45

ZAPATOS

norteamericano	5	6	7	8	8½	9	9½	10	11
europeo	37½	38	39½	40	41	42	43	44	46

Actividad

1. Señora / Señorita: Indique su número o talla.

   Zapatos:

   Vestidos / Trajes:

   Calcetines / Pantimedias:

2. Señor: Indique su número o talla.

   Camisas:

   Zapatos:

   Trajes / Abrigos:

Practiquemos

• E • En una tienda de ropa.   Hable con otro(a) estudiante: una persona es el (la) dependiente y la otra persona es su cliente.

DEPENDIENTE	CLIENTE
1. Salude a su cliente.	2. Responda apropiadamente.
3. Pregúntele cómo le puede servir.	4. Dígale qué quiere probarse.
5. Pregúntele sobre su talla.	6. Conteste la pregunta.
7. Busque la talla; enséñele la ropa.	8. Decida comprar o no comprar.
9. Termine la conversación.	10. Responda apropiadamente.

• F • Situaciones.   Hable con un(a) compañero(a) de clase.

1. A: You are a new employee in a shoe store. Naturally, you want to make a lot of commissions and to impress your boss. Try to convince your customer to buy two pairs of shoes and several pairs of socks.

   B: You want to buy a pair of shoes, but you are a frugal customer. Once you find a pair you like, buy **only** the shoes.

2. A: You are a salesclerk in an exclusive women's boutique. You are very patient and polite with all your customers. Try to sell several articles of clothing and clothing accessories to the customer who just entered the boutique.

   B: You are a wealthy person who shops carefully for clothes. Today you want to buy a few articles of clothing, but you are undecided about certain color combinations of clothes. Seek the help of the salesclerk in the store, then decide to buy something. Ask lots of questions about the clothes and their prices.

3. A: You are going to a semiformal party with one of your best friends. You want to really dress up for the occasion because you enjoy wearing beautiful clothes, and you want to create a good impression at the party. Telephone your friend to convince him or her to dress well.

   B: You are an easygoing person who takes life as it comes. You like to dress casually no matter what the occasion, and you don't like to spend money on the latest fashions in clothing and clothing accessories. Express these feelings when your friend speaks with you over the phone.

MOSAICO CULTURAL

Program 11—Hecho a mano (pre-Columbian regional arts and crafts)

Los números más allá de 2.000

2.000	dos mil	**1.000.000**	un millón
200.000	doscientos(as) mil	**2.000.000**	dos millones

1. Use **mil** to express numbers over 1,000.

2.000	dos mil	**20.000**	veinte mil

2. Note that when writing numbers, Spanish uses a period where English uses a comma, and vice versa.

English: $2,500.75   Spanish: $2.500,75

Practiquemos

• **G** • **¡Qué precios!**   El Corte Inglés, un almacén español, tiene una liquidación hoy. Lea los precios normales y los precios especiales de las siguientes cosas (135 pesetas españolas [ptas.] = un dólar estadounidense).

Ejemplo: Suéter PIERRE CARDIN 17.250 ptas. → 14.000 ptas.

El precio normal de este suéter es diecisiete mil doscientos cincuenta pesetas. Hoy el precio es catorce mil pesetas.

		PRECIO NORMAL	PRECIO ESPECIAL
1.	Bolsa GUCCI	40.250 ptas.	35.500 ptas.
2.	Reloj ROLEX	575.000 ptas.	500.000 ptas.
3.	Chaqueta VACCA	230.000 ptas.	160.450 ptas.
4.	Zapatos FERRAGAMO	57.500 ptas.	40.000 ptas.
5.	Vestido CALVIN KLEIN	1.150.000 ptas.	975.000 ptas.
6.	Traje de baño GOTTEX	37.500 ptas.	32.350 ptas.

• **H** • **¿Cuánto cuestan?**   Dígale a un(a) compañero(a) de clase el precio apropiado en dólares estadounidenses de las siguientes cosas.

Ejemplo: un televisor a colores muy grande
Cuesta dos mil quinientos dólares.

1. un Mercedes-Benz rojo, modelo 450 SEL
2. una semana en DisneyWorld para dos personas
3. una bicicleta de montaña con 21 velocidades
4. un condominio elegante en Hawai con tres dormitorios
5. una computadora IBM o Macintosh con una impresora laser

ATAJO
Phrases / Functions: describing objects; expressing an opinion
Vocabulary: clothing; materials; colors

• **I** • **¡Soy rico(a)!**   Imagínese que uno de sus parientes ricos (*rich*) le regaló a usted mil dólares. Ahora usted quiere comprar ropa con el dinero. Escriba un párrafo, describiendo 1. las prendas (*articles*) de ropa, 2. las tallas, 3. los colores y 4. los precios en dólares estadounidenses.

Las pequeñas tiendas

merchandise

En los países de habla hispana, es frecuente encontrar tiendas pequeñas que se especializan en la venta de ciertas mercancías°, a diferencia de los Estados Unidos o el Canadá. En la *Lección 10* usted aprendió los nombres de algunas de estas tiendas por ejemplo: la panadería, la carnicería, la pastelería. A veces se encuentran dos tiendas combinadas en una sola

dry cleaner's

tienda, por ejemplo: una joyería-relojería o una lavandería-tintorería°. Hay otras tiendas que tienen más de un nombre, por ejemplo: en México se compran aspirinas en una farmacia, en una botica o en una droguería.

hair salon / haircut

Los hombres y las mujeres van a una peluquería° para un corte de pelo°,

fixed

pero solamente los hombres van a una barbería. En la mayoría de estas tiendas, los precios son fijos°, y los clientes pagan al contado, con cheque o con tarjeta de crédito.

¿Qué tipos de productos se pueden comprar en esta pequeña tienda?

• • • • • • • • • • • • • • • • •

¿En qué se especializan?

Cuéntele a otro(a) estudiante qué se vende en las siguientes tiendas.

Ejemplo: joyería → *Se venden joyas.*

florería	camisería	perfumería	relojería	papelería
librería	zapatería	juguetería	sombrerería	

GRAMÁTICA ESENCIAL

In this section you will learn to express wants and intentions.

Present Subjunctive Following the Verb querer

You have used the present indicative to state facts, to describe conditions, to express actions and to ask questions.

Susana **es** la amiga de Laura.	*Susana is Laura's friend.*
Llueve mucho en Oregón.	*It rains a lot in Oregon.*
Juana y Laura **están hablando.**	*Juana and Laura are talking.*
¿Le **gusta** esa blusa rosada?	*Do you like that pink blouse?*

The present subjunctive has many uses in Spanish. One very common use is to express what people want others to do.

Susana quiere que Laura la **visite**.	*Susana wants Laura to visit her.*
Ella quiere que **vaya** el sábado.	*She wants her to go on Saturday.*

How to form the present subjunctive

1. To form the present subjunctive of most verbs, drop the *-o* from the present indicative *yo* form, then add the endings shown.

	-ar verbs	*-er* verbs	*-ir* verbs
	lavarse	**hacer**	**escribir**
(yo)	me lav**e**	hag**a**	escrib**a**
(tú)	te lav**es**	hag**as**	escrib**as**
(usted, él / ella)	se lav**e**	hag**a**	escrib**a**
(nosotros / nosotras)	nos lav**emos**	hag**amos**	escrib**amos**
(vosotros / vosotras)	*os lav**éis***	*hag**áis***	*escrib**áis***
(ustedes, ellos / ellas)	se lav**en**	hag**an**	escrib**an**

—Quiero que te **pongas** un suéter.	*I want you to put on a sweater.*
—¿Por qué, mamá?	*Why, Mom?*
—No quiero que **tengas** frío.	*I don't want you to be cold.*

2. The stem of verbs that end in *-car*, *-gar* and *-zar* have a spelling change. Note the similarity to their formal command forms.

—Papá quiere que yo **busque** trabajo.	*Dad wants me to look for work.*
—Sí, quiere que **comiences** pronto.	*Yes, he wants you to start soon.*

3. Stem-changing verbs that end in *-ar* and *-er* have the same stem changes (*e → ie, o → ue*) in the present indicative and in the present subjunctive.

pensar (e → ie)		volver (o → ue)	
PRESENT INDICATIVE	PRESENT SUBJUNCTIVE	PRESENT INDICATIVE	PRESENT SUBJUNCTIVE
pienso	piense	vuelvo	vuelva
piensas	pienses	vuelves	vuelvas
piensa	piense	vuelve	vuelva
pensamos	pensemos	volvemos	volvamos
pensáis	*penséis*	*volvéis*	*volváis*
piensan	piensen	vuelven	vuelvan

—Laura, ¿qué te dijo papá?   *Laura, what did Dad tell you?*
—Quiere que **volvamos** a casa.   *He wants us to go back home.*

4. Stem-changing verbs that end in *-ir* have the same stem changes (*e → ie, o → ue*) in the present indicative and in the present subjunctive. The *nosotros* and *vosotros* forms have a stem change (*e → i, o → u*) in the present subjunctive.

divertirse (e → ie)		dormir (o → ue)	
PRESENT INDICATIVE	PRESENT SUBJUNCTIVE	PRESENT INDICATIVE	PRESENT SUBJUNCTIVE
me divierto	me divierta	duermo	duerma
te diviertes	te diviertas	duermes	duermas
se divierte	se divierta	duerme	duerma
nos divertimos	nos divirtamos	dormimos	durmamos
os divertís	*os divirtáis*	*dormís*	*durmáis*
se divierten	se diviertan	duermen	duerman

—Quiero que **te diviertas**, Laura.   *I want you to have fun, Laura.*
—Gracias. Y quiero que **recuerdes** escribirme. ¡Hasta luego!   *Thanks. And I want you to remember to write me. See you later!*

5. Verbs like *pedir* and *servir* that end in *-ir* and have an *e → i* stem change in the present indicative, have the same stem change in the present subjunctive. The *nosotros* and *vosotros* forms of these verbs have the same stem change (*e → i*) in the present subjunctive.

—Quiero que nos **sirvan** pronto.   *I want them to serve us soon.*
—¿Quieres que **pidamos** por ti?   *Do you want us to order for you?*
—No, gracias. Yo puedo hacerlo.   *No, thanks. I can do it.*

6. Some verbs have irregular forms in the present subjunctive because their stems are **not** based on the *yo* form of the present indicative.

dar	estar	ir	saber	ser
dé	esté	vaya	sepa	sea
des	estés	vayas	sepas	seas
dé	esté	vaya	sepa	sea
demos	estemos	vayamos	sepamos	seamos
deis	*estéis*	*vayáis*	*sepáis*	*seáis*
den	estén	vayan	sepan	sean

—No quiero que te **vayas** ahora. *I don't want you to go now.*

—Quiero que **seas** más paciente. *I want you to be more patient.*

—Quiero que **estés** conmigo, amor. *I want you to be with me, love.*

How to use the present subjunctive

1. A form of the verb *querer* (to want) is followed by the present subjunctive when the subject of the dependent clause is *different* from the subject of the independent clause. The two clauses are linked together by the word *que* (that).

CHANGE OF SUBJECT

(Susana) **quiere**   que   (Laura) **vaya** a su fiesta.

Independent clause   *Dependent clause*

¡CUIDADO! Often it is incorrect to translate word for word from Spanish into English and vice versa. For example, read both the literal and the correct translations in the example below.

Spanish sentence: ***Susana quiere que Laura vaya a su fiesta.***

Literal translation: Susana wants **that Laura go** to her party.

Correct translation: Susana wants **Laura to go** to her party.

2. In sentences that have **no change of subject**, an **infinitive** follows a form of the verb *querer*. Compare the following sentences.

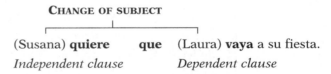

NO CHANGE OF SUBJECT   CHANGE OF SUBJECT

Laura quiere **correr**. → Laura quiere que Susana **corra** con ella.

Laura wants to jog.   *Laura wants Susana to jog with her.*

3. Place pronouns before conjugated verbs in the present subjunctive.

—Queremos que **te diviertas**.   *We want you to have fun.*
—Y yo quiero que **me escriban**.   *And I want you to write me.*

—¿Tienes mi número de teléfono?   *Do you have my phone number?*
—No. Quiero que **me lo des**.   *No. I want you to give it to me.*

Practiquemos

• A • Consejos de los padres.   María Galeano les dio unos consejos a sus hijas antes de que ellas salieran para un centro comercial. Allí Sara le recuerda a su hermana Laura qué les dijo su madre. ¿Qué dice Sara?

Ejemplo: MARÍA: Vuelvan a casa a cenar.
SARA: *Mamá quiere que volvamos a casa a cenar.*

1. No gasten mucho dinero en comida rápida.
2. Busquen precios razonables en las tiendas.
3. Compren un regalo bonito para su abuelito.
4. Descansen en un café y tomen un refresco.
5. Pruébense la ropa antes de comprarla.
6. Diviértanse mucho en el centro comercial.

• B • ¡Ay, los parientes!   Laura está hablando por teléfono con Susana. ¿Qué le dice ella sobre algunos consejos que le dieron sus parientes?

Ejemplo: (hacer) *Hago* un poco de ejercicio ahora, pero mis padres quieren que *haga* mucho más.

1. (salir) _____ con mis amigos frecuentemente durante la semana, pero mi papá quiere que _____ con ellos solamente los fines de semana.
2. (ir) _____ a los centros comerciales a divertirme, pero mi mamá quiere que _____ a la biblioteca a estudiar.
3. (decir) Les _____ a mis amigos que mi hermana va para Europa, pero ella no quiere que le _____ nada a nadie.
4. (ser) _____ una buena estudiante en el colegio, pero mi tío quiere que _____ la mejor estudiante de la escuela.
5. (ver) _____ muchas películas en vídeo, pero mi abuelita quiere que _____ menos.

• C • Aspiraciones.   Primero, dígale a un(a) compañero(a) lo que usted quiere. Luego dígale lo que quieren sus padres, su esposo(a) o su novio(a).

Ejemplos: ser muy feliz
Quiero ser muy feliz.
Mis padres quieren que yo sea muy feliz.
O   *Mi esposo quiere que yo sea muy feliz.*
O   *Mi novia quiere que yo sea muy feliz.*

Yo quiero… / Mis padres quieren que yo…
Mi esposo(a) quiere que yo… / Mi novio(a) quiere que yo…

1. ser muy feliz
2. hacer más ejercicio
3. encontrar un buen trabajo
4. dormir más horas cada noche
5. llegar a mis clases a tiempo
6. pagar todas mis cuentas a tiempo
7. aprender a hablar bien el español
8. vivir en un país de habla hispana

• D • Una invitación. Hable con otro(a) estudiante.

ESTUDIANTE A	ESTUDIANTE B
1. ¡Hola! ¿Qué tal?	2. _____. ¿Y tú?
3. Pues, _____. Oye, quiero que _____ a mi fiesta.	4. ¿Tu fiesta? ¿Cuándo es?
5. El (fecha) a la(s) (hora). ¿Puedes venir?	6. Sí, gracias. ¿Qué quieres que _____?
7. Pues, puedes llevar _____, si quieres.	8. Bien. Entonces te veo el _____, ¿eh?
9. _____. Chao.	10. _____.

• E • ¿Qué dice usted? Imagínese que usted es el padre o la madre de Sara y Laura Galeano. Primero, escriba una lista con algunos consejos apropiados para estas dos adolescentes, basada en su experiencia. Luego escriba una carta, expresando sus consejos con más detalles.

Ejemplos (lista): *Escuchen a sus padres.*
Aprendan mucho de la vida.

Ejemplo (carta): *Quiero que ustedes escuchen a sus padres porque en muchas cosas ellos saben más que ustedes. Quiero que aprendan mucho de la vida porque muchas veces la vida es la mejor profesora.*

C • U • L • T • U • R • A

Las horas comerciales

En el mundo hispano, las horas comerciales varían de región a región. Por lo general, muchas tiendas abren a las nueve de la mañana y cierran° entre la una y las tres de la tarde, durante la hora del almuerzo. Luego cierran otra vez a las siete de la noche. Muy pocas tiendas están abiertas los domingos y los días festivos. Algunos almacenes abren a las diez de la mañana y no cierran hasta las ocho de la noche o, a veces, más tarde.

close

Crisol

1. ¿A qué hora abre esta tienda los miércoles por la mañana?
2. ¿A qué hora cierra los viernes por la noche?
3. ¿Está abierta los fines de semana también? ¿A qué hora?

ASÍ SE DICE

Sustantivos
la caja *cashier, cash register*
la cartera *wallet*
la talla *size (clothing)*
la verdad *truth*

La ropa
el abrigo *overcoat*
la blusa *blouse*
las botas *boots*
los calcetines *socks*
la camisa *shirt*
la camiseta *T-shirt*
el cinturón *belt*
la corbata *necktie*
la chaqueta *jacket*
la falda *skirt*
los guantes *gloves*
las medias *stockings*
los pantalones *pants*
las sandalias *sandals*
el sombrero *hat*

el traje *suit*
el traje de baño *swimsuit*
el vestido *dress*
los zapatos *shoes*

Las cosas accesorias
los anteojos
   para el sol *sunglasses*
la bolsa *purse, bag*
la mochila *backpack*
el paraguas *umbrella*

Los colores
amarillo *yellow*
anaranjado *orange*
azul *blue*
blanco *white*
gris *gray*
marrón *brown*
morado *purple*
negro *black*
rojo *red*
rosado *pink*

verde *green*
violeta *lavender*

Adjetivos
claro *light (in color)*
oscuro *dark (in color)*

Verbos
llevar *to take, to carry, to wear*
pagar *to pay (for)*
probarse (o → ue) *to try on*
quedarle *to fit (clothing)*
sugerir (e → ie, i) *to suggest*

Adverbios
entonces *then*

Expresiones idiomáticas
al contado *in cash*
¿Qué le parece? *What do you think?*
tal vez *maybe, perhaps*

• Lección 12 •

¡Vamos al Japón!

EN CONTEXTO

Hoy es sábado. Susana González está celebrando su cumpleaños con una fiesta en su casa. Ahora ella está hablando con su mejor amiga Laura Galeano que acaba de llegar a la fiesta.

LAURA: ¡Feliz cumpleaños, Susana!

news
SUSANA: Muchas gracias, Laura. Oye, tengo unas noticias° fantásticas. Mis padres y yo vamos al Japón por seis meses.

You're kidding!
LAURA: ¡No me digas°! Pero… ¿por qué?

SUSANA: Pues, una corporación japonesa compró la empresa en la que trabaja mi papá.(1) Ahora mi papá es el director general de la empresa, y su jefe quiere que vaya al Japón a aprender más sobre la importación y exportación de comestibles.(2) ¿Qué te parece?

Too bad
I hope
LAURA: ¡Pero qué oportunidad tan fabulosa, niña! Lástima° que yo no pueda ir contigo. Oye, espero° que aprendas un poco de japonés antes de irte, ¿eh?

community college

word
SUSANA: Claro. Mis padres quieren que toda la familia lo estudie por la noche en el politécnico°.(3) Dice mi papá que el japonés es una lengua muy útil en el mundo de los negocios.(4) ¿Sabes qué? Ya aprendí la palabra° *gracias* en japonés. Escucha: *Arigato*.

LAURA: *Arigato*. ¡Qué bueno, chica! Oye, tengo un pequeño regalo para ti.

SUSANA: Pues, vamos a ver qué es… ¡Ah, un paraguas rosado! ¡Qué bonito! *Arigato*, Laura.

LAURA: ¡Ja! ¡Ja! ¡Por nada, Susana!

Notas de texto

1. Highly developed, industrial countries such as Japan, the United States and Canada have invested substantial capital in the economies of other nations. Currently, Los Angeles ranks as America's most important manufacturing center.

2. Some Japanese-owned companies abroad prefer to train their personnel to conform to their established ways of conducting business. This specialized training often results in higher quality products.

3. Japanese has become a popular language in American elementary schools, high schools, colleges and universities.

4. Business people worldwide recognize the importance of learning the language and customs of their customers.

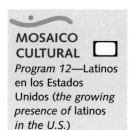

MOSAICO CULTURAL
Program 12—Latinos en los Estados Unidos (*the growing presence of* latinos *in the U.S.*)

¿Comprendió usted?

Conteste las siguientes preguntas con oraciones completas.

1. ¿Por qué está Laura en la casa de Susana hoy?
2. ¿Qué supo Laura cuando ella llegó allí?
3. ¿Por qué va al Japón la familia González?
4. ¿Cuánto tiempo van a estar en ese país?
5. ¿Qué consejo le dio Laura a su amiga?
6. ¿Cuál es la palabra que aprendió Susana?
7. ¿Qué le regaló Laura a su mejor amiga?

C • U • L • T • U • R • A

Las empresas multinacionales

Cada año hay más empresas multinacionales en el mundo. Esto refleja un aumento de la interdependencia y la interrelación mundial entre los países del planeta. De hecho, las transacciones comerciales que ocurren en una parte del mundo pueden afectar otras partes del mundo también. Por ejemplo, una crisis en la bolsa° japonesa puede causar una serie de crisis económicas tanto en el Oriente como en el Occidente. En pocas palabras, hoy día vivimos en una "comunidad mundial", en la cual las empresas multinacionales participan en el progreso de todos los países y de la humanidad en general.

stock market

Preguntas

1. ¿Cuáles son algunas empresas multinacionales que usted conoce? Por ejemplo: Coca-Cola, Siemens, Toyota, Nestlé.
2. ¿Qué tipo de empresas son?
3. ¿Qué beneficios le ofrecen las empresas multinacionales al público?

En Caracas, Venezuela, como en muchas otras ciudades hispanas, se nota la influencia comercial de varias naciones.

VOCABULARIO ESENCIAL

In this section you will learn to discuss how you manage your money and to make several common business transactions.

Cómo hablar del dinero

Javier González, su esposa Ángela y su hija Susana están hablando sobre su visita al Japón. Mire las ilustraciones y lea lo que dicen los González.

raise

SUSANA: Ay, papá, con tu aumento° de sueldo vas a ganar mucho dinero, ¿verdad?

expenses

JAVIER: Sí, pero nuestros gastos° van a ser mucho más altos que aquí, hija. El Japón es un país muy caro.

budget
to save / to invest it

ÁNGELA: Por eso, debemos hacer un presupuesto°. También creo que debemos vivir como muchos japoneses: ahorrar° dinero e invertirlo°.

to borrow
to lend it / one becomes

JAVIER: Tienes razón. Como decía mi abuela: "Ni pedir dinero prestado° ni prestarlo°. Así uno se hace° rico".

"No es oro todo lo que reluce."

—refrán popular

Practiquemos

•A• Consejos de mamá.   Complete la siguiente conversación, usando palabras apropiadas de la lista.

rica	ganar	gastos	aumento
hacer	razón	ahorrar	invertir
pedir	dinero	prestar	presupuesto

—Sara, nunca tienes ni un dólar. Tienes que comenzar a _____.

—Pero mamá, no puedo porque no gano suficiente _____.

—No. El problema es que tus _____ son muy altos. Compras mucha ropa y demasiadas (*too many*) cosas accesorias. Debes hacer un _____.

—Tienes _____, pero necesito un _____ de sueldo. Me gustaría _____ mi dinero para _____ más. Quiero _____me rica algún día.

—Ay, hija. Si quieres ser _____, haz como dice tu papá: "Ni _____ dinero prestado ni _____lo".

•B• ¿Y ustedes?   Hágale a un(a) compañero(a) las siguientes preguntas.

1. ¿Dónde trabajas? ¿Ganas mucho o poco dinero? ¿Cuándo fue la última vez que recibiste un aumento de sueldo?

2. ¿Gastas poco o mucho dinero? ¿En qué gastas más dinero? ¿Cómo puedes gastar menos dinero y vivir felizmente?

3. ¿Ahorras poco o mucho dinero? ¿Por qué? ¿Tienes un presupuesto? ¿Cómo controlas tus gastos? A veces, ¿tienes que pedir dinero prestado? (¿Sí? ¿A quién?)

En el banco

traveler
cash them / any

ÁNGELA: Es importante que compremos cheques de viajero° antes de salir para el Japón. Podemos cambiarlos° fácilmente en cualquier° banco japonés.

checking account
cash

savings / withdraw

too much

JAVIER: Sí, y también voy a abrir una cuenta corriente°. Así puedo pagar todas nuestras cuentas con cheques personales y puedo cobrar° uno cuando necesite dinero al contado.

SUSANA: Y yo voy a abrir una cuenta de ahorros° para depositar y sacar° dinero cuando lo necesite.

ÁNGELA: Creo que vas a sacar más dinero que del que vas a depositar, hija. Gastas demasiado° dinero en cosas que no necesitas.

Practiquemos

•**C**• **Al llegar al Japón.**   Complete el párrafo con palabras y frases de la lista.

sacar	cuenta corriente
cambiar	cuenta de ahorros
cualquier	cheques de viajero
depositar	tarjeta de crédito
	cheques personales

Antes de salir para el Japón, los González van a comprar _____ para tener dinero y no tener problemas con robos. Cuando lleguen a Tokio pueden ir a _____ banco para _____los. En el Japón, Javier piensa abrir una _____ para ahorrar 20 por ciento de su dinero. En el banco, él puede _____ yen y _____los cuando sea necesario para pagar al contado sus pequeños gastos. Para pagar sus cuentas más grandes, va a abrir una _____. Así puede escribir _____ cuando no quiera usar su _____.

•**D**• **En el banco.**   Hable con un(a) compañero(a) de clase. Imagínese que ustedes están en un banco de un país hispano. Una persona es el (la) empleado(a) del banco y la otra persona es su cliente.

EMPLEADO(A)

1. Salude a su cliente según la hora del día.

3. Pregúntele si tiene dólares o cheques de viajero.

5. Responda. Luego pregúntele cuánto dinero quiere cambiar.

7. Pídale su pasaporte y que firme (*sign*) los documentos.

9. Cuente (*count*) el dinero y termine la transacción apropiadamente.

CLIENTE

2. Responda y dígale que usted quiere cambiar dólares.

4. Conteste. Pregúntele a cómo está el cambio (*exchange rate*).

6. Dígale lo que quiere saber en dólares estadounidenses.

8. Firme los documentos. Luego dígale algo apropiado.

10. Dele las gracias y despídase cortésmente.

C·U·L·T·U·R·A

Cómo cambiar dinero

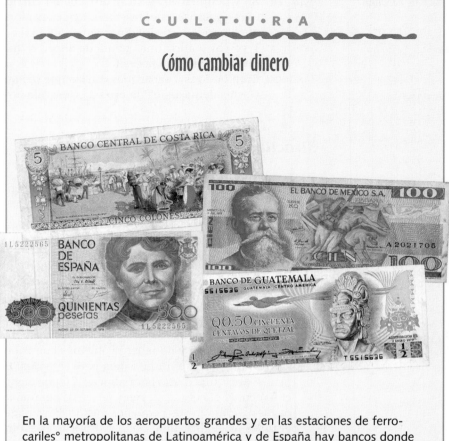

railroad

counter

rate of exchange

En la mayoría de los aeropuertos grandes y en las estaciones de ferro-carriles° metropolitanas de Latinoamérica y de España hay bancos donde se puede cambiar dinero. Cuando usted entra a un banco, debe buscar el letrero **CAMBIO**, que normalmente se encuentra sobre el mostrador° cerca de un aviso con un cheque de viajero. En caso de que los bancos estén cerrados, también es posible cambiar dinero en una casa de cambio, en un hotel grande y, a veces, en una tienda o en un restaurante. Generalmente estos lugares ofrecen un tipo de cambio° más bajo que el que dan los bancos. Su pasaporte es el mejor documento de identificación cuando cambia dinero en Latinoamérica o en España.

• • • • • • • • • • • • • •

"A caballo regalado no le mires el diente."
—refrán popular

• • • • • • • • • • • • •

Otras compras

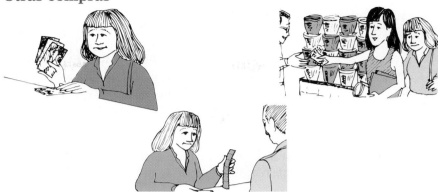

postcards

magazines

post office
stamps

ÁNGELA: En Tokio voy a comprar algunas tarjetas postales° para mandárselas a mis amigos.

SUSANA: Mamá, voy a ir contigo a comprar algunos periódicos y revistas° en japonés. Quiero aprender a leer japonés.

ÁNGELA: Bien. Después, vamos a ir a la oficina de correos° a comprar estampillas° para mis tarjetas postales.

Practiquemos

•**E**• **¿Qué lees y escribes... ?** Pregúntele a otro(a) estudiante.

1. ¿Con qué frecuencia recibes tarjetas postales? ¿De quién las recibes? ¿Tienes una colección de tarjetas postales? ¿y una colección de estampillas? (¿Sí? ¿De qué países?) ¿Tenías una colección de tarjetas postales o de estampillas cuando eras niño(a)? ¿Mandas tarjetas postales cuando viajas? ¿A quién se las mandas?

2. ¿Qué lees más frecuentemente: periódicos o revistas? ¿Qué periódicos lees? ¿Qué revistas te gusta leer? A veces, ¿lees periódicos o revistas en otra lengua? (¿Sí? ¿En qué lengua? ¿De qué países son?)

•**F**• **En la oficina de correos.** Hable con otro(a) estudiante; una persona es el (la) empleado(a) y la otra persona es su cliente.

Empleado(a): Usted trabaja en una oficina de correos en un país hispano. Ahora usted va a atender a su cliente. Sírvale con paciencia y cortesía.

Cliente: Usted está en una oficina de correos en un país hispano. Usted quiere comprar algunas estampillas para cartas y tarjetas postales. También quiere saber dónde comprar papel para cartas, sobres y un bolígrafo. Ahora hable con el (la) empleado(a) que le atiende.

C·U·L·T·U·R·A

Los periódicos y las revistas

A muchos hispanoparlantes les gusta sentarse en un café y leer periódicos o revistas para informarse de lo que pasa en otros países. En la mayoría de las grandes ciudades del mundo hispano se venden revistas en español, inglés, francés y alemán como, por ejemplo, *Cambio 16*, *Time*, *L'Express* y *Stern*. También se pueden comprar periódicos como *El País*, el *Wall Street Journal*, *Le Monde* y *Die Zeitung*. Hoy día muchos hispanos creen que leer en varias lenguas es un valor cultural importante.

GRAMÁTICA ESENCIAL

In this section you will learn to express wishes, preferences, advice, suggestions and recommendations.

Present Subjunctive Following Other Verbs of Volition

In *Lección 11*, you learned how to use the verb *querer* to express wants and intentions. Spanish speakers use other verbs of volition to persuade people to do something.

aconsejar	to advise	*preferir (e → ie)*	to prefer
desear	to desire, wish	*prohibir*	to forbid
insistir (en)	to insist (on)	*recomendar (e → ie)*	to recommend
pedir (e → i)	to request	*rogar (o → ue)*	to beg, implore
permitir	to permit	*sugerir (e → ie)*	to suggest

—Papá, ¿qué recomiendas que **haga** para hacerme rica?

—Sugiero que **ahorres** más dinero y que lo **inviertas.**

Dad, what do you recommend that I do to get rich?

I suggest that you save more money and that you invest it.

How to use verbs of volition

1. Use these verbs exactly as you did with the verb *querer*.

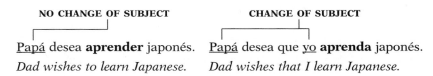

NO CHANGE OF SUBJECT

<u>Papá</u> desea **aprender** japonés.

Dad wishes to learn Japanese.

CHANGE OF SUBJECT

<u>Papá</u> desea que <u>yo</u> **aprenda** japonés.

Dad wishes that I learn Japanese.

2. An indirect object pronoun (*me, te, le, nos, os, les*) often precedes verbs of volition in the independent clause. In this case, it is not necessary to include a subject pronoun before the subjunctive verb form in the dependent clause; the indirect object pronoun indicates the subject of the dependent clause.

— ¿**Te permiten** tus padres que **vayas** de compras? **(te → [tú] vayas)**

— Sí, pero **me prohiben** que **gaste** mucho dinero. **(me → [yo] gaste)**

Practiquemos

•A• **Deseos y consejos.**   Susana está contándole a Laura los consejos que le dieron algunos familiares sobre lo que ella debe hacer en el Japón. ¿Qué le dice Susana a su amiga?

Ejemplo: Mi papá / querer / yo / aprender japonés

Mi papá quiere que yo aprenda japonés.

1. Mi mamá / insistir en / yo / ahorrar más dinero
2. Ella / recomendar / yo / abrir una cuenta de ahorros
3. Mi papá / prohibir / yo / comprar / un auto en el Japón
4. Él / preferir / yo / tomar el autobús o el metro (*subway*)
5. Mi sobrino / pedir / yo / le mandar una tarjeta postal
6. Mi prima Marisa / querer / yo / le comprar un regalo
7. Mi tía / recomendar / yo / sacar muchas fotos en Tokio
8. Mis abuelos / sugerir / yo / no gastar todo mi dinero

• **B** • **Preferencias.**   Hace dos semanas que los González llegaron a Tokio. Ahora Ángela está diciéndoles a Javier y a Susana algunos cambios que su familia debe hacer en su nueva vida allí. ¿Qué dice Ángela?

> **Ejemplo:**   (tener) *Tenemos* pocos amigos aquí. Deseo que *tengamos* más.

1. Creo que (salir) _____ muy poco. Deseo que _____ más frecuentemente.
2. Parece que (comer) _____ mucha comida norteamericana en casa. Nuestro amigo Hideo sugiere que _____ comida japonesa a veces.
3. Muchas veces (almorzar) _____ en el restaurante McDonald's porque sirven comida rápida y barata. Insisto en que _____ en otros restaurantes que tengan precios económicos.
4. En casa (ver) _____ películas en inglés usando la videocasetera. Recomiendo que _____ películas en japonés en la tele para aprender mejor la lengua.
5. La verdad es que (conocer) _____ a pocos japoneses. Hideo aconseja que _____ a más gente que vive en nuestra comunidad.
6. Ustedes saben que (hacer) _____ muy poco ejercicio. Prefiero que _____ más ejercicio, especialmente por la mañana como lo hacen muchos japoneses.

• **C** • **¿Y usted?**   Primero complete las siguientes oraciones. Luego cuéntele a otro(a) estudiante lo que quieren las siguientes personas de usted, y por qué.

> **Ejemplos:**   Mis padres / (no) quieren que…
>
> *Mis padres quieren que ahorre más dinero porque voy a necesitarlo para mis estudios.*
>
> *Mis padres no quieren que yo vuelva a casa muy tarde porque tengo clases por la mañana.*

1. Muchas veces mis (padres / niños) me ruegan que…
2. Mi (papá / mamá) / siempre me prohibe que…
3. A veces mi (hermano[a] / esposo[a]) / pide que…
4. Frecuentemente mi mejor amigo(a) / desea que…
5. También mis otros amigos / quieren que…
6. _____ / recomienda(n) que…

•D• ¡Qué suerte!   Imagínese que usted y un(a) compañero(a) de clase van a visitar otro país. Hablen juntos sobre sus planes para la visita.

1. Decidan…
    a. qué país quieren visitar.
    b. cuándo desean salir.
    c. cuántos dólares van a llevar.
    d. qué ropa quieren llevar.
    e. dónde van a dormir y comer.
    f. qué quieren hacer en ese país.

2. Discutan qué recomiendan sus familiares o amigos que…
    a. vean en ese país.
    b. hagan juntos(as) allí.
    c. coman en los restaurantes.
    d. compren en las tiendas.

•E• Ayúdenos, por favor.   Imagínese que usted es escritor(a) para un periódico y que contesta cartas de muchas personas que le piden sus consejos. Lea la siguiente carta, luego contéstela con diplomacia.

> Mi esposo Alberto y yo ganamos treinta mil dólares al año, pero parece que nunca tenemos dinero. Vivimos en una casa grande con cuatro dormitorios y dos baños. Por el momento no tenemos niños, pero algún día queremos tener dos. Compramos lo que deseamos y pagamos nuestras compras con varias tarjetas de crédito (tenemos nueve), porque es muy conveniente usarlas. Quiero que Alberto y yo ahorremos dinero para poder tener niños, pero no sé cómo comenzar. ¿Qué recomienda usted que hagamos?
> Nora

C•U•L•T•U•R•A

El Fondo Monetario Internacional

El Fondo Monetario Internacional es una organización de 152 países que comporten información y apoyo económico. Su objetivo es crear un *environment* ambiente° económico mundial en el cual todos estos países puedan prosperar. El Fondo es el medio mediante el cual los países se comunican y discuten asuntos de economía domésticos e internacionales. Los países que participan en el Fondo contribuyen con dinero a una cuenta de la cual todos pueden pedir prestado para pagar sus deudas° internacionales. *debts* Estos préstamos pueden hacerse por un período corto° de tiempo cuando *short time* los países tienen dificultades económicas. El Fondo facilita el crecimiento° *growth* del comercio internacional, aumenta los niveles de ingreso y de empleo, y desarrolla° los recursos° productivos de todos sus miembros. *develops / resources*

Preguntas

1. ¿Cree usted que el Fondo Monetario Internacional es una buena o una mala organización? ¿Por qué?

2. En este momento, 152 países son miembros del Fondo, pero hay más de 180 países en el mundo. ¿Por qué cree usted que algunos países no son miembros de esta organización internacional?

 GRAMÁTICA ESENCIAL

In this section you will learn to express feelings, attitudes and opinions.

Present Subjunctive Following Verbs of Emotion and Impersonal Expressions

In the previous section you learned how to use the present subjunctive to express wishes, intentions, preferences, advice, suggestions and recommendations. Spanish speakers also use the present subjunctive to express their emotions and opinions.

How to use the present subjunctive

1. The list below contains verbs of emotion for expressing feelings and impersonal expressions for expressing opinions.

VERBS OF EMOTION

alegrarse (de)	*to be glad (about)*
esperar	*to hope*
gustar	*to be pleasing*
molestar	*to bother*
preocuparse (de)	*to worry (about)*
quejarse (de)	*to complain (about)*
sentir (e → ie, i)	*to be sorry*

IMPERSONAL EXPRESSIONS

es mejor	*it's better*
es lógico	*it's logical*
es ridículo	*it's ridiculous*
es bueno / malo	*it's good / bad*
es importante	*it's important*
es (im)posible	*it's (im)possible*
es una lástima	*it's too bad*

2. Remember that the present subjunctive is used when the subject of the dependent clause is **different** from the subject of the independent clause. When there is **no change of subject**, the verb in the dependent clause must be in its infinitive form.

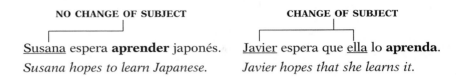

NO CHANGE OF SUBJECT	CHANGE OF SUBJECT
Susana espera **aprender** japonés.	Javier espera que ella lo **aprenda**.
Susana hopes to learn Japanese.	*Javier hopes that she learns it.*

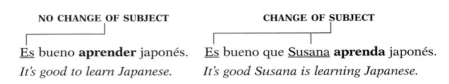

NO CHANGE OF SUBJECT	CHANGE OF SUBJECT
Es bueno **aprender** japonés.	Es bueno que Susana **aprenda** japonés.
It's good to learn Japanese.	*It's good Susana is learning Japanese.*

3. You have learned that one way to express your needs and desires is to use verbs like *querer*, *desear* and *esperar*. Another way to express those feelings is to use the expression *ojalá (que)* with the present subjunctive. This expression has several English equivalents including: *Let's hope that . . .*, *I hope that . . .*, and *If only . . . . Ojalá (que)* is **always** followed by the subjunctive whether or not there is a change of subject in the dependent clause. The word *que* is often used after *ojalá* in writing, but it is usually omitted in conversation.

OJALÁ (QUE) + SUBJUNCTIVE

*Ojalá lo **pases** bien en el Japón.*	*I hope you have a good time in Japan.*
*Ojalá **haga** buen tiempo allí.*	*Let's hope the weather is good there.*
*Ojalá que **recibas** esta carta.*	*I hope you will receive this letter.*

Practiquemos

• A • **Entre madre e hija.** Susana está hablando con su mamá en la sala de su apartamento en Tokio. Complete su conversación con las formas correctas de los verbos entre paréntesis.

—Pareces estar muy contenta hoy, Susana.
—Sí, mamá, porque me gusta (hablar / hable) japonés con mis amigos japoneses. Y me alegro que ellos me (comprender / comprendan). Quiero (invitarlos / los invite) a casa. ¿Está bien?
—Claro, espero que (invitarlos / los invites) pronto. Es bueno que (hacer / hagas) amigos tan fácilmente, hija.
—Pues, para mí es importante (tener / tenga) amigos, mamá.

•B• **Dos amigas.**   Complete las siguientes oraciones para conocer un poco a Susana y a su nueva amiga Kímiko.

> **Ejemplo:**   A Susana y a Kímiko les gusta ir de compras. Es lógico que ellas… (ir a los centros comerciales / gastar un poco de dinero).
>
> *Es lógico que ellas vayan a los centros comerciales.*
> *Es lógico que ellas gasten un poco de dinero.*

1. Las dos chicas son muy simpáticas. Es lógico que ellas… (conocer a mucha gente / hacer amigos fácilmente / recibir invitaciones a muchas fiestas / estar contentas).

2. Para Susana es difícil ahorrar dinero. Es una lástima que ella… (no poder ahorrar dinero / no abrir una cuenta de ahorros / ganar poco en su trabajo / gastar el dinero rápidamente).

3. Kímiko ayuda a la gente anciana de su comunidad. Es bueno que ella… (ser tan generosa con su tiempo / pensar en otras personas / pasar tiempo hablando con los ancianos / a veces les llevar comida).

•C• **Opiniones.**   Exprese sus opiniones usando las expresiones entre paréntesis, como en el ejemplo.

> **Ejemplos:**   Muchos norteamericanos no ahorran dinero. (¿Es eso bueno / una lástima?)
>
> *Es bueno que muchos norteamericanos no ahorren dinero.*
> *Es una lástima que muchos norteamericanos no ahorren dinero.*

1. Vivir en los Estados Unidos es más barato que vivir en muchos otros países. (¿Es eso bueno / lógico?)

2. Muchos norteamericanos pagan sus compras y servicios con tarjetas de crédito. (¿Es eso mejor / peor para la economía?)

3. Hoy día la economía estadounidense no está en buenas condiciones. (¿Es eso posible / imposible?)

4. Mucha gente en los Estados Unidos no tiene trabajo. (¿Es eso ridículo / una lástima?)

5. El presidente de los Estados Unidos ayuda a la gente a encontrar trabajo con sus programas sociales. (¿Es eso importante / lógico?)

•D• **¿Está usted de acuerdo?**   Primero escriba sus opiniones positivas y negativas sobre un aspecto de la economía de su país. Luego léale sus opiniones a otro(a) estudiante, quien debe reaccionar positiva o negativamente.

> **Ejemplos:**   A: *Es importante que el presidente tenga programas para ayudar a la gente que no tiene casa.*
> B: *Tienes razón. Pero sus programas son muy pequeños.*

A: *Es una lástima que la economía esté en malas condiciones.*

B: *No estoy de acuerdo. Nuestro país es muy rico. Aquí hay mucho trabajo pero muchas personas no quieren trabajar porque son perezosas.*

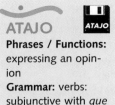

ATAJO

Phrases / Functions: expressing an opinion

Grammar: verbs: subjunctive with *que*

1. Opiniones positivas

Es bueno (que)…	Es mejor (que)…
No es malo (que)…	Es importante (que)…
Es normal (que)…	Es interesante (que)…

2. Opiniones negativas

Es malo (que)…	Es ridículo (que)…
Es terrible (que)…	Es una lástima (que)…

• E • Un debate.   Escriba sus reacciones para **tres** de los siguientes temas. Luego forme un grupo con otros dos o tres estudiantes y discutan sus opiniones sobre estos temas.

Ejemplos: La influencia económica del Japón en el mundo

A: *Me alegro que el Japón sea un país rico. Los japoneses son inteligentes y trabajadores.*

B: *Sí, pero es una lástima que el Japón no ayude a los países pobres.*

C: *Eso es ridículo. Los japoneses ayudan a muchos países pobres. Por ejemplo, el año pasado le dieron más de dos millones de dólares a la gente de Sudán en África.*

1. La interdependencia económica entre los países
2. Las oportunidades económicas en Europa del Este
3. La influencia económica japonesa en nuestro mundo
4. El aumento de la gente pobre en el mundo
5. La asistencia económica norteamericana a otros países
6. El efecto económico de la tecnología médica en la sociedad

• F • ¡Ojalá!   Usando la expresión *ojalá*, escriba diez deseos que a usted le gustaría realizar dentro de tres años.

Ejemplos: *Ojalá que yo encuentre trabajo.*
Ojalá que yo viva en la Florida.

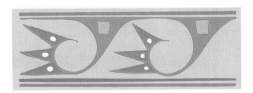

ASÍ SE DICE

Sustantivos

el aumento *raise*
el banco *bank*
el cheque *check*
el cheque de viajero *traveler's check*
la cuenta de ahorros *savings account*
la cuenta corriente *checking account*
la estampilla *stamp*
los gastos *expenses*
las noticias *news*
la oficina de correos *post office*
la palabra *word*
el politécnico *community college*
el presupuesto *budget*
la revista *magazine*
la tarjeta postal *postcard*

Adjetivos

cualquier *any*
demasiado *too much, too many*

lógico *logical*
ridículo *ridiculous*

Verbos

aconsejar *to advise*
ahorrar *to save (money, time)*
alegrarse (de) *to be glad (about)*
cambiar *to change (money), to cash (a traveler's check)*
cobrar *to cash (a personal check)*
depositar *to deposit (money)*
desear *to desire, wish*
esperar *to hope*
insistir (en) *to insist (on)*
invertir (e → ie, i) *to invest*
molestar *to bother*
pedir (e → i, i) *to request*
pedir prestado *to borrow*
permitir *to permit*
preocuparse (de) *to worry (about)*

prestar *to lend*
prohibir *to forbid*
quejarse (de) *to complain (about)*
recomendar (e → ie) *to recommend*
rogar (o → ue) *to beg, implore*
sacar *to withdraw (money)*
sentir (e → ie, i) *to be sorry*
sugerir (e → ie, i) *to suggest*

Expresiones idiomáticas

¿A cómo está el cambio? *What's the exchange rate?*
contigo *with you*
hacerse rico *to become rich*
Lástima *Too bad*
¡No me digas! *You're kidding!*
ojalá (que) + subjunctive *let's hope (that)*
vamos a ver *let's see*

P·E·R·S·P·E·C·T·I·V·A·S

·IMÁGENES·

¡Vivan los hispanoamericanos!

Casi la minoría más grande de los EE.UU.

Actualmente° más de 25 millones de hispanos viven en los Estados Unidos (EE.UU.). Algunos hispanos nacieron en este país como sus padres, sus abuelos y sus antepasados. Otros hispanos han inmigrado de Latinoamérica y España, y se han hecho ciudadanos° estadounidenses después de un período largo de tiempo como residentes legales en el país. Dentro de pocos años, se calcula que los hispanoamericanos formarán el grupo minoritario más grande de los EE.UU.

Los mexicanoamericanos

El grupo de hispanoamericanos predominante—casi diez millones o sea el 60% de la población hispana—son los mexicanos. Ellos se concentran principalmente en los estados de California, Arizona, Nevada, Nuevo México, Tejas y Colorado. En realidad, antes de la guerra° entre los Estados Unidos y México en 1848, todos estos estados formaban parte de la República Mexicana.

Hoy día los mexicanoamericanos tienen las mismas costumbres, tradiciones y celebraciones que sus compatriotas mexicanos. Por ejemplo, les gusta escuchar la música de los mariachis en los restaurantes y en las fiestas, celebrar el Cinco de Mayo con desfiles° y ferias, romper° una piñata en las fiestas de cumpleaños y cantar las posadas durante la época de la Navidad. Durante todas estas celebraciones se sirve la rica comida mexicana como, por ejemplo, las enchiladas, los tamales, el arroz con pollo y los frijoles.

Los puertorriqueños

Más de dos millones de puertorriqueños viven en los EE.UU., principalmente en los estados de Nueva York, Nueva Jersey y en la ciudad de Chicago. Desde 1952 Puerto Rico ha sido un Estado Libre Asociado° de los

At present

citizens / parades / break

war
commonwealth

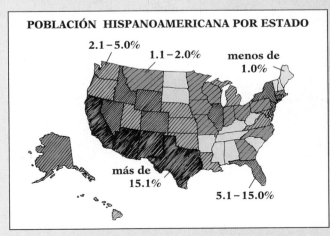

POBLACIÓN HISPANOAMERICANA POR ESTADO

2.1 – 5.0%   1.1 – 2.0%   menos de 1.0%

más de 15.1%   5.1 – 15.0%

Estados Unidos y, por lo tanto, todos los puertorriqueños son ciudadanos estadounidenses. Sin duda, los puertorriqueños han contribuido y siguen contribuyendo enormemente en todos los aspectos de la vida norteamericana como, por ejemplo, en la economía, la educación, la política y las bellas artes.

Los cubanoamericanos

Actualmente más de un millón de cubanoamericanos viven en los EE.UU. Después de la revolución de Fidel Castro en 1960, miles de cubanos inmigraron a este país, especialmente al estado de la Florida cuyo clima agradable es parecido al clima tropical de Cuba. La mayoría de estos

Derecha: Estos bailarines mexicanoamericanos están celebrando el Cinco de Mayo, un festival mexicano muy significativo, en San Antonio, Texas.

Debajo: Estos puertorriqueños están mirando un desfile que se lleva a cabo en la ciudad de Nueva York para conmemorar su nacionalidad.

Arriba: Muchos cubanoamericanos establecieron un gran número de negocios en Miami, Florida, como este señor que habla con sus clientes.

Debajo: Este mural hecho por P. Rodríguez se encuentra en una calle en San Francisco, California.

inmigrantes cubanos eran profesionales como, por ejemplo, abogados, arquitectos, profesores, médicos, comerciantes y banqueros. Ellos establecieron restaurantes, almacenes, bancos e industrias; construyeron grandes edificios y ejercieron una gran influencia no sólo en la Florida, sino también en otros estados. Esta influencia continúa hoy día y se nota especialmente en la ciudad de Miami donde viven más de medio millón de cubanoamericanos.

Los otros hispanoamericanos

Un sin número de otros hispanoamericanos tienen sus orígenes en España y en casi todos los países de Centroamérica y Sudamérica, especialmente Nicaragua, El Salvador, Colombia, la Argentina y el Ecuador. Aunque son residentes estadounidenses, se sienten muy orgullosos° *proud* de hablar su lengua española, enseñarles sus creencias y valores a sus niños, celebrar sus tradiciones y compartir° su espíritu hispano. *to share*

¿Comprendió usted?

Lea las siguientes oraciones; luego indique si son ciertas o falsas según la lectura.

1. Hay más cubanoamericanos en Chicago que en Miami.
2. El Cinco de Mayo es una celebración puertorriqueña.
3. Todos los hispanoamericanos nacieron en los EE.UU.
4. Los hispanos se sienten orgullosos de su lengua y cultura.
5. Dos platos mexicanos son las enchiladas y los frijoles.
6. Todos los puertorriqueños son ciudadanos de los Estados Unidos.
7. Los hispanos son el grupo minoritario predominante de los EE.UU.
8. Los mexicanoamericanos viven principalmente en el oeste y en el suroeste de los EE.UU.

¿Qué dice usted?

Lea bien las siguientes preguntas. Luego exprese sus ideas y opiniones por escrito o conversando con un(a) compañero(a) de clase, según las indicaciones de su profesor(a).

1. ¿Hay pocos o muchos hispanos en su comunidad? ¿Qué lengua hablan ellos principalmente? ¿Qué tipo de trabajo tienen? A veces, ¿hay prejuicios contra ellos? Explique un poco su respuesta.
2. ¿Conoce usted a algunos hispanoamericanos? ¿De dónde son originalmente? ¿Se sienten orgullosos de su lengua y cultura? ¿Cómo sabe usted eso?
3. ¿Qué piensa usted de la inmigración continua de hispanos a los Estados Unidos? ¿Cree usted que se debe controlar esa inmigración? Explique un poco su respuesta.

¡A LEER!

Summarizing a Reading Passage

Summarizing in English a reading passage that you have read in Spanish can help you to synthesize the most important ideas in it. Some guidelines for writing this type of summary are as follows:

1. Underline the main ideas in the reading passage.

2. Circle the key words and phrases in the passage.

3. Write the summary of the passage in your own words.

4. Do not include your personal reactions in the summary.

5. Avoid the following common errors in writing a summary:

    - too long
    - wrong key ideas
    - main ideas not expressed
    - too short
    - too many details
    - key ideas do not stand out

Actividad

1. Read the following article and underline the main ideas in it to understand the gist of its content.

2. Read the article again, and write down the key words and phrases in it to understand its content more thoroughly.

3. Write a brief summary of the article in English, emphasizing the main point expressed by its writer. Avoid the common errors listed in the preceding section.

El ahorro es una forma de vida de los japoneses

TOKIO, (AP). Los japoneses parecen ser los clientes más ávidos de bienes de lujo, pero a la vez se abocan con entusiasmo al ahorro.

El año pasado 39 millones de familias del Japón tenían un promedio cada una de 19,1 millones de yen (131.884 dólares) en ahorros personales, según un reciente informe del Banco del Japón.

Las cifras del ahorro excluyen los bienes importantes tales como casas y por consiguiente no reflejan la riqueza real de muchas familias japonesas.

Los japoneses ahorran como promedio un 16 por ciento de sus ingresos—una cifra considerable comparada con el 5 o 6 por ciento en Estados Unidos—pero los ahorros japoneses se reflejan principalmente en bienes financieros, mientras los estadounidenses se concentran en bienes inmuebles.

Numerosas encuestas demuestran que los japoneses destinan su dinero al ahorro en vez de la vivienda a fin de prepararse para una emergencia por enfermedad o desastre, para la jubilación y educación de sus hijos y para vivir mejor.

"Siempre he puesto en el banco todo lo que puedo poner", dijo Seitaro Komatsu, de 41 años, empleado de una importante industria japonesa. "Ésa es mi seguridad, de esa forma puedo descansar y no preocuparme".

¡A ESCRIBIR!

Writing a Summary

A good summary tells the reader the problem and the events that lead to the solution in a narrative. Here is a list of what to include in a summary:

1. An interesting title
2. Where and when the action takes place
3. The main characters (if any)
4. The problem or conflict
5. The solution to the problem or conflict

Actividad

A. You are going to summarize a reading passage that your instructor will give you. Write the following information in Spanish on a separate piece of paper.

1. Write a new title for the passage.
2. Where did the action take place?
3. When did the action occur?
4. Who were the main characters in the story?
5. List the events that led up to the action.
6. What was the central problem in the story?
7. How was the problem solved at the end?

B. Using this information, write a summary of the reading in Spanish.

C. Edit your summary by checking it for:

1. Content
   a. Is the title an interesting one?
   b. Is the information interesting?
   c. Is the information important?
2. Organization
   a. Is there one main idea in the summary?
   b. Are all the sentences about one topic?
   c. Is the order of the sentences logical?
3. Cohesion and style
   a. Can you connect any sentences with *y (e)*, *pero* or *porque*?
   b. Can you begin any sentences with *después* or *luego*?
   c. Can you add *también* to any sentences?

D. Exchange summaries with a classmate and check each other's work for errors. Then write a second draft of your summary and give it to your instructor for correction of any remaining errors.

ATAJO

Phrases / Functions: describing people; describing the past; expressing time relationships; linking ideas; sequencing events; talking about past events; writing about characters
Grammar: verbs: imperfect; verbs: preterite; verbs: preterite & imperfect

España

¡Buen viaje!

Ángel and Diana Sablán from Puerto Rico arrive in Madrid, Spain, where they begin a three-week trip in Europe. They rent a car at the Madrid airport and travel north to Andorra and France. Their trip ends in Berlin, Germany, where they attend an international conference on global environmental concerns.

• Lección 13 •

¡Bienvenidos a Madrid!

ENFOQUE

COMMUNICATIVE GOALS

You will be able to communicate with hotel personnel, discuss your travel plans and describe a vacation trip you have taken.

LANGUAGE FUNCTIONS

Specifying your lodging needs
Complaining about a hotel room
Describing a vacation trip
Expressing doubt and indecision
Expressing confidence and certainty
Extending an invitation
Describing your travel plans
Expressing cause-and-effect relationships

VOCABULARY THEMES

Lodging (hotel)
Bedroom furniture

GRAMMATICAL STRUCTURES

Present subjunctive following verbs and expressions of uncertainty
Present subjunctive in purpose and time (adverbial) clauses

CULTURAL INFORMATION

Finding lodging in Spain and Latin America
Hotel tips for Spain and Latin America
Traveling around Spain and Latin America

EN CONTEXTO

Ángel y Diana Sablán son de San Juan, Puerto Rico. Ángel es biólogo y su esposa se especializa en ecoturismo.(1) Ahora ellos van a viajar° por Europa en auto por tres semanas para divertirse y para asistir° al Congreso Mundial de Asuntos del Medio Ambiente° en Berlín, Alemania. Éste es su segundo viaje al extranjero°. Hace media hora Ángel y Diana salieron del aeropuerto Barajas donde alquilaron° un auto.(2) En este momento van hacia el Hotel Cervantes, que está cerca del centro comercial la Puerta del Sol.(3)

to travel
to attend
World Congress on Environmental Concerns / abroad / they rented

ÁNGEL: ¡Uy! Estoy muy cansado. No dormí bien en el avión°.

plane

DIANA: Por eso yo decidí manejar° al hotel. Puedes dormir cuando lleguemos allí, corazón.

to drive

ÁNGEL: Pero no creo que vaya a dormir bien porque estoy muy entusiasmado° con el viaje.

excited

DIANA: Yo también. Creo que vamos a aprender mucho en el Congreso y a divertirnos también, ¿verdad?

ÁNGEL: Claro… en España, Andorra, Francia, Alemania. ¡Ay! Mira cómo está contaminado el aire aquí.

DIANA: Sí, parte del problema es este tráfico horrible, ¿ves? ¿Recuerdas cómo estaba contaminado el aire cuando llegamos a la Ciudad de México el mes pasado?(4)

ÁNGEL: Sí, qué horror. ¡Había tantos vehículos y tanta contaminación industrial!

DIANA: Así es en muchas ciudades grandes del mundo y es peor cada año. Oye, ¿estás seguro que ésta es la calle° que va hacia el centro?

street

ÁNGEL: Cómo no, querida. Nuestra ruta está bien marcada en este mapa que conseguimos° de la Federación Automovilística de Puerto Rico.(5) ¿Ves?

we got

DIANA: Sí, sí. Ay, mira: "Bienvenidos a Madrid". ¡Ya llegamos!

Notas de texto

1. Ecotourism encourages traveling with a conscious concern for protecting natural environments.

2. Barajas International Airport serves metropolitan Madrid as well as many surrounding towns. A map of Barajas is on page 252.

3. *La Puerta del Sol* is a commercial center located in the heart of Madrid.

4. Every year in Mexico City more than 100,000 people die of various respiratory diseases. Air pollution is viewed to be a contributing factor. Mexican government officials and the private sector are working together to find solutions to these problems and to meet higher standards for environmental quality.

Bienvenido a Madrid-Barajas

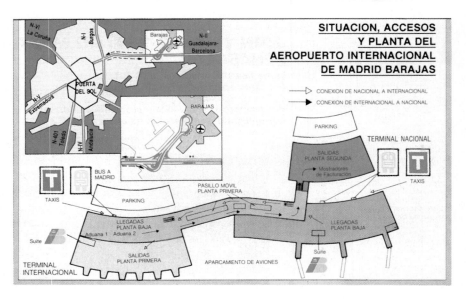

5. *La Federación Automovilística de Puerto Rico* provides its members with maps marked with recommended routes for travel by automobile.

¿Comprendió usted?

1. Los Sablán van a estar en Europa por (menos / más) de un mes.
2. Van a visitar (sólo dos países en / una parte de / toda) Europa.
3. Ellos fueron allí para (asistir a un congreso / visitar a amigos).
4. Van a viajar por Europa en (auto / bicicleta / autobús / avión).
5. Los Sablán van a (una casa / un hotel / un rancho / un aeropuerto).
6. Había (poco / mucho) tráfico en Madrid cuando ellos llegaron allí.
7. Recientemente, Diana y Ángel visitaron (Francia / México / España).
8. En este momento (Ángel / Diana) está manejando el auto alquilado.

> "Caminante, no hay camino;
> se hace camino al andar."
>
> —Antonio Machado, poeta español

C • U • L • T • U • R • A

Dónde alojarse en España y en Latinoamérica

En España todos los hoteles están divididos en diferentes categorías, según sus cualidades e instalaciones°. Un hotel (H) puede tener entre una y cinco estrellas°; un hotel de cinco estrellas representa lo mejor y lo más caro. Un hostal (Hs) tiene las mismas instalaciones que un hotel, pero normalmente ocupa sólo una parte de un edificio y tiene un ascensor común. Un hostal residencia (HsR) ofrece habitaciones y desayuno. Una pensión (P) tiene pocas habitaciones y el dueño tiene el derecho° de cobrar por tres comidas diarias. Una fonda (F) ofrece las instalaciones más económicas.

Hay algunos hoteles muy buenos que se llaman paradores. Muchas veces estos hoteles son castillos° históricos con magníficas vistas, y tienen muebles° antiguos y excelentes instalaciones, incluso restaurantes. Por lo general, los paradores son caros. También hay albergues° pequeños pero cómodos, que son principalmente para los viajeros que llegan en auto.

Para los viajeros que tienen poco dinero hay más de cuarenta albergues para la juventud°. Durante los meses de verano es posible alquilar una habitación económica en las residencias de muchas universidades, que se llaman colegios mayores. Para alojarse allí, hay que tener una tarjeta de estudiante internacional.

El modo más barato de alojarse en España es acampando. Hay más de quinientos campamentos en el país. Por supuesto, hay que llevar todo el equipo necesario para acampar, pero es posible comprar comida en esos lugares.

Los hoteles de Latinoamérica van de cinco estrellas hasta pequeñas hosterías en lugares remotos. En casi todas las ciudades latinoamericanas hay pequeños hoteles sencillos° pero limpios, cuyas tarifas son menos de veinte dólares al día por un cuarto doble. Por supuesto, hay hoteles de lujo° cuyos clientes pagan más de cien dólares por día. Estos hoteles ofrecen grandes y cómodas instalaciones tales como piscina, aire acondicionado, sauna, restaurante y bar con entretenimiento nocturno.

También hay pensiones en las ciudades latinoamericanas. Puesto que la mayoría de las pensiones ocupan parte de la casa de una familia, éstas son pequeñas y con un ambiente informal, pero cómodas. Por lo general, se puede pedir media pensión (cama más desayuno) o pensión completa (cama más tres comidas). Las pensiones son ideales tanto para familias como para personas que buscan un lugar económico para alojarse.

• • • • • • • • • • • • • • • • • •

---

facilities
stars

right

castles
furniture
inns

youth

simple

luxury

¿Dónde nos alojamos?

Converse con un(a) compañero(a) de clase. ¿Dónde preferirían ustedes alojarse si fueran a España o a Latinoamérica algún día? Discutan sus preferencias y razones.

- fonda
- hostal
- parador

- pensión
- albergue
- campamento

- hostal residencia
- hotel de (#) estrellas
- albergue para la juventud

VOCABULARIO ESENCIAL

In this section you will learn to talk about accommodations in Spanish.

Cómo comunicarse en un hotel

En la recepción

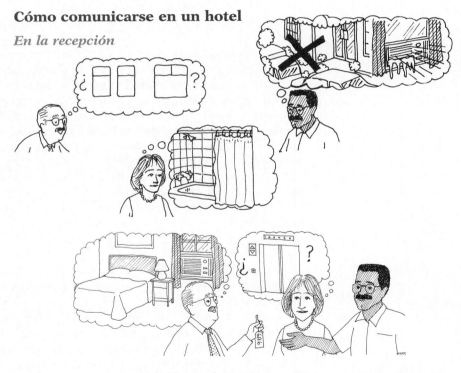

ÁNGEL: Buenos días. Soy Ángel Sablán. Tenemos una reservación.

RECEPCIONISTA: Sí, tengo su reserva aquí, señor. ¿Prefieren ustedes una habitación[1] con una cama doble° o dos camas sencillas°?

double bed / single

DIANA: Una doble, por favor. Y que el cuarto tenga un baño privado° y ducha°.

private (not shared) / shower / face

ÁNGEL: También queremos un cuarto que no dé° a la calle porque hay mucho ruido° aquí por el tráfico... y que tenga aire acondicionado.

noise

---

[1] In general, Latin Americans use the words *reservación* and *cuarto* while Spaniards use *reserva* and *habitación*, respectively.

comfortable
elevator
of course / left / right
key

RECEPCIONISTA: Sí, señor. Todas las habitaciones tienen aire acondicio-
nado. Son muy cómodas°.
DIANA: ¿Hay un ascensor°?
RECEPCIONISTA: Sí, cómo no°, señora. Aquí a la izquierda°. Y a la derecha°
hay un restaurante y una piscina. Ésta es la llave° para su
habitación, número 686.
ÁNGEL: Muchas gracias.
RECEPCIONISTA: De nada, señor.

En la habitación

En el baño

---

[1] In Spanish, *el televisor* is the actual television set, and *la televisión* is what one
watches; for example: *Mi televisor está en una mesa. / Miro televisión por la noche.*

[2] In Spanish, *el radio* is the physical object, and *la radio* is what one listens to; for
example: *El radio está en la mesa. / Escucho la radio por la mañana.*

Practiquemos

• A • ¡**Adivínelo!** Lea cada descripción; luego indique qué es.

Ejemplo: Se duerme sobre esto.
la cama

	la cama
1. Uno se sienta aquí para leer.	el ruido
2. Se usa para lavarse las manos.	el jabón
3. Es otra palabra para *cuarto*.	la llave
4. En este lugar uno se registra.	el espejo
5. Se usa esto para secarse bien.	el lavabo
6. El tráfico causa este problema.	el sillón
7. Se pone esto cuando hace calor.	la toalla
8. Sobre esto se escriben tarjetas postales.	la lámpara
9. Se usa esto para abrir una puerta.	la recepción
10. Se necesita esto para leer de noche.	el escritorio
11. En esto uno se lava las manos.	la habitación
12. Se usa esto para mirarse a sí mismo(a).	el aire acondicionado

• B • **En la recepción.**   Hable con otro(a) estudiante. Una persona lee lo que dice el (la) cliente, y la otra persona es el (la) recepcionista, que responde apropiadamente. Ustedes están en un hotel de un país latino-americano.

CLIENTE	RECEPCIONISTA (ESCOGE UNA RESPUESTA)
1. —Quiero un cuarto, por favor.	—Sí, no hay ningún ruido.
2. —¿Cuánto cuesta el cuarto?	—No, da al patio interior.
3. —Ay, no. Eso es demasiado.	—Treinta mil pesos al día.
4. —El cuarto… ¿da a la calle?	—Está por allí, a la derecha.
5. —¿Es tranquilo el cuarto?	—¿Quiere uno sencillo o doble?
6. —¿Hay un televisor en el cuarto?	—Es el más barato que tenemos.
7. —Perdón, ¿dónde está el ascensor?	—Cómo no. También hay un radio.

• C • **Hotel "La Pacífica".**   Lea el anuncio de la página 257 y conteste las preguntas.

1. ¿Dónde está el Hotel La Pacífica?
2. ¿Qué servicios le ofrece el hotel al público?
3. ¿Por qué usa el hotel el símbolo de un tucán?

Ahora escriba un anuncio atractivo que tenga un plan especial de un hotel que usted conoce personalmente.

Teléfono: (506) 69 00 50

Guanacaste, Costa Rica
La Pacífica
Hotel - Restaurant

ubicado en una hacienda de 1500 hectáreas, rodeado de la más bella naturaleza

• Hotel-Bar-Restaurant
• Sala de reunión – TV
• Piscina, gymnasio, ping-pong

• Paseo a caballo
• Sendero regulado
• Rafting por el Río Corobicí

Venga a relajarse con la naturaleza. Disfrute viendo hermosos y exóticos pájaros, mamíferos y plantas del bosque seco. La Pacífica es el lugar ideal para programar sus visitas a importantes parques y reservas.

Carretera Interamericana, 4 kms. después de Cañas.

• D • ¡Bienvenido a Madrid! Converse con un(a) compañero(a) de clase.

CLIENTE	RECEPCIONISTA
1. Greet the receptionist.	2. Return the greeting.
3. Ask for a single room with a private bath.	4. Ask how many days your guest is going to stay.
5. Find out how much the room costs.	6. Inform him or her about your various room rates.
7. Ask about the hotel facilities.	8. Answer your guest's questions.
9. Describe the kind of room you want.	10. Respond, then say the number of the room.
11. Express your appreciation.	12. Respond, then say something to make your guest feel welcome.

ATAJO

Phrases / Functions: expressing time relationships; linking ideas
Vocabulary: countries; direction & distance; means of transportation; traveling
Grammar: verbs: irregular preterite; verbs: preterite; verbs: imperfect; verbs: preterite & imperfect

• E • Un viaje interesante. En uno o dos párrafos, describa un viaje interesante que usted hizo. En su descripción, mencione…

1. cuándo hizo usted el viaje.
2. quiénes fueron con usted.
3. adónde fueron ustedes.
4. qué hicieron en ese lugar.
5. a quién conocieron allí.
6. cuándo volvieron del viaje.

Cómo quejarse de la habitación

made up / dirty

I forgot

clean / I'm very sorry

ÁNGEL: Señor, el cuarto 686 no está arreglado° y está muy sucio°.

DIANA: Sí, y no hay toallas ni jabón ni papel higiénico.

RECEPCIONISTA: Ay, perdón. Olvidé° que estamos renovando la habitación 686. Aquí está la llave de la 623. La habitación está arreglada, limpia° y bien completa. Lo siento mucho°.

Practiquemos

• F • **Problemas de hotel.**   Imagínese que usted está en un hotel en España. Hable con otro(a) estudiante sobre varios problemas que ocurrieron en la habitación del hotel.

RECEPCIONISTA	CLIENTE
1. ¿En qué puedo servirle, (señor / señorita / señora)?	2. Pues… lo siento, pero no me gusta mi habitación.
3. ¿Por qué no le gusta?	4. Primero, no hay ____ ni tampoco hay ____.
5. No me diga usted. Bueno, voy a ____.	6. Gracias. Otra cosa: no funciona el (la) ____.
7. ¿Cómo? ¿No funciona ____?	8. No. Espero que usted ____.
9. Pues, cómo no. Lo que puedo hacer es ____.	10. Muchas gracias, (señor / señorita / señora).
11. ____.	12. ____.

• G • **Situaciones.**   Lea cada problema. Luego discuta con un(a) compañero(a) de clase la mejor solución para resolverlo.

1. Despúes de entrar al cuarto de un hotel en un país latinoamericano, ustedes se duchan, miran las noticias en la tele y luego se acuestan. A las tres de la mañana un ruido tremendo les despierta: dos personas en otro cuarto comienzan a tener un terrible conflicto verbal y ustedes ya no pueden dormir.

2. La mañana sìguiente ustedes van a salir del hotel para ir al aeropuerto. El recepcionista les da la cuenta del cuarto, la cual indica que ustedes hicieron dos llamadas telefónicas de larga distancia. Pero ustedes no hicieron las llamadas, que cuestan veintidós dólares.

to protect

form

 GRAMÁTICA ESENCIAL

In this section you will learn to express certainty and uncertainty.

Present Subjunctive Following Verbs and Expressions of Uncertainty

Spanish speakers use the subjunctive mood to express doubt, uncertainty, disbelief, unreality, nonexistence and indefiniteness.

How to use the present subjunctive

1. Use the following verbs and expressions to communicate uncertainty.

dudar	*to doubt*	**no creer**	*to disbelieve*
es dudoso	*it's doubtful*	**no estar seguro**	*to be unsure*

Notice how the **present subjunctive** is used in the following sentences to express **doubt** and **uncertainty**.

Dudo que **vayas** a Europa.	*I doubt you're going to Europe.*
Es dudoso que **tengas** dinero.	*It's doubtful that you have money.*
No creo que **ganes** mucho.	*I don't believe you earn a lot.*
No estoy seguro que **puedas** viajar.	*I'm not sure you can travel.*

But notice how the **present indicative** is used in the following sentences to express **confidence** and **certainty**.

No dudo que **vas** a Europa.	*I don't doubt you're going to Europe.*
No es dudoso que **tienes** dinero.	*It's not doubtful you have money.*
Creo que **ganas** mucho.	*I believe you earn a lot.*
Estoy seguro que **puedes** viajar.	*I'm sure you can travel.*

2. Spanish speakers use the **subjunctive** after *que* when they are not sure whether the people, places, things or conditions that they are describing exist, or they do not believe that they exist at all.

Quiero alquilar una casa de verano que **esté** cerca del mar. Prefiero una casa bonita que **tenga** dos dormitorios y que **sea** barata.	*I want to rent a summer house that is near the sea. I prefer a pretty house that has two bedrooms and that is inexpensive.*

The speaker describes an ideal summer house that she wants to rent. The house must have certain specifications: it must be located near the sea, have two bedrooms, and be inexpensive. So far, however, she has not found such a summer house, nor is she sure she will be able to find one. Because of her doubt and uncertainty about this situation, she uses the subjunctive after *que*.

On the other hand, Spanish speakers use the **indicative** after *que* to refer to people and things they are certain about or believe to be true.

Conozco un hotel pequeño que **está** a cinco kilómetros al norte de Barcelona: el Solymar. Sé que sus tarifas **son** bajas y creo que **sirven** comida excelente en su restaurante.	*I know a small hotel that is five kilometers north of Barcelona: the Solymar. I know that its rates are low, and I think that they serve excellent food in their restaurant.*

Now the speaker tells us about a specific hotel she is familiar with. She also knows its name, its location, that its rates are low and she believes they serve excellent food. Because the speaker knows these facts are true, or she feels certain about them, she uses the indicative after *que*.[1]

---

[1] The personal *a* is used before a direct object that refers to a specific person (in the indicative). But if the person referred to is not specified, omit the personal *a*, except before *alguien, nadie, alguno* and *ninguno*.

Conoces **a** alguien que viva en España? (*a* + *alguien*)

Conozco **a** María Pérez, que es abogada. (*a* + specific person)

But: Busco un amigo que vaya conmigo. (omit *a* = nonspecific person)

Practiquemos

• A • **De paseo en Madrid.** Con otro(a) estudiante, complete las siguientes conversaciones entre Ángel (A) y Diana (D), que están paseando en un barrio bonito de Madrid por la tarde.

> **Ejemplo:**   A: Creo / ir a llover más tarde.
> D: Es dudoso / llover hoy porque…
>
> A: *Creo que va a llover más tarde.*
> D: *Es dudoso que llueva hoy porque está despejado.*

1. D: Dudo / ésta / ser la ruta al museo.
    A: No dudo / ser la ruta correcta porque…

2. A: No estoy seguro / (nosotros) poder caminar por aquí.
    D: No hay duda / (nosotros) poder caminar por aquí porque…

3. D: ¿Crees / los almacenes / estar abiertos?
    A: No. Estoy seguro / estar cerrados porque…

4. A: Creo / (nosotros) tener que salir de Madrid mañana.
    D: Estoy seguro / no (nosotros) salir mañana porque…

5. A: Creo / (nosotros) hacer mucho ejercicio hoy, ¿no?
    D: Sí, creo / (tú) tener razón porque…

hoy es domingo

está despejado

miré bien el mapa

necesitamos ir de compras

no dice lo contrario

ya caminamos por dos horas

• B • **En un parador.** Ángel y Diana fueron en auto a un parador cerca de Madrid donde pasaron dos noches. ¿Qué le dijeron al recepcionista?

> **Ejemplo:**   queremos un cuarto / tener una cama doble
> *Queremos un cuarto que tenga una cama doble.*

Antes de ver la habitación:
1. ¿Podría darnos un cuarto / no dar a la calle?
2. ¿No tiene usted otros cuartos / costar un poco menos?
3. ¿Puede usted darnos un cuarto / estar en el primer piso?
4. ¿Deseamos un cuarto / tener una vista del campo?
5. ¿Hay alguien / poder ayudarnos con nuestras maletas?

Después de ver la habitación:
6. Deseamos un cuarto / no ser tan pequeño.
7. Preferimos un cuarto / tener baño privado.
8. Buscamos un empleado / poder darnos más toallas.

•C• Una invitación. Imagínese que usted acaba de conocer a otro(a) cliente de hotel donde usted está hospedado(a) en Madrid. Ahora converse con su nuevo(a) amigo(a).

AMIGO(A) A	AMIGO(A) B
1. Oye, quiero invitarte a ____. ¿Puedes ____?	2. Muchas gracias, pero no creo que ____.
3. Pero, ¿por qué?	4. Porque no estoy seguro(a) que ____.
5. Comprendo. ¿Es posible que ____?	6. Bueno, dudo que ____.
7. Qué lástima. Tengo otra idea. ¿Puedes ____?	8. Sí, creo que ____. ¿ ____?
9. ____.	10. Bien. Entonces, ____.
11. ¡Perfecto! Hasta luego.	12. ____.

•D• Planes para viajar. Converse con un(a) compañero(a) de clase sobre sus aspiraciones.

Ejemplo: *Algún día quiero visitar un lugar que esté cerca del mar.*

1. Algún día quiero visitar un lugar que…
2. Creo que…, pero no estoy seguro(a) que…
3. En ese lugar hay… Por eso, no dudo que…
4. Estoy seguro(a) que mis…, pero no creo que…

•E• ¿Qué cree usted? Escriba una lista de cinco temas en los cuales usted cree, y otra lista de cinco temas en los cuales usted no cree.

Ejemplos: La familia:

Creo que la familia es muy importante.

No creo que los niños deban mirar mucha televisión.

Temas posibles:

1. La familia: la influencia de los padres, las obligaciones de los niños, la importancia de los abuelos
2. La educación: los colegios, las universidades, los profesores, los administradores, los cursos, los exámenes
3. La buena salud: la dieta, el ejercicio, las comidas buenas y malas
4. La vida social: los pasatiempos, los cines, las relaciones personales, el matrimonio, el divorcio
5. La sociedad: la libertad, la política, la religión, las drogas, la violencia, los líderes

C • U • L • T • U • R • A

Cómo viajar en España y en Latinoamérica

En avión. Es muy caro viajar en avión de una ciudad española a otra. Sin embargo°, a veces hay descuentos de estudiante y otras tarifas especiales en los vuelos° nocturnos. En Latinoamérica si usted piensa viajar a regiones selváticas° o desiérticas, a las montañas de los Andes o durante la temporada lluviosa, es recomendable ir en avión.

En tren. La mayoría de los españoles viajan de una ciudad a otra en tren. España tiene un sistema excelente de ferrocarriles. Casi todos los trenes tienen secciones de primera y de segunda clase, y la mayoría de los trenes nocturnos tienen coches-cama para dormir. En Latinoamérica también hay buenos servicios de tren entre muchas ciudades.

En autobús. El excelente sistema de autobuses en España sirve a los pueblos pequeños que no tienen servicio de tren, además de los otros pueblos y ciudades del país. La mayoría de los autobuses son cómodos, son más económicos que los trenes, y pueden llevarlo a uno a su destino más rápidamente que un tren, especialmente si las distancias son cortas. Si uno quiere viajar por las rutas principales de los autobuses, es recomendable hacer reserva. En Latinoamérica existe un sistema extenso de autobuses para el público, que ofrece transporte barato entre las ciudades latinoamericanas. Algunos autobuses son modernos con aire acondicionado, películas en vídeo y servicio de bebidas. Otros autobuses son más viejos y paran° frecuentemente a lo largo de su ruta para que los pasajeros puedan subir o bajar.

En auto. Viajar en auto es la manera más conveniente y cómoda para visitar los lugares remotos de España. Aunque las carreteras° de España son relativamente buenas, muchos españoles no viajan largas distancias en auto porque la gasolina es muy cara. Sin embargo, muchos turistas extranjeros° prefieren viajar por España en auto a pesar° del alto costo de la gasolina porque esto les permite visitar muchos lugares interesantes. En Latinoamérica mucha gente usa el transporte público porque los autos, las piezas de repuesto°, la gasolina y el petróleo son caros.

• • • • • • • • • • • • • • • • • • • •

Nevertheless
flights
jungle

stop

highways

foreign / despite

spare parts

Preguntas

1. ¿Cómo es el transporte público en su país?

2. ¿Con qué frecuencia viaja usted en transporte público? Explique.

3. ¿Cuáles son algunas ventajas y desventajas del transporte público?

¡De vacaciones!
Lea el siguiente anuncio y conteste las preguntas que siguen.

Un viaje a Europa debe hacerse con la mejor compañía.

Y la mejor compañía es aquella que se preocupa por hacerle su viaje más placentero.

Lufthansa es la única línea aérea que lo lleva directamente a Frankfurt, Alemania, seis veces a la semana.

Además, con los exclusivos Lufthansa Tours, los más prestigiados a Europa y Medio Oriente, le ofrecemos programas

atractivos que incluyen alojamiento, traslados, alimentos, visitas, excursiones y renta de automóviles para recorrer libremente el Viejo Continente e inclusive, la posibilidad de hacerle un plan a su medida.

Por esto, y porque ofrece atención personal, comodidad y puntualidad en cada vuelo, viaje a Europa con la mejor compañía.

 Lufthansa
Lineas Aéreas Alemanas

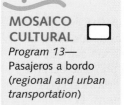

MOSAICO CULTURAL
Program 13—
Pasajeros a bordo
(regional and urban
transportation)

1. ¿Cómo se llama "la mejor compañía" para viajar a Europa, según el anuncio?
2. ¿De qué país es esta aerolínea?
3. ¿Adónde se puede viajar con Lufthansa?
4. ¿Qué servicios especiales ofrece esta aerolínea?

 GRAMÁTICA ESENCIAL

In this section you will learn to express cause-and-effect relationships.

Present Subjunctive in Purpose and Time Clauses

A conjunction is a word that links together words or groups of words, such as an independent clause and a dependent clause. Conjunctions of purpose and of time are listed here with explanations and examples.

Conjunctions of Purpose

1. **Always** use the subjunctive after these five conjunctions of purpose:

sin que	*without*	**en caso (de) que**	*in case (of)*
para que	*so (that)*	**con tal (de) que**	*provided (that)*
a menos que	*unless*		

Independent clause	Conjunction	Dependent clause
|	|	|
Voy a Europa	**con tal (de) que**	**vayas** conmigo.

I'll go to Europe provided that you go with me.

2. Use the conjunction *aunque* (**although, even though**) with the indicative to state certainty and with the subjunctive to imply uncertainty.

CERTAINTY (INDICATIVE)

Aunque el viaje **es** en julio, no puedo ir.

Although the trip is in July, I can't go.

UNCERTAINTY (SUBJUNCTIVE)

Aunque el viaje **sea** en julio, *no puedo ir.*

Although the trip may be in July, I can't go.

Conjunctions of Time

1. With one exception, the five conjunctions of time listed below may be followed by a verb in either the indicative or the subjunctive. When referring to habitual or completed actions, use the indicative in the dependent clause. When an action has not yet taken place, use the subjunctive in the dependent clause.

antes (de) que	*before*	**cuando**	*when*
después (de) que	*after*	**hasta que**	*until*
tan pronto como	*as soon as*		

HABITUAL ACTION (INDICATIVE)

Ángel siempre saca fotos **cuando viaja** al extranjero.

Ángel always takes pictures when he travels abroad.

COMPLETED ACTION (INDICATIVE)

Ángel sacó fotos **cuando viajó** a España.

Ángel took pictures when he traveled to Spain.

PENDING ACTION (SUBJUNCTIVE)

Ángel va a sacar fotos **cuando viaje** a Andorra.

Ángel is going to take pictures when he travels to Andorra.

2. One exception: After the conjunction *antes (de) que*, **always** use the subjunctive in the dependent clause.

Ángel va a sacar fotos de Madrid **antes de que** él y Diana **viajen** a Andorra.

Ángel is going to take pictures of Madrid before he and Diana travel to Andorra.

When there is no change of subject in a sentence, use an **infinitive** after the prepositions *antes de* (before) and *después de* (after).

Ángel va a sacar fotos de Madrid **antes de viajar** a Andorra con Diana.

Ángel is going to take pictures of Madrid before traveling to Andorra with Diana.

Ángel va a sacar fotos de Andorra **después de viajar** por España con Diana.

Ángel is going to take pictures of Andorra after traveling through Spain with Diana.

**"Gracias a la vida que me ha dado tanto
me ha dado la marcha de mis pies cansados
con ellos anduve ciudades y charcos,
playas y desiertos, montañas y llanos
y la casa tuya, tu calle y tu patio."**

—Violeta Parra, autora chilena

Practiquemos

• A • **Planes para el día.** Ángel y Diana están planeando lo que van a hacer hoy. Complete su conversación, usando las siguientes conjunciones y preposiciones.

aunque	para que	a menos que
cuando	después de	con tal de que
antes de	en caso de que	tan pronto como

DIANA: ¿Cuándo quieres ir al Museo del Prado?

ÁNGEL: _____ tú quieras, Diana. Creo que debemos visitar el museo _____ sea posible porque salimos de Madrid en dos días.

DIANA: Bueno, entonces vamos esta mañana. Y _____ visitar el museo, podemos almorzar, _____ prefieras hacer otra cosa.

ÁNGEL: No, quiero ir al museo ahora _____ veamos los cuadros de los famosos artistas españoles. Luego podemos almorzar _____ no gastemos mucho dinero.

DIANA: Pues, vamos a McDonald's aquí cerca. Oye, debemos cambiar dinero _____ llegar al museo.

ÁNGEL: De acuerdo. _____ no hace mucho frío hoy, voy a ponerme una chaqueta.

DIANA: Y yo voy a llevar mi paraguas _____ llueva más tarde.

ÁNGEL: Bueno, ¡vamos ya!

• B • **Salida de Madrid.** Complete la siguiente descripción, usando los verbos correctos que están entre paréntesis.

Cuando Ángel y Diana (vuelven / vuelvan) a su hotel esta noche, (van / vayan) a acostarse temprano porque mañana (salen / salgan) para Andorra. Diana (piensa / piense) llamar por teléfono a sus padres para que (saben / sepan) que ella y Ángel (están / estén) bien.

Ángel (cree / crea) que ellos no (pueden / puedan) llegar a
Andorra en un día a menos que él y Diana (manejan / manejen) su
auto en turnos. Tan pronto como (llegan / lleguen) a ese país, ellos
(van / vayan) a buscar un hotel económico que les (gusta / guste).

• C • **Consejos para el novio.**   Hace tres años algunos amigos de
Ángel le dieron algunos consejos antes de que él se casara con Diana.
¿Qué le dijeron a Ángel?

Ejemplo: Compra una casa tan pronto como *sea* posible.

1. Antes de que tú te <u>casar</u> con Diana, piénsalo bien.
2. No compres nada caro sin que tu esposa lo <u>saber</u>.
3. Cuando Diana <u>estar</u> enferma, haz todo lo posible para ayudarla.
4. No le des consejos a tu esposa a menos que ella te los <u>pedir</u>.
5. Habla frecuentemente con ella para que ustedes se <u>comprender</u>.
6. En caso de que (tú) <u>tener</u> algún problema serio, llámanos.
7. Vengan a visitarnos después de que ustedes <u>volver</u> de vacaciones.

• D • **Entrevista.**   Pregúntele a un(a) compañero(a) de clase.

1. ¿Cuándo piensas visitar Europa? ¿Qué países europeos te gustaría
   conocer? Cuéntame más acerca de tus planes.
2. ¿Qué puedes hacer en caso de que no tengas suficiente dinero para ese
   viaje?
3. ¿Qué te gustaría hacer tan pronto como llegues a Europa?
4. ¿Qué preparativos vas a hacer para que te vaya bien en el viaje?

• E • **Preparativos.**   Imagínese que usted y un(a) compañero(a) de
clase están planeando hacer un viaje a España. Hable con él (ella), completando las siguientes oraciones.

Ejemplo: Podemos cambiar dinero cuando…
                Podemos cambiar dinero cuando lleguemos a Madrid.

1. ¿Quieres alquilar un auto cuando…?
2. Espero que tengan nuestra reserva cuando…
3. Debemos conseguir un mapa de España cuando…
4. Podemos visitar el Museo del Prado cuando…
5. Vamos a probar la comida española cuando…
6. ¿Piensas alquilar una bicicleta cuando…?
7. Quiero comprar una camiseta de España cuando…
8. Voy a comprar algunas tarjetas postales cuando…

• **F** • **¡Qué viaje!**   Imagínese que usted y un(a) amigo(a) van a hacer un viaje que cuesta tres mil dólares. Escriba un párrafo sobre sus planes.

Describe...

1. where you would like to go and why. (**porque**)
2. when you and your friend plan to leave. (**cuando**)
3. what you need to buy before leaving home. (**antes de / antes de que**)
4. what you are going to do as soon as you arrive. (**tan pronto como**)
5. what you plan to do in case of bad weather. (**en caso de que**)
6. what you will do after returning. (**después de / después de que**)

ATAJO

Phrases / Functions: planning a vacation
Vocabulary: countries; means of transportation; traveling
Grammar: verbs: subjunctive with *que*

ASÍ SE DICE

Sustantivos

el avión   *airplane*
la calle   *street*
la maleta   *suitcase*
el ruido   *noise*
el viaje   *trip*

En la habitación   (room—Spain)

el aire acondicionado   *air conditioning*
el ascensor   *elevator*
la cama   *bed*
el cuadro   *painting*
la ducha   *shower*
el escritorio   *desk*
el espejo   *mirror*
el inodoro   *toilet*
el jabón   *soap*
la lámpara   *lamp*
el lavabo   *sink*
la llave   *key*
la mesa   *table*
el papel higiénico   *toilet paper*
la puerta   *door*
la recepción   *front desk*
la silla   *chair*
el sillón   *easy chair*

el televisor   *television set*
la toalla   *towel*

Adjetivos

arreglado   *made up (e.g., a hotel room)*
cómodo   *comfortable*
doble   *double*
dudoso   *doubtful*
entusiasmado   *excited*
limpio   *clean*
organizado   *organized*
privado   *private*
sencillo   *single*
seguro   *certain, sure*
sucio   *dirty*

Verbos

alquilar   *to rent*
asistir a   *to attend*
conseguir   *to get, to obtain*
dudar   *to doubt*
manejar   *to drive*
morirse (o → ue)   *to die*
olvidar   *to forget*
quejarse   *to complain*
viajar   *to travel*

Preposiciones

antes de + infinitive   *before*
después de + infinitive   *after*

Conjunciones

a menos que   *unless*
antes (de) que   *before*
aunque   *although, even though*
con tal (de) que   *provided (that)*
después (de) que   *after*
en caso (de) que   *in case (of)*
hasta que   *until*
para que   *so (that)*
sin que   *without*
tan pronto como   *as soon as*

Expresiones idiomáticas

al extranjero   *abroad*
a la derecha   *to (on) the right*
a la izquierda   *to (on) the left*
bienvenido   *welcome*
cómo no   *of course*
dar a la calle   *to face the street*
hacer un viaje   *to take a trip*
Lo siento (mucho).   *I'm (very) sorry.*

• Lección 14 •

¡Ay! ¡No me siento bien!

ENFOQUE

COMMUNICATIVE GOALS

You will be able to discuss health-related matters and to describe past incidents and experiences.

LANGUAGE FUNCTIONS

Communicating with medical personnel
Giving advice on health care
Describing past wishes and emotions
Stating previous uncertainties
Describing childhood experiences
Speculating on future actions

VOCABULARY THEMES

Common medical problems
The human body

GRAMMATICAL STRUCTURES

Past (Imperfect) subjunctive
Conditional tense

CULTURAL INFORMATION

Seeking medical assistance abroad
Taking medical precautions abroad

EN CONTEXTO

from

Ángel y Diana Sablán viajaron en su auto alquilado por dos días desde° Madrid hasta Andorra.(1) Pasaron por las comunidades autónomas de Castilla-La Mancha, Aragón y Cataluña.(2) Ahora están almorzando en el restaurante de su hotel.

ÁNGEL: Diana, no comiste casi nada. ¿No te gusta la paella?(3)

I feel

DIANA: Pues, no tengo mucha hambre. Me siento° un poco enferma.

ÁNGEL: Sugiero que descanses, amor. Puedes acostarte en nuestro cuarto.

DIANA: Tienes razón. Ay,… pero no me siento bien, Ángel.

right now
far

ÁNGEL: Voy a llevarte a un médico ahora mismo°, Diana. Vi una clínica en una calle no lejos° de aquí. Vamos, querida. Yo te ayudo.

Ángel llevó inmediatamente a su esposa a la clínica en su auto. Allí encontraron a una médica que hablaba bien el español.(4)

What's the problem?

MÉDICA: ¿Qué tiene usted°, señora?

DIANA: No sé, doctora, pero tengo náuseas.

MÉDICA: Ya veo. Pues, siéntese aquí, por favor. Voy a examinarla y hacerle algunos exámenes.

DIANA: Sí, doctora. Gracias.

Más tarde

pregnant
Congratulations!

MÉDICA: Señora, tengo buenas noticias. Usted está… embarazada°. ¡Felicidades°!

DIANA: ¡¿Embarazada?! ¡Ay, Dios mío! ¡No me diga usted!

ÁNGEL: ¡Voy a ser papá! ¡Qué emoción!

take care

MÉDICA: Señora, usted debe comer cuatro o cinco comidas pequeñas cada día y descansar. Aunque su salud es excelente, tiene que cuidarse° un poco, ¿eh?

DIANA: Sí, doctora… comprendo.

MÉDICA: En caso de que usted tenga otro problema, vuelva a la clínica, por favor. Espero que ustedes tengan un buen viaje. Adiós.

ÁNGEL: Adiós, doctora. ¡Muchas gracias!

Notas de texto

1. Andorra is a small country located in the Pyrenees Mountains between Spain and France. Three languages are spoken there: Spanish, French and Catalán.

Este bello paisaje de los Pirineos se ve desde el pueblo español de Val de Aran Vilac.

¡Qué rica! La paella es el plato nacional de España. ¿A usted le gustaría probarla?

2. Since 1978, Spain has been divided into 18 "autonomous communi-ties," which has brought about a renewed emphasis on regional pride. These communities are not entirely self-ruling, however, and are par-tially dependent upon the central government of Spain.

3. *La paella* is the national dish of Spain. It consists of rice with saffron topped with assorted seafoods, chicken, pork, tomatoes, peas and black olives.

4. Most physicians and many other medical personnel in Europe are multilingual. Not only have they studied several foreign languages in school, but many of them travel abroad on business or for pleasure, which puts them in contact with speakers of different languages.

¿Comprendió usted?

Indique quién diría (*would say*) las siguientes oraciones: Ángel, Diana, Ángel o Diana, o la médica.

1. Ay, no quiero comer más. No me siento bien.
2. Ojalá que usted visite Puerto Rico algún día.
3. ¡Voy a ser mamá! ¡Por Dios! Estoy muy contenta.
4. Espero que ustedes vuelvan a Andorra algún día.
5. ¿Sabes qué, amor? En poco tiempo voy a ser papá.
6. Usted habla bien el español. ¿Dónde lo aprendió?
7. Nos gusta mucho su país, especialmente las montañas.
8. Me alegro mucho de que a ustedes les guste mi país.
9. Esta clínica es tan moderna como las de Puerto Rico.
10. Señora, los exámenes indican que usted está embarazada.

∴⌇⌇ VOCABULARIO ESENCIAL ⌇⌇∴

In this section you will learn to describe health-related matters.

Cómo hablar de la salud

En la clínica

	MÉDICA: ¿Qué tiene usted, señora?
headache / hurts *I got sick*	DIANA: Tengo dolor de cabeza°, doctora.[1] Y me duele° el estómago. Me enfermé° en el restaurante. Creo que fue por la comida.
mouth / Stick out your *tongue*	MÉDICA: Voy a examinarla. Abra la boca°, por favor. Saque la lengua° y diga "ahhh".
	DIANA: Ahhh. ¿Me voy a morir, doctora?
serious / pills	MÉDICA: No, señora. No es nada grave°. Tómese una de estas pastillas° cada cuatro horas y trate de descansar.
	DIANA: Muchas gracias, doctora.

Los problemas médicos

MÉDICO(A): ¿Qué tiene usted?
PACIENTE: Tengo…

una gripe.	*flu*
una tos.	*cough*
una fiebre.	*fever*
un catarro.	*cold*
un dolor **de oídos.**	*earache*
un dolor **de muelas.**	*toothache*

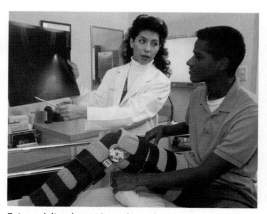

Esta médica le está explicando a su joven paciente cómo se usan los rayos-x en una clínica moderna.

---

[1] When speaking **about** a medical doctor, use *el (la) médico(a)*. When speaking directly **to** a doctor, use *doctor(a)*.

¿Le duele...?[1]

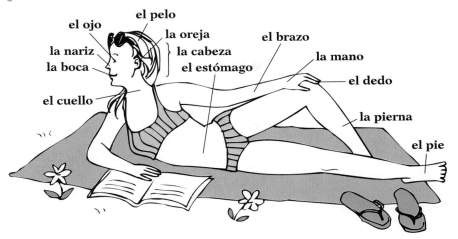

el pelo
el ojo
la oreja   el brazo
la nariz   la cabeza
la boca   el estómago   la mano
                                   el dedo
el cuello   la pierna
                                   el pie

~~~~~~

"Manos frías, corazón caliente, amor de siempre.
Manos calientes, corazón frío, amor para un día."

—refrán popular

• • • • • • • • • • • • • • • • • • •

Practiquemos

• **A** • **¿Qué se debe hacer?**   Lea cada problema médico, luego decida lo que se debe hacer.

Ejemplo: *Una persona que tiene fiebre debe descansar un poco.*

Una persona que tiene...   **debe...**

1. dolor de muelas   ir a un hospital
2. tensión nerviosa   dormir la siesta
3. catarro y tos   descansar un poco
4. dolor de estómago   tomar Pepto Bismol®
5. insomnio constante   tomar antibióticos
6. diarrea no frecuente   ir a una clínica dental
7. un problema médico grave   hablar con un(a) médico(a)
8. fiebre y dolor de cabeza   tomar una o dos aspirinas

---

[1] Use only a definite article (*el, la, los, las*) when referring to a part of the body: *Me duele **la** cabeza* = My head hurts; *A ella le duelen **los** oídos* = Her ears hurt.

•**B**• **En la clínica.**   Hable con otro(a) estudiante: una persona es el (la) médico(a) y la otra persona es su paciente.

MÉDICO(A)

1. Buenos (Buenas) _____, (señor / señorita / señora).

3. _____. ¿Qué tiene usted?

5. ¿Dónde le duele(n) exactamente?

7. ¿Por cuánto tiempo ha tenido ese dolor?

9. ¿Tiene usted fiebre o náuseas?

11. Siéntese aquí, (señor / señorita / señora). Voy a examinarlo(la).

13. _____, (señor / señorita / señora). _____.

PACIENTE

2. _____, doctor(a). ¿Cómo está usted?

4. Pues, me duele(n) _____, doctor(a).

6. Aquí... Ay, ¡me duele(n) mucho!

8. Más o menos por _____.

10. Pues, _____.

12. ¿Es algo grave? Estoy preocupado(a). ¿Me voy a morir?

14. Gracias, doctor(a). Ya me siento mejor.

•**C**• **Por teléfono.**   Hable con otro(a) estudiante, imaginándose que ustedes están hablando por teléfono.

AMIGO(A) A

1. Hola, _____. Habla _____. ¿Qué tal?

3. ¿Cómo? ¿Por qué? ¿Qué tienes?

5. Ay, lo siento. ¿Fuiste a _____?

7. Pues, espero que te sientas mejor.

9. _____. Cuídate mucho, ¿eh?

AMIGO(A) B

2. Ay, no me siento bien.

4. Pues, tengo _____.

6. _____, pero...

8. _____. Ahora tengo que _____.

10. _____. Chao.

•**D**• **Renato Rivera, M.D.**   Lea el anuncio; luego conteste las preguntas.

RENATO RIVERA, M.D.
Neumólogo Pediátrico
Especialista en asma y
enfermedades pulmonares
en niños.
AVE. DEGETAU D-3 - CAGUAS
TEL. 746-3534
SE ACEPTAN PLANES
HORARIO:
Lunes a Jueves 1:00 P.M. a 6:00 P.M.
Sábados 9:00 A.M. a 1:00 P.M.

1. ¿En qué se especializa el doctor Rivera?

2. ¿Cuál es la dirección de su clínica?

3. ¿Cuál es el número de teléfono allí?

4. ¿Cuándo y a qué hora está abierta la clínica?

• **E** • **Situaciones.** Lea cada problema; luego discútalo con un(a) compañero(a) de clase, dando algunas recomendaciones apropiadas.

1. Emilia sufre de mucha tensión en su vida. Está muy ocupada con su trabajo como directora de un museo. Toma entre siete y diez tazas de café al día y duerme solamente cinco horas cada noche.

2. Gustavo come cuatro veces al día: desayuno (huevos, pan tostado con mantequilla, leche y jugo), almuerzo (sopa, bistec con papas fritas, ensalada, queso y fruta, dos refrescos), merienda (sandwich, vaso de leche, galletas dulces), cena (chuletas de puerco, arroz, ensalada, café con leche, pastel). Gustavo es soltero, vive solo, está gordo y hace poco ejercicio.

C • U • L • T • U • R • A

Asistencia médica en el extranjero

A veces, los norteamericanos que visitan Latinoamérica o España no están seguros de cómo conseguir asistencia médica mientras viajan. Hay muchos tipos de médicos y especialistas en medicina cuyas tarifas son relativamente bajas. Aunque hay muchos médicos en el mundo hispano, tienen que servir a un gran número de personas. La mayoría de ellos trabajan en las ciudades grandes donde pueden atender a más pacientes y donde pueden hacer uso de las instalaciones más modernas. Es muy importante que los visitantes extranjeros tengan seguro° médico o que lleven suficiente dinero para pagar sus cuentas médicas. Aquí tiene usted el nombre y la dirección de una organización que publica una lista de médicos de habla inglesa en muchos países del mundo: International Association for Medical Assistance to Travelers, 417 Center Street, Lewistown, NY 14092; teléfono: (716) 754-4883. Además, la siguiente organización vende brazaletes que contienen información médica para viajeros: Medic Alert Foundation International, Turlock, CA 95381-1009; teléfono: (800) 344-3226.

insurance

Actividades

1. ¿Qué pueden hacer los turistas cuando necesiten asistencia médica, pero no hablan la lengua del país que están visitando?

2. Escriba cuatro o cinco oraciones o preguntas esenciales para comunicarse con un(a) médico(a) en un país de habla hispana.

GRAMÁTICA ESENCIAL

In this section you will learn to express past actions, conditions and situations.

Past (Imperfect) Subjunctive

Spanish speakers use the past subjunctive to express wishes, emotions, opinions, uncertainty and indefiniteness about the past.

How to form the past subjunctive

For **all** Spanish verbs, drop the *-ron* ending from the *ustedes* form of the preterite tense, then add these personal endings: *-ra, -ras, -ra, -ramos, -rais, -ran*. The *nosotros* form always has an accent mark.[1]

	hablar	**venir**	**irse**
ustedes...	habla**ron**	vinie**ron**	se fue**ron**
	habla**ra**	vinie**ra**	me fue**ra**
	habla**ras**	vinie**ras**	te fue**ras**
	habla**ra**	vinie**ra**	se fue**ra**
	hablá**ramos**	vinié**ramos**	nos fué**ramos**
	*habla**rais***	*vinie**rais***	*os fue**rais***
	habla**ran**	vinie**ran**	se fue**ran**

How to use the past subjunctive

In previous lessons, you learned various ways to use the present subjunctive. Spanish speakers use the past subjunctive in the same ways to describe **past** actions, conditions and events.

1. To express wants, intentions, preferences and recommendations.

    Ángel **quería** que Diana **fuera** a la clínica. Allí la médica **sugirió** que ella **descansara**.

    Ángel wanted Diana to go to the clinic. There the doctor suggested that she rest.

2. To express happiness, hope, likes, complaints, worries, regret and other emotions.

    Ángel y Diana **se alegraron** de que ella **estuviera** embarazada.

    Ángel and Diana were glad that she was pregnant.

---

[1] The past subjunctive has alternate forms that use *-se* instead of *-ra* endings; for example: *hablase, hablases, hablase, hablásemos, hablaseis, hablasen; fuese, fueses, fuese, fuésemos, fueseis, fuesen*. These forms are often used in Spain and in many literary works.

3. To express opinions and attitudes.

Fue bueno que ellos **fueran** a   *It was good that they went to*
la clínica inmediatamente.   *the clinic immediately.*

4. To express uncertainty and indefiniteness.

Diana **dudó** que ella **pudiera**   *Diana doubted that she could*
salir para Francia el próximo   *leave for France the next day.*
día. Ella decidió salir cuando   *She decided to leave when she*
se sintiera mejor.   *felt better.*

Practiquemos

•**A**• **Querido Diario…**   ¿Qué escribió Diana en su diario (*diary*) el día
que fue a la clínica? Indique las formas correctas.

Cuando (volví / volviera) al hotel de la clínica, (me acosté / me
acostara) inmediatamente. Ángel quería que yo (tomé / tomara)
una taza de té, pero le dije que ya (me sentía / me sintiera) mucho
mejor. Me alegré tanto cuando la médica me (dijo / dijera) que
(estaba / estuviera) embarazada. No creía que (era / fuera) un problema grave. ¡Pensaba que (tenía / tuviera) gripe!

•**B**• **Entre esposos.**   Mientras Diana y Ángel visitaban Andorra, habla-
ban sobre sus deseos y preferencias. ¿Qué dijeron?

Ejemplo: Diana deseaba que su esposo…
              encontrar otro trabajo

              Diana deseaba que su esposo encontrara otro trabajo.

1. Diana deseaba que su esposo…
   a. hacer más ejercicio   e. afeitarse todos los días
   b. no cantar en la ducha   f. ganar un poco más dinero
   c. quererla para siempre   g. sacar muchas fotos de ellos
   d. traerle flores a veces   h. dormir la siesta por la tarde

2. Ángel quería que su esposa…
   a. aprender a jugar póker   e. no preocuparse tanto por él
   b. probar el vino francés   f. recordar el día de su compleanõs
   c. divertirse mucho con él   g. bañarse con él en el jacuzzi
   d. decirle que lo quería mucho   h. ver un partido de fútbol con él

•**C**• **Su niñez.**   Hágale las siguientes preguntas a un(a) compañero(a).

1. **La escuela:** ¿Qué te prohibían tus profesores en la escuela primaria?
   ¿y en la secundaria? ¿Qué preferías hacer? ¿Qué era importante que
   hicieras cuando volvías a casa después de clase?

2. **Los pasatiempos:** ¿Qué deportes practicabas cuando eras niño(a)?
   ¿Qué deportes te prohibían tus padres que practicaras? ¿Por qué?
   ¿En qué pasatiempos sugerían tus padres que participaras? ¿Por qué?

3. **La salud:** ¿Cómo era tu salud de niño(a)? ¿Qué querían tus padres que hicieras para no enfermarte? ¿Qué te sugería tu médico(a) que hicieras cuando tenías un catarro? ¿Qué te recomendaba tu dentista que hicieras todos los días? ¿Lo hacías o no? ¿Por qué?

4. **Las vacaciones:** ¿Qué lugares visitabas de vacaciones cuando eras niño(a)? ¿Qué lugares querías visitar, pero nunca visitaste? ¿Deseabas viajar a lugares que no conocieras? Explícame un poco más.

• **D**• **Su adolescencia.**   Escriba un párrafo sobre su adolescencia.

De adolescente, no estaba seguro(a) que… Por ejemplo, dudaba que… A veces, sentía que… En otras ocasiones, me alegraba de que… En fin, como adolescente era bueno (malo) que…

ATAJO

Grammar: verbs: subjunctive agreement; verbs: subjunctive with a relative

developed

to boil / tap (faucet) / to peel / to cook

C • U • L • T • U • R • A

Consejos médicos para viajeros

Es bien conocido el miedo de contraer la enfermedad de los viajeros, llamada "el turista" (la diarrea). Este problema médico resulta porque los visitantes no han desarrollado° suficientemente bien las inmunidades necesarias para prevenir la enfermedad cuando viajan al extranjero. Tal vez a usted le sorprenda saber que a veces los turistas hispanos se enferman mientras se acostumbran a la comida y al agua de los Estados Unidos, Canadá y otros países. Tomar precauciones como, por ejemplo, beber agua mineral en botella, hervir° el agua del grifo°, pelar° o cocinar° los vegetales, pelar las frutas frescas y mantener las manos limpias contribuyen a un viaje saludable en el extranjero.

• • • • • • • • • • • • • • • • • • • •

¿Comprendió usted?

Haga una asociación entre cada dibujo y su frase.

1. hervir el agua del grifo _____
2. pelar las frutas frescas _____
3. mantener las manos limpias _____

4. cocinar las verduras frescas _____
5. beber agua mineral en botella _____

a.

b.

c.

e.

d.

MOSAICO CULTURAL ☐
Program 14—
Remedios tradi-
cionales y modernos
*(traditional and
modern health care)*

GRAMÁTICA ESENCIAL

In this section you will learn to express conditional actions, states of being and events.

Conditional Tense

In English, we express hypothetical ideas using the word **would** with a verb (e.g., I **would travel** if I had the money). Spanish speakers also express these ideas by using the conditional tense, which you have already used in the expression *me gustaría* (e.g., *Me gustaría viajar a Europa.* **I would like to travel to Europe.**).

How to form the conditional tense

1. Add these personal endings to the infinitive of most verbs: *-ía, -ías, -ía, -íamos, -íais, -ían.*

viajar	volver	vivir	irse
viajar**ía**	volver**ía**	vivir**ía**	**me** ir**ía**
viajar**ías**	volver**ías**	vivir**ías**	**te** ir**ías**
viajar**ía**	volver**ía**	vivir**ía**	**se** ir**ía**
viajar**íamos**	volver**íamos**	vivir**íamos**	**nos** ir**íamos**
viajaríais	*volveríais*	*viviríais*	*os iríais*
viajar**ían**	volver**ían**	vivir**ían**	**se** ir**ían**

—¿**Viajarías** a Europa conmigo?   *Would you travel to Europe with me?*
—Sí. ¡**Me gustaría** salir hoy!   *Yes. I would like to leave today!*

2. Add the conditional endings to the irregular stems of these verbs:

Verb	Stem	Ending	Example
decir	**dir**		
hacer	**har**	ía	**diría**
poder	**podr**	ías	**dirías**
saber	**sabr**	ía	**diría**
salir	**saldr**	íamos	**diríamos**
tener	**tendr**	íais	*diríais*
poner	**pondr**	ían	**dirían**
venir	**vendr**		
querer	**querr**		

Note: The conditional tense of *hay* is *habría* (there would be).

—¿Dijiste que **habría** un parque por aquí? — *Did you say there would be a park around here?*

—Dije que **sabría** después de mirar el mapa. — *I said that I would know after looking at the map.*

How to use the conditional tense

1. Spanish speakers use the conditional tense to express what would happen given a particular situation or set of circumstances.

—¿Qué **harías** con mil dólares? — *What would you do with $1,000?*
—Yo **viajaría** a Latinoamérica. — *I would travel to Latin America.*

> **¡CUIDADO!** When **would** implies **used to** in English, Spanish speakers use the **imperfect tense**, not the conditional tense.
>
> Cuando era niña, mi familia y yo **hacíamos** un viaje todos los años. — *When I was a girl, my family and I would (used to) take a trip every year.*

2. Spanish speakers use the conditional tense with the past subjunctive to express hypothetical or contrary-to-fact statements about what **would** happen in a particular circumstance or condition.

Si **tuviéramos** el dinero, **iríamos** a Europa. — *If we had the money, we would go to Europe.*

In the previous example, the "if" clause (*Si tuviéramos el dinero*) states a hypothesis, and the conditional clause (*iríamos a Europa*) states the probable result if that hypothesis were true.

Practiquemos

• **A** • **¡Ojalá que no!**   ¿Qué harían las siguientes personas si Diana estuviera gravemente enferma?

Ejemplo: estar siempre con su esposa
              Ángel estaría siempre con su esposa.

	hablar con Ángel sobre su esposa
Diana	le hacer muchos exámenes a Diana
Ángel	preocuparse mucho por su esposa
La médica	ponerse nervioso por la situación
	no poder volver a Puerto Rico pronto

• **B** • **Un ángel simpático.**   Complete las siguientes oraciones, usando los verbos indicados en la lista.

hacer	llevar	visitar
volver	viajar	examinar

DIANA: ¿Qué _____ tú si yo estuviera muy enferma en este viaje?
ÁNGEL: Primero, te _____ a un hospital donde un médico te _____.
       Después, cuando el médico nos dijera que pudieras salir, nosotros _____ a Alemania.
DIANA: ¿Qué haríamos en Alemania?
ÁNGEL: _____ todo el país en auto. Luego _____ a Puerto Rico.

• **C** • **¿Qué haría usted?**   Cuéntele a un(a) compañero(a) de clase lo que usted haría en las siguientes situaciones.

Ejemplo: *Si me doliera el estómago, descansaría un poco.*

1. Si me doliera el estómago,
   a. ir a un hospital.
   b. me cuidar en casa.
   c. descansar un poco.
   d. tomar Alka-Seltzer®.
2. Si yo tuviera un catarro,
   a. tomar un antibiótico.
   b. comer un poco de sopa.
   c. me acostar en el sofá.
   d. beber jugo de naranja.
3. Si yo tomara demasiado sol,
   a. no saber qué hacer.
   b. me aplicar una loción.
   c. no hacer nada en absoluto.
   d. hablar con un(a) médico(a).
4. Si me sintiera mal en clase,
   a. ir rápidamente al baño.
   b. volver a casa a descansar.
   c. se lo decir a mi profesor(a).
   d. me acostar inmediatamente.

•D• **En el extranjero.** Imagínese que usted acaba de llegar a un aeropuerto de una ciudad europea. Conteste las siguientes preguntas.

Ejemplo: ¿Iría usted a un hotel o a una pensión?

Iría a un hotel.

O *Iría a una pensión.*

1. ¿Iría usted a un hotel o a una pensión?
2. ¿Querría usted un cuarto grande o uno pequeño?
3. ¿Pediría una cama sencilla o una cama doble?
4. ¿Preferiría un baño con televisor o sin televisor?
5. ¿Pagaría usted más o menos de veinticinco dólares al día?
6. ¿Qué haría en su cuarto primero: se ducharía o dormiría?
7. Luego ¿comería algo en un restaurante o caminaría un poco?

•E• **¿Qué pasaría?** Primero lea la pregunta y la respuesta del anuncio. Luego hágale a otro(a) estudiante las preguntas especulativas y discuta sus respuestas con él (ella).

¿Qué pasaría si...

1. todos se cuidaran bien?
2. no hubiera antibióticos?
3. nadie les pagara a los médicos?
4. fuera posible vivir por 200 años?

•F• **¡Bienvenidos a Europa!** Imagínese que usted va a hacer un viaje a Europa. Escriba dos párrafos describiendo las actividades que usted haría antes de y durante su viaje. Las preguntas pueden ayudarlo(la) a pensar un poco.

Párrafo 1: Los preparativos

• ¿Con quién iría usted a Europa?
• ¿Cuánto dinero llevaría usted?

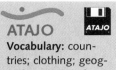

ATAJO

Vocabulary: countries; clothing; geography; means of transportation; traveling
Grammar: verbs: conditional

- ¿Qué ropa le gustaría llevar?
- ¿Preferiría llevar una cámara o una videocámara?
- ¿Qué cosas pondría en su mochila o su maleta?
- ¿Qué cosas compraría antes de hacer el viaje?
- ¿Qué otros preparativos haría usted antes de salir?

Párrafo 2: La salida y la llegada

- ¿En qué mes saldría usted?
- ¿Cómo llegaría usted a Europa?
- ¿Dónde dormiría al llegar allí?
- ¿Qué haría usted primero en Europa?
- ¿Dónde y qúe comería en su viaje? ¿y qué bebería?
- ¿Qué países y ciudades visitaría usted?

ASÍ SE DICE

Sustantivos

la clínica *clinic*
la medicina *medicine*
el (la) paciente *patient*
la pastilla *pill*
la salud *health*

El cuerpo humano *(The Human Body)*

la boca *mouth*
el brazo *arm*
la cabeza *head*
el cuello *neck*
el dedo *finger*
los dientes *teeth*
el estómago *stomach*
la garganta *throat*
la lengua *tongue*
la mano *hand*
la nariz *nose*

los ojos *eyes*
la oreja *ear (outer)*
el pie *foot*
la pierna *leg*

Los problemas médicos

el catarro *cold*
el dolor de cabeza *headache*
el dolor de muelas *toothache*
el dolor de oídos *earache*
la fiebre *fever*
la gripe *flu*
la tos *cough*

Adjetivos

embarazada *pregnant*
grave *serious (e.g., situation)*

Verbos

acostarse (o → ue) *to lie down*
cuidarse *to take care*

doler (o → ue) *to hurt*
enfermarse *to get sick*
examinar *to examine*
sacar *to stick out (e.g., one's tongue)*
sentirse (e → ie, i) *to feel*

Adverbios

desde *from (a place)*
hasta *to (a place)*
lejos *far*

Expresiones idiomáticas

ahora mismo *right now*
¡Felicidades! *Congratulations!*
¿Qué tiene usted? *What's the problem?*
tener náuseas *to feel nauseated*

· Lección 15 ·

¡Estamos en una crisis ambiental!

ENFOQUE

COMMUNICATIVE GOALS

You will be able to discuss major global environmental concerns and other serious problems affecting the planet.

LANGUAGE FUNCTIONS

Expressing opinions
Discussing possible solutions
Expressing environmental concerns
Speculating on future actions
Describing possible scenarios
Giving ecological advice
Making recommendations

VOCABULARY THEMES

Environmental problems
Solutions to environmental problems
Other global concerns

GRAMMATICAL STRUCTURES

"If" clauses
Uses of infinitives and subjunctive forms (summary)
Uses of the indicative and subjunctive moods (summary)

CULTURAL INFORMATION

The technological revolution

EN CONTEXTO

Diana y Ángel Sablán pasaron una semana viajando por Francia en su auto alquilado. Luego fueron a Berlín, Alemania, para asistir al Congreso Mundial de Asuntos del Medio Ambiente. En este momento están en el congreso donde están hablando con otro conferencista, Jorge Mbasogo de Guinea Ecuatorial.(1)

concern
government / stronger
weak
poor

JORGE: La preocupación° más importante en mi país es la mortalidad infantil. Si mi gobierno° tomara medidas más fuertes°, podríamos comenzar a resolver ese problema. Pero el gobierno es débil° y Guinea Ecuatorial es un país muy pobre°, ¿comprendes?

DIANA: Sí, sí. Te comprendo, Jorge. En Puerto Rico tenemos muchos problemas también, pero el gobierno estadounidense nos ayuda mucho porque somos un Estado Libre Asociado de ese país.

JORGE: En eso ustedes tienen mucha suerte. Pero leí en el periódico y vi en la televisión que ustedes tienen problemas tremendos con la

crime

delincuencia° y la violencia.

ÁNGEL: Sí, tienes razón. Hay mucha gente sin casa y hay violencia en algunas partes de mi isla.(2) Y cada año llega más gente de los países caribeños como Haití y la República Dominicana.

JORGE: Creo que eso es parte del problema, pero ustedes tienen problemas internos como nosotros… por ejemplo, la corrupción en el gobierno.

ÁNGEL: Estoy de acuerdo contigo. Por eso, no me gusta la política.

nature

JORGE: Estoy muy preocupado por la destrucción de la naturaleza° en todas partes del mundo: la extinción de elefantes en África, la deforestación en el Amazonas, la contaminación del aire en

environmental

muchos países. ¡Estamos en una crisis ambiental°! Y creo que **todos** somos responsables.

DIANA: Sí, por eso estamos aquí en este congreso, Jorge. Queremos buscar soluciones para resolver estos problemas para que nuestros niños vivan en un mundo mejor que el nuestro. Yo personalmente espero eso para mi bebé.

JORGE: ¡Ojalá algún día tu bebé, mis niños y nuestros nietos vivan en paz, salud y prosperidad!

DIANA: ¡Ojalá!

Notas de texto

1. **La República de Guinea Ecuatorial** is a very small country (twice the size of Connecticut) located in Central West Africa. Because Equatorial Guinea was a colony of Spain until 1968, when it became an independent nation Spanish became its official language. Most of its 400,000 citizens, however, speak Pidgin English or a tribal language such as Fang, Bubi or Ibo.

2. Some Puerto Ricans refer to their country affectionately as *mi isla* (island).

> "...en el Caribe todo está hecho de ritmo,
> no sólo ya la gente sino la naturaleza misma;
> el mar, la noche, la poesía de los días."
>
> —Luis Rafael Sánchez, escritor y dramaturgo puertorriqueño

¿Comprendió usted?

Indique si las siguientes oraciones son ciertas o falsas. Si una oración es falsa, diga por qué.

1. Jorge viajó al congreso con Ángel y Diana.
2. El gobierno guineoecuatorial es muy fuerte.
3. Es probable que Jorge tenga esposa y niños.
4. Es probable que Ángel sea político algún día.
5. Los Estados Unidos ayuda mucho a Puerto Rico.
6. Diana es más pesimista que su amigo africano.
7. El Sr. Mbasogo no tiene ningún interés en su país.
8. Los Sablán tienen interés en lo que les dice Jorge.
9. La deforestación es un problema en Sudamérica.
10. En el congreso se resuelven problemas del medio ambiente.
11. Jorge es el presidente de la República de Guinea Ecuatorial.

VOCABULARIO ESENCIAL

In this section you will learn words and phrases for discussing some global environmental issues and other serious problems affecting the planet.

Algunos problemas del medio ambiente

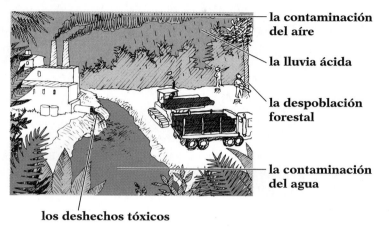

la contaminación del aíre

la lluvia ácida

la despoblación forestal

la contaminación del agua

los deshechos tóxicos

Algunas soluciones del medio ambiente

usar la energía solar

plantar árboles

reciclar los recursos

usar productos biodegradables

Practiquemos

•A• Los problemas más graves.   Indique los problemas más graves del mundo, en su opinión: 1 = el más grave, 2 = menos grave, etcétera. Luego discuta sus opiniones con otro(a) estudiante.

- la lluvia ácida
- el agotamiento del ozono
- la contaminación del agua
- el calentamiento del planeta

•B• **Problemas y soluciones.** Lea cada problema ambiental; luego indique la mejor solución posible para resolverlo.

PROBLEMAS AMBIENTALES	SOLUCIONES POSIBLES
1. los deshechos tóxicos	plantar árboles
2. la deforestación	reciclar los recursos
3. la extinción de animales	multar (*fine*) a las fábricas
4. el agotamiento del ozono	proteger los animales y plantas
5. la contaminación del aire	usar menos el aire acondicionado
6. la escasez de recursos naturales	montar en bicicleta y caminar más

•C• **Conversación sobre la conservación.** Pregúntele a un(a) compañero(a) de clase.

1. ¿Te preocupas poco o mucho por los problemas del medio ambiente? ¿Qué problemas te molestan más, y por qué?

2. ¿Quiénes son algunas personas que hacen mucho para proteger la naturaleza? ¿Las conoces personalmente? ¿Qué hicieron esas personas para conservar nuestro medio ambiente?

3. ¿Qué responsabilidades tenemos para conservar los recursos naturales?

•D• **¿Qué puedo hacer yo?** ¿Qué hace usted personalmente para proteger el medio ambiente? ¿Qué más puede hacer para protegerlo? Conteste estas dos preguntas en un párrafo, usando las soluciones en esta sección tanto como sus soluciones personales.

Ejemplo: *Yo hago mucho para proteger el medio ambiente. Camino a clase, uso muy poco el aire acondicionado en el verano, monto en bicicleta y soy voluntario en el World Wildlife Conservatory, que protege los animales. En el futuro voy a manejar menos mi auto y usar productos biodegradables.*

Otros problemas mundiales

MOSAICO
CULTURAL
Program 15—
Nuestra naturaleza
(*environmental concerns*)

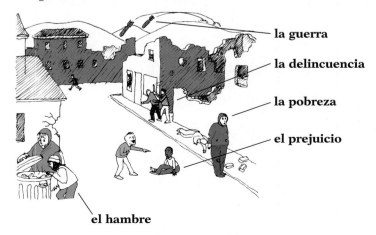

la guerra

la delincuencia

la pobreza

el prejuicio

el hambre

Practiquemos

• E • **Problemas y países.**   Indique el país en que cada uno de los siguientes problemas es más grave, según su opinión. Para saber los nombres de los países del mundo, vea el mapa de las páginas 6 y 7.

> **Ejemplos:**   el prejuicio racial
> *El prejuicio racial es más grave en Bosnia.*
> *El prejuicio racial es más grave en los Estados Unidos.*

PROBLEMA		PAÍS	
1. el hambre	5. la sobrepoblación	Bosnia	Colombia
2. la pobreza	6. las drogas ilegas	el Japón	los EE. UU.
3. la delincuencia	7. el prejuicio racial	la India	otro país: ___
4. la guerra civil		la China	

• F • **Asociaciones.**   Indique asociaciones entre los siguientes problemas, según el tipo de problema o según la causa y el efecto del problema. No hay respuestas correctas; su opinión es más importante. Prepárese a defender sus opiniones.

1. el hambre
2. la guerra
3. la pobreza
4. las drogas ilegales
5. la mortalidad infantil

a. la delincuencia
b. la desnutrición
c. el analfabetismo
d. las armas nucleares
e. las enfermedades graves

• G • **Soluciones.**   Indique las mejores soluciones para resolver los siguientes problemas. Los tres puntos (…) indican otra posibilidad.

1. Para prevenir el prejuicio, es necesario...
   a. educar al público.
   b. estudiar el problema.
   c. cooperar más entre nosotros.
   d. …
2. Para reducir la pobreza, se debe...
   a. producir más trabajos.
   b. educar a la gente pobre.
   c. dar dinero a los pobres.
   d. …
3. Para eliminar la guerra, tenemos que...
   a. estudiar otras culturas.
   b. reducir el número de armas.
   c. consultar con las Naciones Unidas.
   d. …
4. Para controlar la población, debemos...
   a. darles incentivos a famílias pequeñas.
   b. usar métodos anticonceptivos.
   c. tener un niño por familia.
   d. …

ATAJO

Phrases / Functions: expressing an opin- ion; persuading
Vocabulary: sickness

• H • ¿Y los otros problemas?   Discuta con un(a) compañero(a) de clase o escriba unos párrafos sobre cómo se pueden resolver los siguientes problemas mundiales.

- el hambre
- la delincuencia
- la desnutrición
- las drogas ilegales

- el analfabetismo
- las armas nucleares
- la mortalidad infantil
- las enfermedades graves

GRAMÁTICA ESENCIAL

In this section you will learn to make speculative statements in Spanish.

"If" Clauses

You have seen the conditional tense used with the past subjunctive to speculate about what **would** happen under certain conditions (e.g., *Si tuviéramos el dinero, iríamos a Europa*). Now you will learn how to form and use these speculative statements that are often called "if" clauses.

How to form and use "if" clauses

1. To imply that a situation is **factual** or **likely to occur**, use *si* with an indicative verb form in both the "if" clause and the conclusion.

   FACTUAL SITUATION:

—Hay mucha contaminación del aire en la Ciudad de México.	*There is a lot of air pollution in Mexico City.*
—Si esa ciudad **está** tan contaminada, ¿por qué la **visitan** tantos turistas?	*If that city is so polluted, why do so many tourists visit it?*

   LIKELY TO OCCUR:

—Si **continuamos** conservando nuestros recursos naturales, **vamos** a tener suficientes.	*If we continue conserving our natural resources, we are going to have enough.*
—Creo que tienes razón.	*I think you're right.*

2. To imply that a situation is **contrary to fact** or is **unlikely to occur**, use *si* (if) with a past subjunctive verb in the "if" (dependent) clause and a conditional verb in the conclusion (independent clause).

   CONTRARY TO FACT:

—Si **usáramos** la energía solar, ¿ahorraríamos dinero?	*If we used solar energy, would we save money?*
—Espero que sí.	*I hope so.*

   UNLIKELY TO OCCUR:

—Si **fueras** el presidente, ¿**podrías** eliminar la delincuencia?	*If you were the president, could you eliminate crime?*
—Creo que sería imposible.	*I think it would be impossible.*

Practiquemos

• A • **¡Ojalá!**   Complete las oraciones con los verbos apropiados de la lista.

dar   usar   plantar   haber   multar   reciclar

1. Si la gente _____ el papel, no destruiríamos tantos árboles.
2. No nos preocuparíamos tanto por la guerra, si _____ más amor.
3. Si nosotros _____ más árboles, habría más oxígeno en el aire.
4. Si los ricos les _____ comida a los pobres, no habría hambre.
5. Si nadie _____ drogas ilegales, tendríamos menos delincuencia.

• B • **Si viajara a Alemania...**   ¿Le gustaría viajar a Alemania algún día? Forme oraciones completas para expresar sus ideas como en el ejemplo.

> **Ejemplo:**   si viajar / Alemania, ir con _____
>
>   *Si viajara a Alemania, iría con mi amiga Cathy.*

1. si viajar / Alemania, ir con _____
2. si tener / dinero, alojarme en _____
3. si visitar Berlín, querer / ver _____
4. si llevar / cámara, sacar fotos de _____
5. si querer cambiar dinero, lo cambiaría en _____

• C • **Entrevista.**   Pregúntele a un(a) compañero(a) de clase.

1. Si fueras millonario(a), ¿qué harías para proteger el medio ambiente? ¿Adónde viajarías para ayudar a la gente pobre? ¿Con quién hablarías? ¿Qué les dirías a esas personas?
2. Si pudieras hacer solamente una cosa para lograr (*to achieve*) la paz en el mundo, ¿qué harías? Si pudieras trabajar con cualquier persona para ayudarlo(la), ¿con quién trabajarías? ¿Cómo comenzarían ustedes?

• D • **Situaciones.**   Lea cada problema. Luego hable con un(a) compañero(a) de clase para discutir posibles soluciones, usando las oraciones incompletas para comenzar su conversación.

1. En la ciudad de Washington, D.C. hay mucha delincuencia con pistolas. No hay suficientes policías para proteger a la gente inocente porque no hay suficiente dinero para emplearlos. Cada día varias personas son víctimas de un incidente violento en esa ciudad.

   a. Si yo fuera el (la) jefe(a) de la policía en Washington, D.C., _____.
   b. Si yo fuera un(a) residente de esa ciudad, creo que _____.

2. En el Brasil la deforestación del Amazonas es un problema enorme. Cada día la gente destruye muchas hectáreas de árboles, además de animales y plantas medicinales.

   a. Si yo fuera el (la) presidente(a) del Brasil, _____.
   b. Si yo fuera brasileño(a), creo que _____.

• **E** • **Filosofía de viajar.**   Complete por escrito las siguientes oraciones.

Ejemplos: *Si hago un viaje de dos semanas, llevo dos maletas.*

Si hiciera un viaje de dos semanas a Europa, yo llevaría una mochila, 500 dólares en cheques de viajero y…

1. Si hago un viaje de dos semanas, (yo)…
2. Si necesito más dinero en mi viaje, (yo)…
3. Si conozco a gente interesante, a veces (yo)…
4. Si dejo algo importante en el hotel, (yo)…
5. Si tengo más de 50 dólares después de mi viaje, me gusta…
6. Si hiciera un viaje de dos semanas a Europa, yo…
7. Si necesitara más dinero en ese viaje, creo que yo…
8. Si conociera a gente interesante en el viaje, yo…
9. Si dejara algo importante en el hotel, yo…
10. Si tuviera más de 50 dólares después de mi viaje, me gustaría…

C • U • L • T • U • R • A

La revolución tecnológica

Hoy en día hay una revolución tecnológica mundial que está cambiando la vida moderna rápida y radicalmente. Por ejemplo, muchas casas y muchos apartamentos ya tienen una gran cantidad de productos electrónicos: computadoras, videocaseteras, teléfonos portátiles, calculadoras, discos compactos, tocacintas digitales, juegos electrónicos y máquinas para contestar el teléfono.

En efecto, la vida moderna depende mucho de la alta tecnología para resolver nuestros problemas de una manera eficiente. Sin embargo, algunas personas dicen que la tecnología causa la degeneración de la sociedad porque creen que dependemos demasiado de la tecnología. En cambio, otras personas dicen que la tecnología es nuestra salvación porque nos da muchos beneficios como, por ejemplo, la navegación de aviones, las máquinas CAT-SCAN, las telecomunicaciones, las reservaciones electrónicas, la compra eficiente de productos y la protección del medio ambiente.

La tecnología ha tenido un impacto tremendo en el mundo hispano, como se ve en esta tienda de computadoras en España.

¿Qué dice usted?

1. ¿Cuáles son algunas ventajas (beneficios) y desventajas de la alta tecnología? ¿Qué puede hacer la alta tecnología para ayudarnos a conservar la naturaleza?

2. Describa un producto tecnológico que usted tiene o uno que quiere tener. Explique sus ventajas y desventajas para usted y nuestra comunidad mundial.

GRAMÁTICA ESENCIAL

In this section you will review and practice some language functions you have already learned to express in this book.

Uses of Infinitives and Subjunctive Forms (Summary)

The following explanations and examples summarize how Spanish speakers use infinitives and the subjunctive to express wants, preferences, intentions, advice, suggestions and opinions.

USE AN **INFINITIVE** ...	USE A **SUBJUNCTIVE VERB FORM** ...
1. after verbs of volition when there is only one subject in a sentence.	1. after verbs of volition when there is a change of subject in a sentence.
Ángel quiere **conservar** la energía.	Ángel quiere que la **conservemos**.
Ángel wants to conserve energy.	*Ángel wants us to conserve it.*
2. after verbs of emotion when there is only one subject in a sentence.	2. after verbs of emotion when there is a change of subject in a sentence.
Diana espera **reciclar** más.	Diana espera que usted **recicle**.
Diana hopes to recycle more.	*Diana hopes that you recycle.*
3. after impersonal expressions when there is no personal subject in a sentence.	3. after impersonal expressions when there is a personal subject in a sentence.
Es bueno **conservar** la energía.	Es bueno que usted la **conserve**.
It's good to conserve energy.	*It's good that you conserve it.*

Uses of the Indicative and Subjunctive Moods (Summary)

The explanations and examples on page 294 summarize how Spanish speakers use the indicative for factual information and habitual or completed actions and the subjunctive for doubt and indefiniteness.

USE AN **INDICATIVE VERB FORM . . .**	USE A **SUBJUNCTIVE VERB FORM . . .**
1. to refer to habitual actions and completed actions.	1. to refer to a future action dependent on another action.
Llevo mi mochila cuando **viajo** al extranjero.	Voy a llevar mi mochila cuando **viaje** a Europa.
I take my backpack when I travel abroad.	*I am going to take my backpack when I travel to Europe.*
Llevé mi mochila cuando **viajé** a Europa.	
I took my backpack when I traveled to Europe.	
2. to refer to a specific person, place or thing.	2. to refer to an unknown or non-existent person, place or thing.
Tengo una mochila que **es** vieja.	Quiero una que **sea** nueva.
I have a backpack that is old.	*I want one that is new.*
3. to express certainty.	3. to express uncertainty.
Estoy seguro que **puedo** ir.	No estoy seguro que **pueda** ir.
I am sure that I can go.	*I am not sure that I can go.*
4. in an "if" clause to imply that a situation is factual or will likely occur.	4. in an "if" clause to imply that a situation is contrary to fact or will not likely occur.
Si **usamos** la energía solar, ahorramos dinero.	Si **usáramos** la energía solar, ¿ahorraríamos dinero?
If we use solar energy, we save money.	*If we used solar energy, would we save money?*
Si **usamos** la energía solar, vamos a ahorrar dinero.	Si **usáramos** la energía solar, ¿seríamos millonarios?
If we use solar energy, we are going to save money.	*If we used solar energy, would we be millionaires?*

"**Cuando hablamos de la conservación del medio ambiente, esto está relacionado a muchas otras cosas. Por último, la decisión tiene que venir del corazón humano; por eso, creo que el punto clave es tener un sentido genuino de responsabilidad universal.**"

—El Dalai Lama

Practiquemos

•A• **Discusión sobre la pobreza.**   Complete la siguiente conversación, indicando las formas correctas de los verbos entre paréntesis.

JORGE: Es una lástima que (hay / haya) tanta pobreza en el mundo. Si las Naciones Unidas (toman / tomaran) medidas más fuertes para eliminarla, (hay / habría) más prosperidad.

ÁNGEL: Sí, pero creo que no (debemos / debamos) esperar hasta que las Naciones Unidas (hacen / hagan) más para resolver ese problema. Aunque esa organización (ayuda / ayude) a los pobres, quiero que el público (sabe / sepa) más sobre esa situación tan grave.

DIANA: Claro. Si no (educamos / educáramos) al público, la pobreza (va / vaya) a continuar. Necesitamos un programa que (está / esté) bien organizado. Sugiero que los líderes de este Congreso (tienen / tengan) una reunión con los oficiales de las Naciones Unidas para discutir este problema.

JORGE: Nunca vamos a (eliminar / elimina / elimine) la pobreza. Es bueno (asistir / asiste / asista) a este Congreso, es útil (discutir / discute / discuta) sobre los pobres, pero estoy seguro que la pobreza siempre (va / vaya) a estar con nosotros.

"La mejor política es la honradez."
—Simón Bolívar

•B• **En el zoológico.**   Ángel y Diana están hablando en el parque zoológico de Berlín. Complete su conversación, como en el ejemplo.

   Ejemplo: DIANA: ¿Dónde _están_ (estar) los elefantes?

DIANA: Mira a los niños que _____ (estar) dándole comida a ese elefante. (Yo) _____ (sentir) que tantos elefantes _____ (vivir) en captividad en los zoológicos. Los gobiernos de los países africanos _____ (deber) prohibirles salir al extranjero.

ÁNGEL: Los gobiernos les _____ (permitir) salir para que gente como nosotros _____ (venir) a verlos personalmente. ¿Quién _____ (tener) el dinero para viajar a África?

DIANA: Sí, _____ (tener) razón, Ángel. Entonces los dueños de los zoológicos _____ (ser) responsables de proteger esos animales. Pero de todas maneras no me _____ (gustar) verlos así. Creo que esos elefantes _____ (ser) víctimas de nuestra sociedad egoísta.

• **C** • **Situaciones posibles.**   Cuéntele a un(a) compañero(a) de clase lo que usted haría en las siguientes situaciones. Después, su compañero(a) va a decirle a usted lo que él (ella) haría en cada situación.

> **Ejemplo:**   En el centro de su ciudad, una persona que no tiene casa le pide dinero a usted.
>
> A: *Yo le daría un poco de dinero.*
> B: *Yo le diría que no tengo dinero.*

1. Mientras usted está caminando en el centro de su ciudad, una persona que no tiene casa le pide dinero.
2. Su amigo le dijo que no usa productos biodegradables porque son más caros que los productos no biodegradables.
3. Usted y una amiga están caminando en el centro de una ciudad cuando un hombre con una pistola les dice que quiere todo su dinero.
4. Usted y un amigo afroamericano están jugando tenis. Otra persona que está paseando por allí le dice una expresión negativa a su amigo.

• **D** • **¡A educar a los niños!**   Converse con otros dos estudiantes.

Dos adolescentes hispanos: Imagínense que ustedes van a hablar con un(a) experto(a) en ecología que va a visitar su clase mañana. Escriba algunas preguntas sobre los siguientes temas.

- la epidemia del cólera en Sudamérica
- la sobrepoblación en la República de China
- la extinción posible de elefantes en África
- un programa para plantar árboles en Costa Rica
- la pobreza, el hambre y la desnutrición en Rusia
- la producción de bombas nucleares en Corea del Norte

Esta lista de frases puede ayudarlos a formar preguntas.

¿Sabe usted si...?	**¿Por qué hay...?**
Si yo..., ¿podría...?	**¿Qué va a pasar si...?**
¿Podría usted decirnos...?	**Creo que... ¿Qué le parece a usted?**

Experto(a) en ecología: Imagínese que usted va a hablar a una clase de adolescentes hispanos (otros dos estudiantes) sobre cómo conservar el medio ambiente. Ellos van a hacerle algunas preguntas que usted va a contestar. Aquí tiene algunas frases para ayudarlo(la):

Les aconsejo que...	**Si ustedes...**
Es importante que...	**Recomiendo que...**
Creo que... No creo que...	**Primero, ustedes necesitan...**

Ejemplo parcial:

JOVEN: ¿Sabe usted cuántas personas viven en la China?
EXPERTO(A): Creo que más de un billón de personas viven allí.
JOVEN: Si yo reciclara mis exámenes, ¿ayudaría a conservar árboles?
EXPERTO(A): ¡Ja! Claro. Es importante conservar la naturaleza porque…

ATAJO

Phrases / Functions: expressing an opinion
Vocabulary: animals
Grammar: verbs: infinitive, conditional, subjunctive

• E • ¡A escribir!   Escriba uno o dos párrafos sobre **uno** de los siguientes temas:

1. Sus opiniones sobre los parques zoológicos de su país.
2. Una descripción de un programa de reciclaje en su comunidad.
3. Una descripción de un programa de alfabetismo en su comunidad.

ASÍ SE DICE

Sustantivos

la destrucción *destruction*
la electricidad *electricity*
la energía *energy*
el gobierno *government*
las medidas *means*
la política *politics*
el (la) político(a) *politician*
la preocupación *concern*
el problema *problem*
el producto *product*
la prosperidad *prosperity*
el público *public*
el recurso *resource*
la tecnología *technology*

La naturaleza *(Nature)*

el animal *animal*
el árbol *tree*
el elefante *elephant*
la isla *island*

Problemas del medio ambiente

el agotamiento del ozono
   ozone depletion
el calentamiento del planeta
   global warming

la contaminación del aire (agua)
   air (water) pollution
los deshechos tóxicos *toxic wastes*
la deforestación *deforestation*
la escasez de recursos naturales
   shortage of natural resources
la extinción de animales
   species extinction
la lluvia ácida *acid rain*

Otros problemas mundiales

el analfabetismo *illiteracy*
las armas nucleares *nuclear arms*
la delincuencia *crime*
la desnutrición *malnutrition*
las drogas ilegales *illegal drugs*
las enfermedades graves
   serious illnesses
la guerra *war*
la mortalidad infantil *infant mortality*
la pobreza *poverty*
el prejuicio *prejudice*
la sobrepoblación
   overpopulation

Adjetivos

ambiental *environmental*
biodegradable *biodegradable*
débil *weak*
fuerte *strong*
pobre *poor*
responsable *responsible*

Verbos

conservar *to conserve*
controlar *to control*
destruir *to destroy*
educar *to educate*
eliminar *to eliminate*
multar *to fine*
plantar *to plant*
prevenir (e → ie, i) *to prevent*
producir *to produce*
proteger *to protect*
reciclar *to recycle*
reducir *to reduce*
resolver (o → ue) *to solve*
usar *to use*

P·E·R·S·P·E·C·T·I·V·A·S

·IMÁGENES·

member

taxes

power

España: País socio° de la Comunidad Económica Europea

Los doce socios

El primero de enero de 1986 España se asoció de la Comunidad Económica Europea (CEE) y desde esa fecha España comenzó a prosperar más que nunca. La CEE es una cooperación económica que está formada por los doce países europeos a continuación: Alemania, Bélgica, Dinamarca, España, Francia, Grecia, Holanda, Inglaterra, Irlanda, Italia, Luxemburgo y Portugal. Estas naciones unificadas representan a más de 330 millones de personas. Las oficinas centrales de la CEE se encuentran en Bruselas, capital de Bélgica, donde trabaja Jacques Delors, presidente de la CEE.

Las ventajas para España

Sin duda España ya ha prosperado mucho desde que se asoció a la CEE. Puesto que no hay restricciones de comercio, de impuestos°, de finanzas ni de servicios entre los miembros de la CEE, los españoles pueden hacer muy buenos negocios con otros países de la CEE. Así, resulta que hoy día España es un poder° económico formidable en el mundo comercial. Para los ciudadanos españoles la asociación de España con la CEE significa que pueden viajar a los otros once países sin pasaporte, sin visa y sin una licencia de manejar internacional. Pero lo más importante para los es ni los españoles ni los ciudadanos de los otros países de la CEE se limitan a trabajar en su propio país; sino que pueden trabajar en cualquier país de la CEE. Esto resulta en un aumento de oportunidades para encontrar trabajo, lo cual es beneficioso para todos.

Arriba: Las oficinas centrales de la Comunidad Económica Europea se encuentran en Bruselas, Bélgica.

Derecha: Aquí se nota el gran apogeo de España después de asociarse a la Comunidad Económica Europea.

¿Comprendió usted?

Lea las oraciones; luego indique si son ciertas o falsas, según la lectura.

1. La CEE ha causado mucha prosperidad en España.
2. Hoy en día España es una nación bastante pobre.
3. Todas las naciones de Europa son socias de la CEE.
4. El presidente de la CEE tiene su oficina en España.
5. Austria es uno de los socios de la Comunidad Económica Europea.
6. Todos los países de la CEE se encuentran en Europa del Oeste.
7. Los españoles no necesitan pasaporte para viajar a Alemania.

¿Qué dice usted?

Lea las siguientes preguntas. Luego exprese sus ideas por escrito o conversando con un(a) compañero(a) de clase, según las indicaciones de su profesor(a).

1. ¿Qué piensa usted acerca de la Comunidad Económica Europea (CEE)? ¿Cree usted que la CEE va a tener mucho éxito en el futuro? ¿Por qué?
2. ¿Qué desventajas podría tener la CEE para el mundo? Explique su respuesta.
3. ¿Cómo se sentiría usted si fuera un(a) español(a) viviendo en España? ¿En cuál de los doce países le gustaría trabajar, y por qué?

¡A LEER!

Reading Critically

One way to read critically in Spanish is to distinguish factual information from an author's point of view and possible bias. The better you can separate fact from opinion, the better you will understand the writer's intentions.

Read the following statements and check whether they are **facts** or **opinions**. Then compare your decisions with those of a classmate.

	FACT	OPINION
1. Visiting Spain and meeting Spaniards is fun.	_____	_____
2. Most Americans arrive in Spain by airplane.	_____	_____
3. Spain is a small country compared with the U.S.	_____	_____
4. Madrid, Barcelona, and Sevilla are Spanish cities.	_____	_____
5. It's easy to see why so many tourists visit Spain.	_____	_____
6. Spain is the most fascinating country in the world.	_____	_____

Read the following article. As you read, decide whether each sentence is based mainly on factual information (F) or on personal opinion (O). Afterwards, compare your decisions with those of a classmate.

La Costa Brava: Un paraíso turístico de España

La Costa Brava de España combina bellezas naturales (extraordinarias playas), museos con inapreciables reliquias históricas, pintorescas ciudades y una comida exquisitísima para dar al visitante su mayor placer y sus más gratas impresiones en una tierra sumamente acogedora, que es vivo y fiel ejemplo de desarrollo turístico.

Geográficamente limitada por el Mar Mediterráneo y los Pirineos, la Costa Brava es un nombre que se ha convertido en clásico.

Su mezquina temperatura anual de 16 grados centígrados y 2.500 horas de sol al año iluminan los rasgos de historia y arte, que apuntan a un destacado pasado. Son las únicas visibles formas de una realidad de un latir escondido que necesita ser descubierto.

Su línea costera de 214 kilómetros se estira desde Blanes en el sur, que es limitado por el Maresme y el Montseny hacia Puerto Bou en la frontera francesa en el norte. Playas, cuevas, colinas y bosques alternan con lugares famosos como Sagaró, Tossa de Mar, Bagur, Cadaques y Puerto Lligat.

Las corridas de toros son extraordinarias en Gerona, Figueras, Lloret del Mar y San Feliu de Guixols. Y sobresalen los casinos de juego de Lloret del Mar y Perelada. Puede practicar también deportes en muchos de

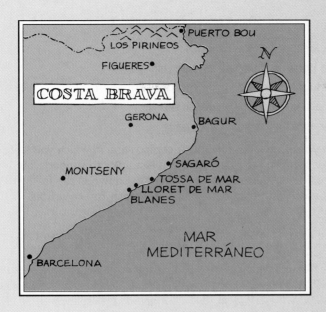

esos sitios, tales como el ciclismo, los deslizamientos aéreos, la equitación y los deportes acuáticos.

Yo he ido dos veces a la Costa Brava y aún me faltan muchas cosas bellas por ver. La Costa Brava es una tierra de ensueños. Es el sitio ideal para unas vacaciones. Es tan rica en atracciones que los días le parecerán minutos. Salga hoy mismo para la Costa Brava. Es mi consejo de viajera. Será trasladarse a un paraíso.

¡A ESCRIBIR!

Writing Persuasively

To convince readers to accept their point of view, writers use the following words and phrases to connect ideas.

TO EXPRESS OPINIONS:

creo que	*I believe*
pienso que	*I think*
en mi opinión	*in my opinion*

TO SHOW CONTRAST:

pero	*but*
aunque	*although*
por otro lado	*on the other hand*

TO SUPPORT OPINIONS:

primero	*first*
una razón	*one reason*
por ejemplo	*for example*

TO SUMMARIZE:

por eso	*therefore*
finalmente	*finally*
en conclusión	*in conclusion*

A. Choose to write on **one** of the following topics:

• Un viaje ideal para los ecoturistas

• Un lugar perfecto para una luna de miel

• El mejor lugar para pasar unas vacaciones

• Cómo viajar con niños y divertirse mucho

• La mejor estación para visitar (lugar)

B. Based on your chosen topic, write a composition in which you state your point of view, including relevant facts and examples to support your opinions. Your composition will have four paragraphs, as shown in the following outline and model based on the topic: *Un viaje ideal para los ecoturistas.*

I. Introduction – state your point of view.
   Un viaje a las Islas Galápagos en el Ecuador sería ideal para los ecoturistas.

II. First reason for your opinion and an example.
   Muchas personas que tienen interés en la ecología escribieron sobre sus experiencias en las Galápagos. Por ejemplo, después de visitar esas islas, Charles Darwin escribió su libro El origen de las especies *en 1835, dando origen a su Teoría de la Evolución.*

III. Second reason for your opinion and an example.
   Hoy en día las islas son un parque nacional del Ecuador que protege los animales salvajes. Por ejemplo, hay iguanas que parecen dinosauros en miniatura y una gran variedad de pájaros.

IV. Conclusion – summarize your point of view.
   Cualquier ecoturista se divertiría mucho en las Islas Galápagos porque es un bonito lugar natural y la gente vive en armonía con los animales.

   Creo que un viaje a las Islas Galápagos sería ideal para los ecoturistas. Las Galápagos están situadas en el Océano Pacífico, aproximadamente a 995 kilómetros al oeste del Ecuador continental. En mi opinión, no hay un lugar más natural en el mundo.

   Una razón por la que muchas personas visitan esas islas es por su interés en la ecología. Algunas personas famosas que viajaron allí escribieron sobre sus experiencias. Por ejemplo, después de visitar las Galápagos, Charles Darwin escribió su libro El origen de las especies *en 1835, dando origen a su Teoría para la Evolución.*

   Otra razón para viajar a las Islas Galápagos es para ver la gran variedad de animales. Hoy en día las islas son un parque nacional del Ecuador que protege los animales. Aunque los animales son salvajes, no le tienen miedo a la gente. En las Galápagos hay iguanas que parecen dinosauros en miniatura y hay una gran variedad de pájaros.

   En conclusión, pienso que cualquier ecoturista se divertiría mucho en las Islas Galápagos porque es un bonito lugar natural y la gente vive en armonía con los animales.

ATAJO

Phrases / Functions: Expressing an opinion, comparing & contrasting, persuading, writing a conclusion, writing about theme, plot, or scene, writing an essay

Vocabulary: traveling, leisure, sports

APÉNDICE A: El alfabeto español

The Spanish alphabet contains twenty-eight letters. The *rr* represents a single sound and is considered a single letter. The letters *k* and *w* occur only in words of foreign origin.

LETTER	NAME	EXAMPLES: PEOPLE AND PLACES		
a	a	Alonso	María	Panamá
b	be	Roberto	Bárbara	Bolivia
c	ce	Carlos	Carmen	Cuba
d	de	Diego	Amanda	El Salvador
e	e	Enrique	Ángela	Ecuador
f	efe	Francisco	Alfreda	Francia
g	ge	Gilberto	Gabriela	Argentina
h	hache	Humberto	Hortensia	Honduras
i	i	Panchito	Alicia	Italia
j	jota	Alejandro	Juanita	Japón
k	ka	Kris	Kati	Kenya
l	ele	Luis	Claudia	Guatemala
m	eme	Mario	Marta	Colombia
n	ene	Nicolás	Anita	Santo Domingo
ñ	eñe	Ñato	Begoña	España
o	o	Pedro	Calota	Puerto Rico
p	pe	Pepe	Pepita	Paraguay
q	cu	Joaquín	Raquel	Quito
r	ere	Fernando	Gloria	Nicaragua
rr	erre	Ramón	Rosa	Monterrey
s	ese	José	Susana	Costa Rica
t	te	Tomás	Catalina	Toledo
u	u	Lucho	Luisa	Uruguay
v	ve	Vicente	Victoria	Venezuela
w	doble ve, doble u	Walter	Wendi	Washington
x	equis	Xavier	Máxima	México
y	y griega	Rey	Yolanda	Guayana
z	zeta	Fernández	Zelda	Zaragoza

Spelling Hints

1. The letters *b* and *v* are pronounced exactly alike in Spanish. To distinguish one letter from the other in spelling, one says *b grande* (big b) for *b*, and *v chica* (little v) for *v*. Also, some Spanish speakers say *b de burro* (*b* in *burro*, meaning **donkey**) and *v de vaca* (*v* in *vaca*, meaning **cow**).

2. When spelling a Spanish word containing an accent mark, one says the letter first, then the word *acento*.
   Example: Perú   *Pe – e – ere – u, acento.*

APÉNDICE B: Los verbos regulares

Infinitive	Present Indicative	Imperfect	Preterite	Future	Conditional	Present Subjunctive	Past Subjunctive	Commands
hablar	hablo	hablaba	hablé	hablaré	hablaría	hable	hablara	habla (no hables)
to speak	hablas	hablabas	hablaste	hablarás	hablarías	hables	hablaras	hable
	habla	hablaba	habló	hablará	hablaría	hable	hablara	hablad (no habléis)
	hablamos	hablábamos	hablamos	hablaremos	hablaríamos	hablemos	habláramos	hablen
	habláis	hablabais	hablasteis	hablaréis	hablaríais	habléis	hablarais	
	hablan	hablaban	hablaron	hablarán	hablarían	hablen	hablaran	
aprender	aprendo	aprendía	aprendí	aprenderé	aprendería	aprenda	aprendiera	aprende (no aprendas)
to learn	aprendes	aprendías	aprendiste	aprenderás	aprenderías	aprendas	aprendieras	aprenda
	aprende	aprendía	aprendió	aprenderá	aprendería	aprenda	aprendiera	aprended (no aprendáis)
	aprendemos	aprendíamos	aprendimos	aprenderemos	aprenderíamos	aprendamos	aprendiéramos	aprendan
	aprendéis	aprendíais	aprendisteis	aprenderéis	aprenderíais	aprendáis	aprendierais	
	aprenden	aprendían	aprendieron	aprenderán	aprenderían	aprendan	aprendieran	
vivir	vivo	vivía	viví	viviré	viviría	viva	viviera	vive (no vivas)
to live	vives	vivías	viviste	vivirás	vivirías	vivas	vivieras	viva
	vive	vivía	vivió	vivirá	viviría	viva	viviera	vivid (no viváis)
	vivimos	vivíamos	vivimos	viviremos	viviríamos	vivamos	viviéramos	vivan
	vivís	vivíais	vivisteis	viviréis	viviríais	viváis	vivierais	
	viven	vivían	vivieron	vivirán	vivirían	vivan	vivieran	

Compound tenses

Present progressive	estoy / estás / está / estamos / estáis / están	hablando	aprendiendo	viviendo
Present perfect indicative	he / has / ha / hemos / habéis / han	hablado	aprendido	vivido
Present perfect subjunctive	haya / hayas / haya / hayamos / hayáis / hayan	hablado	aprendido	vivido
Past perfect indicative	había / habías / había / habíamos / habíais / habían	hablado	aprendido	vivido

APÉNDICE C: Los verbos con cambios en la raíz

pensar (to think) — e → ie
Present Participle: pensando · **Past Participle:** pensado

Present Indicative	Imperfect	Preterite	Future	Conditional	Present Subjunctive	Past Subjunctive	Commands
pienso	pensaba	pensé	pensaré	pensaría	piense	pensara	
piensas	pensabas	pensaste	pensarás	pensarías	pienses	pensaras	piensa (no pienses)
piensa	pensaba	pensó	pensará	pensaría	piense	pensara	piense
pensamos	pensábamos	pensamos	pensaremos	pensaríamos	pensemos	pensáramos	
pensáis	pensabais	pensasteis	pensaréis	pensaríais	penséis	pensarais	pensad (no penséis)
piensan	pensaban	pensaron	pensarán	pensarían	piensen	pensaran	piensen

acostarse (to go to bed) — o → ue
Present Participle: acostándose · **Past Participle:** acostado

Present Indicative	Imperfect	Preterite	Future	Conditional	Present Subjunctive	Past Subjunctive	Commands
me acuesto	me acostaba	me acosté	me acostaré	me acostaría	me acueste	me acostara	
te acuestas	te acostabas	te acostaste	te acostarás	te acostarías	te acuestes	te acostaras	acuéstate (no te acuestes)
se acuesta	se acostaba	se acostó	se acostará	se acostaría	se acueste	se acostara	acuéstese
nos acostamos	nos acostábamos	nos acostamos	nos acostaremos	nos acostaríamos	nos acostemos	nos acostáramos	
os acostáis	os acostabais	os acostasteis	os acostaréis	os acostaríais	os acostéis	os acostarais	acostaos (no os acostéis)
se acuestan	se acostaban	se acostaron	se acostarán	se acostarían	se acuesten	se acostaran	acuéstense

sentir (to be sorry) — e → ie, i
Present Participle: sintiendo · **Past Participle:** sentido

Present Indicative	Imperfect	Preterite	Future	Conditional	Present Subjunctive	Past Subjunctive	Commands
siento	sentía	sentí	sentiré	sentiría	sienta	sintiera	
sientes	sentías	sentiste	sentirás	sentirías	sientas	sintieras	siente (no sientas)
siente	sentía	sintió	sentirá	sentiría	sienta	sintiera	sienta
sentimos	sentíamos	sentimos	sentiremos	sentiríamos	sintamos	sintiéramos	
sentís	sentíais	sentisteis	sentiréis	sentiríais	sintáis	sintierais	sentid (no sintáis)
sienten	sentían	sintieron	sentirán	sentirían	sientan	sintieran	sientan

pedir (to ask for) — e → i, i
Present Participle: pidiendo · **Past Participle:** pedido

Present Indicative	Imperfect	Preterite	Future	Conditional	Present Subjunctive	Past Subjunctive	Commands
pido	pedía	pedí	pediré	pediría	pida	pidiera	
pides	pedías	pediste	pedirás	pedirías	pidas	pidieras	pide (no pidas)
pide	pedía	pidió	pedirá	pediría	pida	pidiera	pida
pedimos	pedíamos	pedimos	pediremos	pediríamos	pidamos	pidiéramos	
pedís	pedíais	pedisteis	pediréis	pediríais	pidáis	pidierais	pedid (no pidáis)
piden	pedían	pidieron	pedirán	pedirían	pidan	pidieran	pidan

dormir (to sleep) — o → ue, u
Present Participle: durmiendo · **Past Participle:** dormido

Present Indicative	Imperfect	Preterite	Future	Conditional	Present Subjunctive	Past Subjunctive	Commands
duermo	dormía	dormí	dormiré	dormiría	duerma	durmiera	
duermes	dormías	dormiste	dormirás	dormirías	duermas	durmieras	duerme (no duermas)
duerme	dormía	durmió	dormirá	dormiría	duerma	durmiera	duerma
dormimos	dormíamos	dormimos	dormiremos	dormiríamos	durmamos	durmiéramos	
dormís	dormíais	dormisteis	dormiréis	dormiríais	durmáis	durmierais	dormid (no durmáis)
duermen	dormían	durmieron	dormirán	dormirían	duerman	durmieran	duerman

APÉNDICE D: Los verbos con cambios de ortografía

Infinitive Present Participle Past Participle	Present Indicative	Imperfect	Preterite	Future	Conditional	Present Subjunctive	Past Subjunctive	Commands
comenzar (e → ie) *to begin* z → c **before e** comenzando comenzado	comienzo comienzas comienza comenzamos comenzáis comienzan	comenzaba comenzabas comenzaba comenzábamos comenzabais comenzaban	**comencé** comenzaste comenzó comenzamos comenzasteis comenzaron	comenzaré comenzarás comenzará comenzaremos comenzaréis comenzarán	comenzaría comenzarías comenzaría comenzaríamos comenzaríais comenzarían	**comience** **comiences** **comience** **comencemos** **comencéis** **comiencen**	comenzara comenzaras comenzara comenzáramos comenzarais comenzaran	comienza (**no comiences**) **comience** comenzad (**no comencéis**) **comiencen**
conocer *to know* c → zc **before a, o** conociendo conocido	**conozco** conoces conoce conocemos conocéis conocen	conocía conocías conocía conocíamos conocíais conocían	conocí conociste conoció conocimos conocisteis conocieron	conoceré conocerás conocerá conoceremos conoceréis conocerán	conocería conocerías conocería conoceríamos conoceríais conocerían	**conozca** **conozcas** **conozca** **conozcamos** **conozcáis** **conozcan**	conociera conocieras conociera conociéramos conocierais conocieran	conoce (**no conozcas**) **conozca** conoced (**no conozcáis**) **conozcan**
construir *to build* i → y, y inserted **before a, e, o** **construyendo** construido	**construyo** **construyes** **construye** construimos construís **construyen**	construía construías contruía construíamos construíais construían	construí construiste **construyó** construimos construisteis **construyeron**	construiré construirás construirá construiremos construiréis construirán	construiría construirías construiría contruiríamos construiríais construirían	**construya** **construyas** **construya** **construyamos** **construyáis** **construyan**	**construyera** **construyeras** **construyera** **construyéramos** **construyerais** **construyeran**	**construye** (**no construyas**) **construya** **construid** (**no construyáis**) **construyan**
leer *to read* i → y; **stressed** i → i **leyendo** leído	leo lees lee leemos leéis leen	leía leías leía leíamos leíais leían	leí leíste **leyó** leímos leísteis **leyeron**	leeré leerás leerá leeremos leeréis leerán	leería leerías leería leeríamos leeríais leerían	lea leas lea leamos leáis lean	**leyera** **leyeras** **leyera** **leyéramos** **leyerais** **leyeran**	lee (no leas) lea leed (no leáis) lean

APÉNDICE D: Los verbos con cambios de ortografía

(continued)

Infinitive / Present Participle / Past Participle	Present Indicative	Imperfect	Preterite	Future	Conditional	Present Subjunctive	Past Subjunctive	Commands
pagar *to pay* **g → gu before e** pagando pagado	pago pagas paga pagamos pagáis pagan	pagaba pagabas pagaba pagábamos pagabais pagaban	**pagué** pagaste pagó pagamos pagasteis pagaron	pagaré pagarás pagará pagaremos pagaréis pagarán	pagaría pagarías pagaría pagaríamos pagaríais pagarían	**pague** **pagues** **pague** **paguemos** **paguéis** **paguen**	pagara pagaras pagara pagáramos pagarais pagaran	paga (**no pagues**) **pague** pagad (**no paguéis**) **paguen**
seguir **(e → i, i)** *to follow* **gu → g before a, o** siguiendo seguido	**sigo** sigues sigue seguimos seguís siguen	seguía seguías seguía seguíamos seguíais seguían	seguí seguiste siguió seguimos seguisteis siguieron	seguiré suguirás seguirá seguiremos seguiréis seguirán	seguiría seguirías seguiría seguiríamos seguiríais seguirían	**siga** **sigas** **siga** **sigamos** **sigáis** **sigan**	siguiera siguieras siguiera siguiéramos siguierais siguieran	sigue (**no sigas**) **siga** seguid (**no sigáis**) **sigan**
tocar *to play, to touch* **c → qu before e** tocando tocado	toco tocas toca tocamos tocáis tocan	tocaba tocabas tocaba tocábamos tocabais tocaban	**toqué** tocaste tocó tocamos tocasteis tocaron	tocaré tocarás tocará tocaremos tocaréis tocarán	tocaría tocarías tocaría tocaríamos tocaríais tocarían	**toque** **toques** **toque** **toquemos** **toquéis** **toquen**	tocara tocaras tocara tocáramos tocarais tocaran	toca (**no toques**) **toque** tocad (**no toquéis**) **toquen**

APÉNDICE E: Los verbos irregulares

Infinitive Present Participle Past Participle	Present Indicative	Imperfect	Preterite	Future	Conditional	Present Subjunctive	Past Subjunctive	Commands
andar *to walk* andando andado	ando andas anda andamos andáis andan	andaba andabas andaba andábamos andabais andaban	**anduve** **anduviste** **anduvo** **anduvimos** **anduvisteis** **anduvieron**	andaré andarás andará andaremos andaréis andarán	andaría andarías andaría andaríamos andaríais andarían	ande andes ande andemos andéis anden	**anduviera** **anduvieras** **anduviera** **anduviéramos** **anduvierais** **anduvieran**	anda (no andes) ande andad (no andéis) anden
*caer *to fall* **cayendo** caído	**caigo** caes cae caemos caéis caen	caía caías caía caíamos caíais caían	caí **caíste** **cayó** **caímos** **caísteis** **cayeron**	caeré caerás caerá caeremos caeréis caerán	caería caerías caería caeríamos caeríais caerían	**caiga** **caigas** **caiga** **caigamos** **caigáis** **caigan**	**cayera** **cayeras** **cayera** **cayéramos** **cayerais** **cayeran**	cae (no caigas) **caiga** caed (no caigáis) **caigan**
*dar *to give* dando dado	**doy** das da damos dais dan	daba dabas daba dábamos dabais daban	**di** **diste** **dio** **dimos** **disteis** **dieron**	daré darás dará daremos daréis darán	daría darías daría daríamos daríais darían	**dé** **des** **dé** **demos** **deis** **den**	diera dieras diera diéramos dierais dieran	da (no des) **dé** dad (no deis) den
*decir *to say, tell* **diciendo** **dicho**	**digo** **dices** **dice** decimos decís **dicen**	decía decías decía decíamos decíais decían	**dije** **dijiste** **dijo** **dijimos** **dijisteis** **dijeron**	**diré** **dirás** **dirá** **diremos** **diréis** **dirán**	**diría** **dirías** **diría** **diríamos** **diríais** **dirían**	diga digas diga digamos digáis digan	dijera dijeras dijera dijéramos dijerais dijeran	**di (no digas)** diga decid (no digáis) digan
*estar *to be* estando estado	**estoy** **estás** **está** estamos estáis **están**	estaba estabas estaba estábamos estabais estaban	**estuve** **estuviste** **estuvo** **estuvimos** **estuvisteis** **estuvieron**	estaré estarás estará estaremos estaréis estarán	estaría estarías estaría estaríamos estaríais estarían	**esté** **estés** **esté** **estemos** **estéis** **estén**	estuviera estuvieras estuviera estuviéramos estuvierais estuvieran	**está (no estés)** **esté** estad (no estéis) **estén**

* Verbs with irregular *yo*-forms in the present indicative

APÉNDICE E: Los verbos irregulares

(continued)

Infinitive / Present Participle / Past Participle	Present Indicative	Imperfect	Preterite	Future	Conditional	Present Subjunctive	Past Subjunctive	Commands
haber	he	había	hube	habré	habría	haya	hubiera	
to have	has	habías	hubiste	habrás	habrías	hayas	hubieras	
habiendo	ha [hay]	había	hubo	habrá	habría	haya	hubiera	
habido	hemos	habíamos	hubimos	habremos	habríamos	hayamos	hubiéramos	
	habéis	habíais	hubisteis	habréis	habríais	hayáis	hubierais	
	han	habían	hubieron	habrán	habrían	hayan	hubieran	
*hacer	hago	hacía	hice	haré	haría	haga	hiciera	haz (no hagas)
to make, do	haces	hacías	hiciste	harás	harías	hagas	hicieras	haga
haciendo	hace	hacía	hizo	hará	haría	haga	hiciera	haced (no hagáis)
hecho	hacemos	hacíamos	hicimos	haremos	haríamos	hagamos	hiciéramos	hagan
	hacéis	hacíais	hicisteis	haréis	haríais	hagáis	hicierais	
	hacen	hacían	hicieron	harán	harían	hagan	hicieran	
ir	voy	iba	fui	iré	iría	vaya	fuera	ve (no vayas)
to go	vas	ibas	fuiste	irás	irías	vayas	fueras	vaya
yendo	va	iba	fue	irá	iría	vaya	fuera	id (no vayáis)
ido	vamos	íbamos	fuimos	iremos	iríamos	vayamos	fuéramos	vayan
	vais	ibais	fuisteis	iréis	iríais	vayáis	fuerais	
	van	iban	fueron	irán	irían	vayan	fueran	
*oír	oigo	oía	oí	oiré	oiría	oiga	oyera	oye (no oigas)
to hear	oyes	oías	oíste	oirás	oirías	oigas	oyeras	oiga
oyendo	oye	oía	oyó	oirá	oiría	oiga	oyera	oíd (no oigáis)
oído	oímos	oíamos	oímos	oiremos	oiríamos	oigamos	oyéramos	oigan
	oís	oíais	oísteis	oiréis	oiríais	oigáis	oyerais	
	oyen	oían	oyeron	oirán	oirían	oigan	oyeran	

APÉNDICE E: Los verbos irregulares

(continued)

Infinitive / Present Participle / Past Participle	Present Indicative	Imperfect	Preterite	Future	Conditional	Present Subjunctive	Past Subjunctive	Commands
poder (o → ue) can, to be able / pudiendo / podido	puedo	podía	pude	podré	podría	pueda	pudiera	
	puedes	podías	pudiste	podrás	podrías	puedas	pudieras	
	puede	podía	pudo	podrá	podría	pueda	pudiera	
	podemos	podíamos	pudimos	podremos	podríamos	podamos	pudiéramos	
	podéis	podíais	pudisteis	podréis	podríais	podáis	pudierais	
	pueden	podían	pudieron	podrán	podrían	puedan	pudieran	
*poner to place, put / poniendo / puesto	pongo	ponía	puse	pondré	pondría	ponga	pusiera	pon (no pongas)
	pones	ponías	pusiste	pondrás	pondrías	pongas	pusieras	pon (no pongas)
	pone	ponía	puso	pondrá	pondría	ponga	pusiera	ponga
	ponemos	poníamos	pusimos	pondremos	pondríamos	pongamos	pusiéramos	
	ponéis	poníais	pusisteis	pondréis	pondríais	pongáis	pusierais	poned (no pongáis)
	ponen	ponían	pusieron	pondrán	pondrían	pongan	pusieran	pongan
querer (e → ie) to want, wish / queriendo / querido	quiero	quería	quise	querré	querría	quiera	quisiera	quiere (no quieras)
	quieres	querías	quisiste	querrás	querrías	quieras	quisieras	quiere (no quieras)
	quiere	quería	quiso	querrá	querría	quiera	quisiera	quiera
	queremos	queríamos	quisimos	querremos	querríamos	queramos	quisiéramos	
	queréis	queríais	quisisteis	querréis	querríais	queráis	quisierais	quered (no queráis)
	quieren	querían	quisieron	querrán	querrían	quieran	quisieran	quieran
reír to laugh / riendo / reído	río	reía	reí	reiré	reiría	ría	riera	ríe (no rías)
	ríes	reías	reíste	reirás	reirías	rías	rieras	ría
	ríe	reía	rió	reirá	reiría	ría	riera	reíd (no reáis)
	reímos	reíamos	reímos	reiremos	reiríamos	riamos	riéramos	rían
	reís	reíais	reísteis	reiréis	reiríais	riáis	rierais	
	ríen	reían	rieron	reirán	reirían	rían	rieran	

* Verbs with irregular yo-forms in the present indicative

APÉNDICE E: Los verbos irregulares

(continued)

Infinitive Present Participle Past Participle	Present Indicative	Imperfect	Preterite	Future	Conditional	Present Subjunctive	Past Subjunctive	Commands
*saber to know sabiendo sabido	sé sabes sabe sabemos sabéis saben	sabía sabías sabía sabíamos sabíais sabían	supe supiste supo supimos supisteis supieron	sabré sabrás sabrá sabremos sabréis sabrán	sabría sabrías sabría sabríamos sabríais sabrían	sepa sepas sepa sepamos sepáis sepan	supiera supieras supiera supiéramos supierais supieran	sabe (no sepas) sepa sabed (no sepáis) sepan
*salir to go out saliendo salido	salgo sales sale salimos salís salen	salía salías salía salíamos salíais salían	salí saliste salió salimos salisteis salieron	saldré saldrás saldrá saldremos saldréis saldrán	saldría saldrías saldría saldríamos saldríais saldrían	salga salgas salga salgamos salgáis salgan	saliera salieras saliera saliéramos salierais salieran	sal (no salgas) salga salid (no salgáis) salgan
ser to be siendo sido	soy eres es somos sois son	era eras era éramos erais eran	fui fuiste fue fuimos fuisteis fueron	seré serás será seremos seréis serán	sería serías sería seríamos seríais serían	sea seas sea seamos seáis sean	fuera fueras fuera fuéramos fuerais fueran	sé (no seas) sea sed (no seáis) sean
*tener to have teniendo tenido	tengo tienes tiene tenemos tenéis tienen	tenía tenías tenía teníamos teníais tenían	tuve tuviste tuvo tuvimos tuvisteis tuvieron	tendré tendrás tendrá tendremos tendréis tendrán	tendría tendrías tendría tendríamos tendríais tendrían	tenga tengas tenga tengamos tengáis tengan	tuviera tuvieras tuviera tuviéramos tuvierais tuvieran	ten (no tengas) tenga tened (no tengáis) tengan

APÉNDICE E: Los verbos irregulares

(continued)

Infinitive Present Participle Past Participle	Present Indicative	Imperfect	Preterite	Future	Conditional	Present Subjunctive	Past Subjunctive	Commands
traer *to bring* **trayendo** **traído**	**traigo** traes trae traemos traéis traen	traía traías traía traíamos traíais traían	**traje** **trajiste** **trajo** **trajimos** **trajisteis** **trajeron**	traeré traerás traerá traeremos traeréis traerán	traería traerías traería traeríamos traeríais traerían	**traiga** **traigas** **traiga** **traigamos** **traigáis** **traigan**	**trajera** **trajeras** **trajera** **trajéramos** **trajerais** **trajeran**	trae (no **traigas**) **traiga** traed (no **traigáis**) **traigan**
*venir *to come* **viniendo** venido	**vengo** **vienes** **viene** venimos venís **vienen**	venía venías venía veníamos veníais venían	**vine** **viniste** **vino** **vinimos** **vinisteis** **vinieron**	**vendré** **vendrás** **vendrá** **vendremos** **vendréis** **vendrán**	**vendría** **vendrías** **vendría** **vendríamos** **vendríais** **vendrían**	**venga** **vengas** **venga** **vangamos** **vengáis** **vengan**	**viniera** **vinieras** **viniera** **viniéramos** **vinierais** **vinieran**	**ven** (no **vengas**) **venga** venid (no **vengáis**) **vengan**
ver *to see* viendo **visto**	**veo** ves ve vemos veis ven	**veía** **veías** **veía** **veíamos** **veíais** **veían**	**vi** **viste** **vio** **vimos** **visteis** **vieron**	veré verás verá veremos veréis verán	vería verías vería veríamos veríais verían	**vea** **veas** **vea** **veamos** **veáis** **vean**	viera vieras viera viéramos vierais vieran	ve (no **veas**) **vea** ved (no **veáis**) **vean**

* Verbs with irregular *yo*-forms in the present indicative

These glossaries include the words and expressions that are introduced as new vocabulary in the textbook except verb forms, proper nouns, identical cognates, regular superlatives and diminutives, and most adverbs ending in -*mente*. These vocabulary items are listed in order of the Spanish alphabet, and only meanings used in the textbook are provided. Gender of nouns is indicated except for masculine nouns ending in -*o* and feminine nouns ending in -*a*. Feminine forms of adjectives are shown except for regular adjectives with the masculine forms ending in -*o*. Verbs appear in the infinitive form. Stem changes and spelling changes are indicated in parentheses: e.g., *divertirse (e → ie, i); buscar (qu)*. The number following each vocabulary entry indicates the lesson in which the word or expression with that particular meaning first appears. The following abbreviations are used:

adj.	adjective	*f.*	feminine	*n.*	noun	*prep.*	preposition
adv.	adverb	LP	Lección preliminar	PER	Perspectivas	*pron.*	pronoun
conj.	conjunction	*m.*	masculine	*pl.*	plural	*s.*	singular

• A •

a un, una LP
  a little un poco 2
  a lot mucho *adj.* 2
about sobre *adv.* 4
abroad al extranjero 13
accept aceptar 3
accessory accesorio 11
accompany acompañar 7
according to según *adv.* 4
accountant contador(a) *m. / f.* 5
acid rain lluvia ácida 15
adjective adjetivo 1
adorn adornar 10
adverb adverbio 2
advise aconsejar 12
affair asunto 12
after después de + infinitive *prep.* PER II; después (de) que *conj.* 13
afterwards después *adv.* 4
again otra vez *adv.* 4
against contra *adv.* 7
agony duelo 9
agree estar de acuerdo 8
agreement acuerdo *n.* PER I
agriculture agricultura 5
air conditioning aire acondicionado *m.* 13
air pollution contaminación del aire *f.* 15
airplane avión *m.* 13
airport aeropuerto 13
all todos 3
  all morning toda la mañana PER II
almost casi *adv.* 4
also también *adv.* 2

although aunque *conj.* 11
always siempre *adv.* 4
an un, una LP
ancestry ascendencia 7
and y *conj.* 1
angry enojado *adj.* 4
announcement anuncio 6
answer contestar 1
any algún, alguno(a/os/as) 9; cualquier *adj.* 12
anyone alguien 9
anything algo *pron.* 8
  Anything else? ¿Otra cosa? 10; ¿Algo más? 10
apart (from) además (de) 9
appetizer aperitivo 8
apple manzana 10
April abril 3
Argentinian argentino *adj.* LP
arm brazo 14
arrive llegar 2
article artículo LP
article (of clothing) prenda 11
as como 2
  as . . . as tan…como 10
  as much . . . as tanto / tanta…como 10
  as many . . . as tantos / tantas…como 10
  as soon as tan pronto como *conj.* 13
ask for pedir (e → i, i) 1
at a *prep.* LP
  at home en casa 2
  at night por la noche 2
  at 7 o'clock a las siete PER II
  (At) What time? ¿A qué hora? 3

athlete deportista *m. / f.* 7
attend asistir (a) 13
attentively atentamente 2
attorney abogado(a) *m. / f.* 5
August agosto 3
aunt tía 4
autumn otoño 6

• B •

backpack mochila 11
bad malo *adj.* 1
bag bolsa 11
ballpoint pen bolígrafo 9
banana plátano 10
  banana plantation plantación bananera *f.* 5
bank banco 12
bargain regatear 10
bathroom baño 6
bathtub bañera 6
be ser 1; estar 4
  be able poder (o → ue) 5
  be afraid tener miedo 10
  be born nacer 6
  be cold tener frío 6
  be glad (about) alegrarse (de) 12
  be hot tener calor 6
  be hungry tener hambre 8
  be lucky tener suerte 10
  be of use servir (e → i, i) 5
  be right tener razón 4
  be sleepy tener sueño 4
  be sorry sentir (e → ie, i) 12
  be successful tener éxito 10
  be thirsty tener sed 8
beach playa 6

beard barba 6
because porque *conj.* 3
become rich hacerse rico 12
bed cama 13
bedroom dormitorio 2, *(Latin America)* cuarto 6
beer cerveza 3
before antes de + infinitive *prep.* PER II; antes (de) que *conj.* 13
beg rogar (o → ue) 12
begin comenzar (e → ie) 5
believe creer 6
belt cinturón *m.* 11
besides además 9
better mejor *adv.* 5
beverage bebida 7
bicycle bicicleta 2
big grande *adj.* 1
bill (for merchandise or service) cuenta 8
biology biología 2
birthday cumpleaños 6
black negro *adj.* 11
blood sangre *f.* 9
blouse blusa 11
blue azul *adj.* 7
body cuerpo 14
boil hervir (e → ie) 14
Bolivian boliviano *adj.* LP
bone hueso 10
bookstore librería 9
boots botas 11
bored aburrido *adj.* 5
borrow pedir prestado (e → i, i) 12
boss jefe *m.* 12
bother molestar 12
boyfriend novio 2
bracelet brazalete *m.* 8
bread pan *m.* 8
break romper PER IV
breakfast desayuno 8
brewery cervecería 6
bring traer 4
broccoli bróculi *m.* 10; brécol *m.* 10
brother hermano 2
brother-in-law cuñado 4
brown marrón *adj.* 11; pardo 11
  brown (to describe eyes), brown (México) café *adj.* 11
  brown (to describe eyes and hair) castaño *adj.* 11
brush one's teeth lavarse los dientes 6

budget presupuesto 12
bullfight corrida de toros 9
buried enterrado *adj.* PER III
business negocios 2; empresa 10
  business person comerciante *m. / f.* 5
busy ocupado *adj.* 4
but pero *conj.* PER I
butcher shop carnicería 9
butter mantequilla 8
buy comprar 6
Bye! (informal) ¡Chao! 1

• C •

cable car teleférico PER II
calculator calculadora 9
calculus cálculo 2
camera cámara 7
candy dulces *m. pl.* 9
card tarjeta 9
career carrera 6
Caribbean Caribe *m.* 15
carrot zanahoria 10
carry llevar 11
cash (a traveler's check) cambiar 12; **(a personal check)** cobrar 12
  cash register caja 10
cashier's caja 11
castle castillo 13
cat gato 2
cauliflower coliflor *f.* 10
celebrate celebrar 8
century siglo 9
certain seguro *adj.* 13
chair silla 13
change cambiar 8; **change (money)** cambiar 12
characteristic característica 1
cheap barato *adj.* 9
check cheque *m.* 12
checking account cuenta corriente 12
Cheers! (a toast) ¡Salud! 8
cheese queso 8
chemistry química 2
cherry cereza 10
chicken pollo 8
Chilean chileno *adj.* LP
chin mentón *m.* PER III
Chinese chino *adj.* 8
Christmas Navidad *f.* 9
citizen ciudadano(a) *m. / f.* PER IV
city ciudad *f.* 13

class clase *f.* LP
classmate compañero(a) de clase *m. / f.* 2
clean limpio *adj.* 13
climate clima *m.* 6
clinic clínica 14
clock reloj *m.* 9
  clock shop relojería 9
close cerrar (e → ue) 11
closed cerrado *adj.* 8
clothes ropa PER I
clothing ropa PER I
coffee café *m.* 2
cold frío *adj.* 14; resfriado *n.* 10; catarro *n.* 14
Colombian colombiano *adj.* LP
comb (one's hair) peinarse 6
come venir (e → ie, i) 3
comfortable cómodo *adj.* 11
comment comentar 6
Commonwealth Estado Libre Asociado PER IV
community college politécnico 12
compact disk disco compacto 7
complain (about) quejarse (de) 12
computer computadora 2
  computer programmer programador(a) *m. / f.* 5
  computer science computación *f.* 2
concern asunto 13; preocupación *f.* 15
concert concierto 7
condiment condimento 8
conference attendee conferencista *m. / f.* 15
confidence confianza 4
Congratulations! ¡Felicitaciones! 3; ¡Felicidades! 14
congress congreso 13
conserve conservar 15
control controlar 15
cook cocinar 14
correct verdad 7
cost costar (o → ue) 9
Costa Rican costarricense *adj.* LP
cough tos *f.* 14
count contar (o → ue) 12
counter mostrador *m.* 12
country país *m.* LP; campo 5
course curso 2
cousin primo(a) *m. / f.* 4

crafts artesanías 10
cream crema 8
crime delincuencia 15
Cuban cubano *adj.* LP
cultivate cultivar 5
cup taza 8
cut cortar 10

• D •

daily diario *adj.* 6
dance baile *m.* 2; bailar 3
dark (in color) oscuro *adj.* 11
dark-skinned (Mexico) moreno *adj.* 11
daughter hija 1
daughter-in-law nuera 4
day día *m.* LP
dear (term of affection) querido(a) 3
debt deuda 12
deceased fallecido *adj.* PER III
December diciembre 3
deforestation deforestación *f.* 15
delicious rico *adj.* 8
department store almacén *m.* 9
deposit (money) depositar 12
descent ascendencia 7
desert desierto 13
desire desear 12
desk escritorio 13
despite a pesar de 13
dessert postre *m.* 8
destroy destruir 15
destruction destrucción *f.* 15
develop desarrollar 12
developed desarrollado *adj.* 14
die morirse (o → ue) 13
difficult difícil *adj.* 2; duro *adj.* 5
dinner cena 6
dip remojar 10
direction dirección *f.* LP
dirty sucio *adj.* 13
disease enfermedad *f.* 14
dish plato 8
dislike aversión *f.* 7
distributor distribuidor *m.* 10
divorced divorciado *adj.* 4
do hacer 3
  Do you want to go to the movies? ¿Quieres ir al cine? 3
doctor médico(a) *m.* / *f.* 5
dog perro 2
Dominican dominicano *adj.* LP
door puerta 13

double doble *adj.* 13
doubt dudar 13
doubtful dudoso *adj.* 13
downtown centro 2
drain escurrir 10
dream sueño PER I
dress vestido 11
drink bebida 7; tomar 2; beber 3
drive manejar 13
dry cleaner's tintorería 11
dry off secarse 6
during durante *adv.* 3

• E •

each cada *adv.* 4
ear (outer) oreja 14
earache dolor de oídos *m.* 14
early temprano *adv.* 6
earn ganar 5
earrings aretes *m.* 9
east este *m.* LP
easy fácil *adj.* 2
  easy chair sillón *m.* 13
eat comer 3
  eat breakfast desayunar 6
  eat lunch almorzar (o → ue) 5
  eat supper (dinner) cenar 6
economy economía 2
Ecuadorian ecuatoriano *adj.* LP
Ecuatorial Guinean guineo ecuatorial *adj.* LP
educate educar 15
efficiency eficaz *f.* PER V
egg (fried) huevo (frito) 8
eight ocho 2
eighteen dieciocho (diez y ocho) 2
eighty ochenta 2
either . . . or o...o 9
elderly anciano *adj.* 1
electric eléctrico *adj.* 2
electricity electricidad *f.* 15
electronic electrónico *adj.* 9
elephant elefante *m.* 15
elevator ascensor *m.* 13
eleven once 2
eliminate eliminar 15
enclosed cerrado *adj.* 10
energy energía 15
engineer ingeniero(a) *m.* / *f.* 5
English (language) inglés *m.* 2
Enjoy your meal! ¡Buen provecho! 8
envelope sobre *m.* 9

environment ambiente 12; medio ambiente 13
environmental ambiental *adj.* 15
equipment equipo 9
even though aunque *conj.* 11
every cada *adv.* 4; **every day** todos los días 4
everything todo *adv.* 4
examine examinar 14
excited entusiasmado *adj.* 13
exercise hacer ejercicio 4
expenses gastos 12
expensive caro *adj.* 9
exquisite exquisito *adj.* 10
eye ojo 7

• F •

fabulous fabuloso *adj.* 7
face cara 6
  face the street dar a la calle 13
facility instalación *f.* 13
factory fábrica 5
fall otoño 6
  fall asleep dormirse (o → ue, u) 6
family familia 1
  family member familiar *m.* 4
far lejos *adv.* 14
farm granja 10
fast rápido *adj.* 2
fat gordo *adj.* 1
father padre *m.* 2
father-in-law suegro 4
February febrero 3
feel sentirse (e → ie, i) 14
  feel like tener ganas de + infinitive 7
  feel nauseated tener náuseas 14
female monkey mona 11
fever fiebre *f.* 14
fiber fibra 10
fifteen quince 2
fifty cincuenta 2
filled relleno *adj.* 10
finally por fin PER II; finalmente *adv.* 6
find encontrar (o → ue) 5
fine bien *adv.* 1; multar 15
fine arts bellas artes 2
finger dedo 14
finish terminar 6
fire fuego 9

fireworks fuegos artificiales 9
first primero *adv.* 3
fish pescado 8
fit (clothing) quedarle 11
five cinco 2
fixed fijo *adj.* 8
flight vuelo 13
flower flor *f.* 9
   flower shop florería 9
flu gripe *f.* 14
food comida 3
   **food prepared in an under-
   ground oven (Chile)**
   curanto 8
foot pie *m.* 13
for por *prep.* 2; para *prep.* 2
   for example por ejemplo
   PER V
   for a half-hour por media
   hora PER II
forbid prohibir 12
foreign extranjero *adj.* 13
forget olvidar 13
form formulario 13
forty cuarenta 2
four cuatro 2
fourteen catorce 2
France Francia 13
French (language) francés *m.* 2
fresh fresco *adj.* 10
Friday viernes 3
fried frito *adj.* 8
   **fried shrimp flavored with
   garlic** gambas al ajillo 8
friend amigo(a) *m. / f.* 2
friendship amistad *f.* PER I
from (a place) desde *adv.* 14
   From where? ¿De dónde? 1
front desk recepción *f.* 13
fruit fruta 8
furniture muebles *m. pl.* 13
future futuro 5

• G •

game juego 7; partido 7
garlic ajo 10
general manager director general 12
generous generoso *adj.* 1
gentleman caballero PER I
genuine genuino *adj.* 15
German (language) alemán
   m. 2
Germany Alemania 13
gesture gesto 3

get conseguir (e →i, i) 13
   get dressed vestirse (e → i) 6
   get married (to) casarse
   (con) 4
   get sick enfermarse 14
   get up levantarse 6
gift regalo 3
gifted regalado *adj.* 12
girlfriend novia 2
give dar 4
   give (as a gift) regalar 9
glass (for water, milk) vaso 8
glitter relucir 12
global warming calentamiento
   del planeta 15
glove guante *m.* 11
go ir 2; andar 13
   go along acompañar 7
   go back volver (o → ue) 5
   go bicycling montar en bicicleta 7
   go horseback riding montar
   a caballo 7
   go out salir 3
   go shopping ir de compras 7
   go to bed acostarse
   (o → ue) 6
godfather padrino 4
godmother madrina 4
gold oro 9
good bueno *adj.* 1
   Good afternoon! ¡Buenas
   tardes! 1
   Good evening! ¡Buenas
   noches! 1
   Good morning! ¡Buenos
   días! 1
   Good night! ¡Buenas
   noches! 1
Good-bye! ¡Adiós! 1
good-looking guapo *adj.* 1
government gobierno 15
grandaughter nieta 4
grandfather abuelo 4
grandmother abuela 4
grandparents abuelos 4
grandson nieto 4
gray gris *adj.* 11
Great! ¡Qué bueno! 3
great-grandfather bisabuelo 4
great-grandmother bisabuela 4
green verde *adj.* 11
greet saludar 1
grief duelo 9
groceries productos
   comestibles 10

grocery store (Spain) tienda de
   ultramarinos 10; **(Spain,
   Puerto Rico)** colmado 10
growth crecimiento 12
guarantee garantía 5
Guatemalan guatemalteco
   adj. LP
guess advinar 4
guest invitado(a) *m. / f.* 7
guitar guitarra 7

• H •

hair dryer secador de pelo *m.* 9
hair salon peluquería 11
ham jamón *m.* 8
hammock hamaca 7
hand mano *f.* LP
handsome guapo *adj.* 1
happy contento *adj.* 4; feliz
   adj. 9
hard difícil *adj.* 2; duro *adj.* 5
hard-working trabajador(a)
   adj. 1
hat sombrero 11
have tener 2
   have breakfast desayunar 6
   have fun divertirse
   (e → ie, i) 7
   have just acabar de + infinitive 8
   have lunch almorzar
   (o → ue) 5
   have supper (dinner) cenar 6
   have to tener que +
   infinitive 5
he él *pron.* 1
head cabeza 14
headache dolor de cabeza *m.* 14
health salud *f.* 10
hear oír 6
heart corazón *m.* 8
**Hello (when answering the
   telephone in Mexico)**
   Bueno 3
help ayudar 4
her la *pron.* 8; su(s) *adj.* 2
here aquí *adv.* 2
Hi! ¡Hola! 1
high alto *adj.* 10
highway carretera 13
him lo *pron.* 8
his su(s) *adj.* 2
Hispanic hispano *adj.* LP
Holy Week Semana Santa 9
home casa *m.* 9

homework tarea 4
Honduran hondureño *adj.* LP
honesty honradez *f.* 15
hope esperar 12
horse caballo 7
hot caliente *adj.* 8
hour hora 2
house casa 2
how cómo 1
   How? ¿Cómo? 1
   How are you? (informal)
     ¿Cómo estás? 1
   How are you? (formal)
     ¿Cómo está usted? 1
   How delicious! ¡Qué rico! 3
   How many? ¿Cuántos(as)? 2
   How may I help you? ¿En
     qué puedo servirle? 10
   How old are you? ¿Cuántos
     años tienes? 1
   How's everything? ¿Qué
     tal? 1
hug abrazo 6
human humano *adj.* 14
humanities (letters) letras 2
hurt doler (o → ue) 14
husband esposo 1

• I •

I yo *pron.* 1
   I want you to meet . . .
     Quiero presentarte a... 1
   I'm (very) sorry. Lo siento
     (mucho). 13
   I / you like me / te gusta 2
   I / you would like me / te gus-
     taría 7
ice hielo 8
   ice cream helado 7
iced tea té helado *m.* 8
idiomatic idiomático *adj.* 1
ill enfermo *adj.* 4
illegal drugs drogas
   ilegales 15
illiteracy analfabetismo 15
illness enfermedad *f.* 14
implore rogar (o → ue) 12
in
   in case (of) en caso (de) que
     conj. 13
   in cash al contado 11
   in five minutes en cinco mi-
     nutos PER II
   in order to para *prep.* 2
   in spite of a pesar de 13

   in the afternoon por la
     tarde 2
   in the final analysis por
     último 15
   in the morning por la
     mañana 3
inexpensive barato *adj.* 9
infant mortality mortalidad
   infantil *f.* 15
inn albergue *m.* 13
insist (on) insistir (en) 12
instructor profesor(a) *m. / f.* 1
insurance seguro 14
intend pensar (e → ie) 5
invest invertir (e → ie, i) 12
invite invitar 3
iron hierro 10
island isla 7
it (masculine) lo *pron.* 8, **(femi-**
   nine) la *pron.* 8
   It's bad weather. Hace mal
     tiempo. 6
   It's clear. Está despejado. 6
   It's cloudy. Está nublado. 6
   It's cold. Hace frío. 6
   It's cool. Hace fresco. 6
   It's eight in the evening. Son
     las ocho de la noche. 3
   It's hot. Hace calor. 6
   It's nice weather. Hace buen
     tiempo. 6
   It's one in the morning. Es la
     una de la mañana. 3
   It's raining. Está lloviendo. 6
   It's snowing. Está
     nevando. 6
   It's sunny. Hace sol. 6
   It's two in the afternoon. Son
     las dos de la tarde. 3
   It's windy. Hace viento. 6
its su(s) adj. 2
itself mismo 15

• J •

jacket chaqueta 11
January enero 3
Japanese japonés *adj.* 8
jewelry joyas 9
   jewelry store joyería 9
jog correr 7
journalism periodismo 2
journalist periodista *m. / f.* 5
joy alegría 9
juice jugo 6
July julio 3

June junio 3
jungle selva 13
jungle-like selvático *adj.* PER II

• K •

key llave *f.* 13; clave *adj.* PER II
kind(s) tipo 7
know (how, a fact) saber 4;
   (someone, a place)
   conocer 4

• L •

lady dama PER I
lamp lámpara 13
land tierra 5
language lengua 2
large grande *adj.* 1
last último *adj.* 9
   last night anoche *adv.* 4
   last Saturday sábado pasado
     PER II
   last week semana pasada
     adv. 4
late tarde *adv.* 6
   late afternoon snack (Chile)
     once 8
later más tarde *adv.* 6
lavender violeta *adj.* 11
law derecho 2
lawyer abogado(a) *m. / f.* 5
lazy perezoso *adj.* 1
leave salir 3; **(on a trip)** embarcar 3
leg pierna 14
lemon limón *m.* 8
lend prestar 12
less than menos que 10
lesson lección *f.* LP
let's hope (that) ojalá (que) +
   subjunctive 12
let's see vamos a ver 12
letter carta 3
lettuce lechuga 10
level nivel *m.* 10
library biblioteca 2
lie down acostarse (o → ue) 14
life vida 5
light luz *f.* 9; **(in color)** claro
   adj. 11; **(in weight)** ligero
   adj. 8
like como 2; gusto 7
lip labio PER III
listen escuchar 2
live vivir 3

living room sala *f.* 4
logical lógico *adj.* 12
look (at) mirar 3
  look for buscar (qu) PER I
love amor *m.* PER I; querer
  (e → ie) 5
low bajo *adj.* 10
lunch almuerzo 8; comida 8
luxury lujo 13

• M •
ma'am señora (Sra.) 1
made hecho *adj.* 9
  made up (e.g., a hotel room)
  arreglado *adj.* 13
magazine revista 12
magnificent magnífico *adj.* 10
main issue punto clave 15
make hacer 3
  make (a meal) preparar 8
malnutrition desnutrición *f.* 15
man hombre *m.* 4
manager gerente *m. / f.* 5
March marzo 3
marital status estado civil 4
marked marcado *adj.* 13
market mercado 8
marmalade mermelada 8
married (to) casado (con) *adj.* 4
marry casarse 4
match partido 7
May mayo 3
maybe tal vez *adv.* 11
me mí 5; me *pron.* 8
meal comida 8
means medidas 15
meat carne *f.* 8
medical médico *adj.* 14
medicine medicina 14
meet conocer 1
meeting reunión *f.* 4
merchandise mercancías 11
Merry Christmas! ¡Feliz
  Navidad! 9
Mexican mexicano *adj.* LP
milk leche *f.* 8
mirror espejo 13
Miss señorita (Srta.) 1
Monday lunes 3
money dinero 2
month mes *m.* 3
monthly al mes 6
more than más que 10
mother madre *f.* 2
mother-in-law suegra 4

mountain montaña 13
mouth boca 14
movie theater cine *m.* 3
Mr. señor (Sr.) 1
Mrs. señora (Sra.) 1
much mucho *adj.* 2
museum museo 7
musician músico(a) *m. / f.* 5
my mis *adj.* 1; mi *adj.* 1
  My name is . . . Me llamo… 1
  My pleasure. El gusto es
  mío. 1

• N •
name nombre *m.* 3
nationality nacionalidad *f.* LP
nature naturaleza 15
navel ombligo PER III
near cerca de *prep.* 4
nearby cerca *adv.* 5
neck cuello 14
necklace collar *m.* 9
necktie corbata 11
need necesitar 2
neighbor vecino 8
neighborhood barrio 10
neither tampoco 9
  neither . . . nor ni…ni 9
nephew sobrino 4
never nunca *adv.* 4
nevertheless sin embargo 5
new nuevo *adj.* 1
news noticias 12
newspaper periódico 3
next próximo *adj.* 9
Nicaraguan nicaragüense
  adj. LP
nice simpático *adj.* 1
  Nice to meet you.
  Encantado(a). 1; Mucho
  gusto. 1
niece sobrina 4
night noche *f.* 5
nine nueve 2
nineteen diecinueve (diez y
  nueve) 2
ninety noventa 2
no ningún 9; ninguno(a) 9
  no one nadie 9
nobody nadie 9
noise ruido 6
none ninguno(a) 9; ningún 9
nonsmoking no fumar 8
north norte *m.* LP
nose nariz *f.* 14

not any ningún 9; ninguno(a) 9
not anyone nadie 9
not . . . at all nada 5
not . . . either tampoco 9
not ever nunca *adv.* 4
nothing nada 5
noun sustantivo LP
novel novela 3
November noviembre 3
now ahora *adv.* 2
nuclear arms armas
  nucleares 15
number número 2
nurse enfermero(a) *m. / f.* 5
nutritious nutritivo *adj.* 7

• O •
obtain conseguir (e →i, i) 13
October octubre 3
of course cómo no 13
  Of course! ¡Claro! 8
Of / About what? ¿De qué? 3
offend ofender 8
offer ofrecer (zc) 2
office worker oficinista *m. / f.* 5
oil aceite *m.* PER II
okay bien *adv.* 3
old viejo *adj.* 1
older mayor *adj.* 4
olive aceituna 10
Olympic olímpico *adj.* 7
on por *prep.* 2
  on the dot en punto 3
  on the left a la izquierda 13
  on the other hand por otro
  lado PER V
  on the right a la derecha 13
  on Saturday el sábado PER II
  On what date? ¿En qué
  fecha? 3
once una vez *adv.* 4
one uno 2; una LP; un LP
  one month ago hace un mes
  PER II
one-half kilo medio kilo 10
onion cebolla 8
only sólo *adv.* 15
open abrir 8
  open air al aire libre 10
or o *prep.* LP
orange (color) naranja *adj.* 11;
  anaranjado *adj.* 11; **(fruit)**
  naranja 8
order pedir (e → i) 5
organized organizado *adj.* 13

other otro *adj.* 1
ought deber 3
our nuestro *adj.* 1
overcoat abrigo 11
overpopulation sobrepoblación
  f. 15
owner dueño(a) *m. / f.* 10
ozone depletion agotamiento
  del ozono 15

• **P** •

painting pintura 2; cuadro 13
pajamas pijama *m.* 6
Panamanian panameño
  adj. LP
pants pantalones *m. pl.* 11
parade desfile *m.* PER IV
Paraguayan paraguayo *adj.* LP
parents padres *m. pl.* 2
park parque *m.* 7
partner socio PER I
party fiesta 3
passport pasaporte *m.* 13
past pasado 4
pastime pasatiempo 7
pastry pastel *m.* 8
  pastry shop pastelería 9
patience paciencia 4
patient paciente *m. / f.* 14
pay (for) pagar 11
Peace Corps Cuerpo de Paz
  PER II
peach durazno 10; melocotón
  m. 10
pear pera 10
peel pelar 14
pencil lápiz *m.* 9
people gente *f.* 1
pepper pimiento 10
per month al mes 6
perfume shop perfumería 9
perhaps tal vez *adv.* 11
permit permitir 12
person persona 2
personality personalidad *f.* 1
persue seguir (e →i, i) 5
Peruvian peruano *adj.* LP
photo album álbum para fotos
  m. 9
physical físico *adj.* 1
physician médico(a) *m. / f.* 5
piece pedazo 8
pill pastilla 14
pineapple piña 10
pink rosado *adj.* 11

place lugar *m.* PER V
plain llano 13
plant plantar 15
plate plato 8
play jugar (u → ue) 4
  play cards jugar (a las) cartas 7
  play (an instrument) tocar
    (un instrumento) 7
  play (e.g., a stereo) poner 9
  play soccer jugar (al) fútbol 7
poetry poesía 15
police officer policía *m. / f.* 5
political science ciencias
  políticas 2
politician político(a) *m. / f.* 15
politics política 15
Polynesian polinesio *adj.* 7
poor pobre *adj.* 15
popcorn palomitas de maíz 7
possessive posesivo *adj.* 2
post office oficina de correos 12
postcard tarjeta postal 9
potato omelette (Spain)
  tortilla 8
potatoes (French fried) papas,
  patatas (fritas) 7
poverty pobreza 15
power poder *m.* PER V
powerful poderoso *adj.* PER I
prefer preferir (e → ie, i) 5
pregnant embarazada *adj.* 14
prejudice prejuicio 15
prepare preparar 6
preposition preposición *f.* 2
present regalo 3
presently actualmente *adv.*
  PER IV
pretty bonito *adj.* 1
prevent prevenir (e → ie, i) 4
price precio 10
printer impresora 9
private privado *adj.* 13
problem problema *m.* 14
produce producir 15
product producto 15
professor profesor(a) *m. / f.* 1
profile perfil *m.* PER I
pronoun pronombre *m.* 1
prosperity prosperidad *f.* 15
protect proteger 13
proud orgulloso *adj.* PER IV
provided (that) con tal (de) que
  conj. 13
psychology sicología 2
public público 15
puddle charco 13

Puerto Rican puertorriqueño
  adj. LP
purple morado *adj.* 11
purse bolsa 11
pursue seguir (e → i, i) 5
put poner 4
  put in poner 10
  put on ponerse 6
  put on makeup maquillarse 6

• **Q** •

quantity cantidad *f.* 10
question pregunta LP
quickly rápidamente *adv.* 2

• **R** •

race carrera 7
raft balsa PER III
railroad ferrocarril *m.* 12
rain lluvia 6; llover (o → ue) 6
  rain forest bosque pluvial
    PER II
raise aumento 12
ranch rancho 4
rapidly rápidamente *adv.* 2
rate of exchange tipo de cambio 12
rather bastante *adj.* PER V
read leer 3
reason razón *f.* PER V
receipt recibo 10
receive recibir 3
recommend recomendar
  (e → ie) 12
recycle reciclar 15
red rojo *adj.* 11
  red wine vino tinto 8
red-headed pelirrojo *adj.* 7
reduce reducir 15
register registrarse 13
related relacionado *adj.* 15
relative pariente *m. / f.* 4
remain quedarse 11
remainder resto 6
remember recordar (o → ue) 8
rent alquilar 13
rented alquilado *adj.* 6
request pedir (e → i, i) 12
researcher investigador(a) *m. /
  f.* 5
reservation (Spain) reserva 13
resource recurso 12
responsibility responsabilidad
  f. 15

responsible responsable *adj.* 15
rest descansar 2; resto 6
return volver (o → ue) 5
reunion reunión *f.* 4
rhythm ritmo 15
rice arroz *m.* 8
rich rico *adj.* 11
ridiculous ridículo *adj.* 12
right verdad 7; derecho 13
  right now ahora mismo *adv.* 14
ring anillo 9
road camino PER II
roasted meat carne asada *f.* 8
role papel *m.* 8
room (Latin America) cuarto 6; **(Spain)** habitación *f.* 13
roommate compañero(a) de cuarto *m.* / *f.* 2
rose rosa 5
route ruta 13
routine rutina 6
run correr 7

• S •

sad triste *adj.* 4
safety seguridad *f.* 5
sailor navegante *m.* / *f.* PER III
salad ensalada 8
salary sueldo 5
sale venta 10
salesperson vendedor(a) *m.* / *f.* 5
Salvadoran salvadoreño *adj.* LP
sandals sandalias 11
Saturday sábado 3
save (money, time) ahorrar 12
savings account cuenta de ahorros 12
say decir (e → i) 5
  say good-bye despedirse (e → i, i) 1
science ciencia 2
scientist científico(a) *m.* / *f.* 5
sea mar *m.* 15
season estación *f.* 6
see ver 3
  See you . . . Hasta... 3
  See you later! ¡Hasta luego! 1
  See you tomorrow! ¡Hasta mañana! 1
sell vender 10

send mandar 9
sense sentido 5
September septiembre 3
serious (e.g., situation) grave *adj.* 14
serve servir (e → i, i) 5
service servicio 13
seven siete 2
seventeen diecisiete (diez y siete) 2
seventy setenta 2
share compartir PER II
shave afeitarse 6
shaver máquina de afeitar 9
she ella *pron.* 1
shellfish mariscos 8
shine relucir 12
shirt camisa 11
shoe zapato 11
short (in height) bajo *adj.* 1; corto *adj.* 13
  short time temporada corta 12
shortage escasez *f.* 15
should deber 3
shovel (snow) limpiar (la nieve) 6
shower ducha 13
sick enfermo *adj.* 4
sidewalk acera 6
sign (one's name) firmar 12
silk seda 11
simple sencillo *adj.* 3
sing cantar 7
singer cantante *m.* / *f.* 7
single soltero *adj.* 4
sink lavabo 13
sir señor (Sr.) 1
sister hermana 2
sister-in-law cuñada 4
sit down sentarse (e → ie) 10
six seis 2
sixteen dieciséis (diez y seis) 2
sixty sesenta 2
size (clothing) talla 11
skate patinar 7
ski esquiar 7
skirt falda 11
sleep dormir (o → ue, u) 5
slow lento *adj.* 9
small pequeño *adj.* 1
snack merienda 8
  snack food bocadillo 7
snorkel hacer esorquel 9
snow nieve *f.* 6; nevar (e → ie) 6

so (that) para que *conj.* 13
  so much tanto 13
  So-so. Más o menos. 1
soap jabón *m.* 13
  soap opera telenovela 5
soccer player futbolista *m.* / *f.* 7
social worker trabajador(a) social *m.* / *f.* 5
sock calcetín *m.* 11
soft drink refresco 3
solve resolver (o → ue) 15
some unos LP; unas LP; alguno(a/os/as) 9; algún 9
  some days algunos días PER II
somebody alguien 9
someone alguien 9
something algo *pron.* 8
  something for the home algo para la casa 9
sometimes a veces *adv.* 4
son hijo 1
son-in-law yerno 4
soon pronto *adv.* 6
soup sopa 8
south sur *m.* LP
Spanish (from Spain) español *adj.* LP; **(language)** español *m.* LP
spare part pieza de recambio 13
speak hablar 2
specialist especialista *m.* / *f.* 5
species extinction extinción de animales *f.* 15
spend (time) pasar 9; **(money)** gastar 9
sport deporte *m.* 7
sports equipment equipo deportivo 9
spring primavera 6
squid calamar *m.* 8
stamp estampilla 12
star estrella 13
start comenzar (e → ie) 5
stationery papel para cartas *m.* 9
  stationery store papelería 9
stay quedarse 11
steak bistec *m.* 8
step forward paso adelante PER V
stepbrother hermanastro 4
stepfather padrastro 4
stepmother madrastra 4
stepsister hermanastra 4
stick out (e.g., one's tongue) sacar 14

still todavía *adv.* 5
stingy tacaño *adj.* 3
stock market bolsa 12
stocking media 11
stomach estómago 14
stone piedra PER III
stop parar 6
store tienda 5
strawberry fresa 10
street calle *f.* 13
strong fuerte *adj.* 15
student estudiante *m.* / *f.* 1
studious estudioso *adj.* 1
study estudiar 2
subway metro 12
sugar azúcar *m.* 8
suggest sugerir (e → ie, i) 11
suit traje *m.* 11
suitcase maleta 13
summer verano 6
Sunday domingo 3
sunglasses anteojos para el
     sol 11
supper cena 6
support apoyo PER II
sure seguro *adj.* 10
   Sure! ¡Claro! 8
sweater suéter *m.* 6
sweet dulce *adj.* 7
sweetheart (term of affection)
     corazón 8
swim nadar 7
swimming pool piscina 7
swimsuit traje de baño *m.* 9
switch cambiar 8

• T •

T-shirt camiseta 11
table mesa 13
take tomar 2; llevar 9
   take a bath bañarse 6
   take care cuidarse 14
   take a shower ducharse 6
   take a trip hacer un
      viaje 13
   take a walk pasear 7
   take off quitarse 6
   take out sacar 10
   take pictures sacar fotos 7
talk hablar 2
tall alto *adj.* 1
tap (faucet) grifo 14
tape (recording) cinta 7
tape recorder grabadora 2
taste probar (o → ue) 8

taxes impuestos PER V
tea té *m.* 8
teach enseñar 4
teacher profesor(a) *m.* / *f.* 1
team equipo 7
technology tecnología 15
teeth dientes *m. pl.* 6
telephone teléfono 2
television set televisor *m.* 13;
     (color) televisor a colores
     m. 2
tell decir (e → i) 5
ten diez 2
test examen *m.* 2
thank you gracias 1
   Thank you very much.
     Muchas gracias. 1
that que *pron.* PER I; eso *adj.* 5;
     esos *adj.* 8; ese *adj.* 8; esa
     adj. 8
the el LP; los LP; las LP; la LP
their su(s) *adj.* 2
them (masc.) los *pron.* 8; **(fem.)**
     las *pron.* 8
then luego *adv.* 4
there allí *adv.* 4
   there are hay LP
   there is hay LP
therefore por eso PER V
these estos *adj.* 8; estas *adj.* 8
they ellos *pron.* 1; ellas *pron.* 1
thin delgado *adj.* 1
thing cosa 2
think pensar (e → ie) 5; creer 6
thirteen trece 2
thirty treinta 2
this esta *adj.* 8; este 8; esto 8
thorn espina 5
those esas *adj.* 8; esos *adj.* 8
three tres 2
throat garganta 14
Thursday jueves 3
time hora 3; tiempo 4
tip propina 8
tired cansado *adj.* 4
title título 1
to a *prep.* LP
   to (a place) hasta *adv.* 14
   to the left a la izquierda 13
   to the right a la derecha 13
toast pan tostado *m.* 8
today hoy *adv.* 3
together juntos *adv.* 9
toilet inodoro 13
   toilet paper papel higiénico
     m. 13

tomato tomate *m.* 8
tomorrow mañana *adv.* 3
tongue lengua 14
tonight esta noche 3
too también *adv.* 2
   Too bad. Lástima. 12
   too much demasiado *adj.* 12
toothache dolor de muelas
     m. 14
touch tocar (qu) 10
towel toalla 13
town pueblo 4
toxic wastes desechos tóxicos 15
toy juguete *m.* 9
traffic tráfico 6
trail sendero PER II
travel viajar 13
   travel agent agente de viajes
     m. / *f.* 5
traveler caminante 13
traveler's check cheque de via-
     jero *m.* 12
tree árbol *m.* 15
tremendous tremendo *adv.* 6
trip marcha 13; viaje *m.* 13
trust confianza 4
truth verdad *f.* 11
try (something) probar
     (o → ue) 8
   try on probarse (o → ue) 11
Tuesday martes 3
turn on poner 4
twelve doce 2
twenty veinte 2
twice dos veces *adv.* 4
two dos 2
   two weeks ago hace dos se-
     manas 6
type(s) tipo 7
typewriter máquina de
     escribir 9

• U •

ugly feo *adj.* 1
umbrella paraguas *m.* 11
uncle tío 4
understand comprender 3
United States Estados
     Unidos LP
unless a menos que *conj.* 13
unsympathetic antipático *adj.* 1
until hasta que *conj.* 13
   Until . . . Hasta… 3
   until 8 o'clock hasta las ocho
     PER II

Uruguayan uruguayo *adj.* LP
us nos *pron.* 8
use usar 15

• V •

vegetable verdura 8; vegetal *m.* 8
Venezuelan venezolano *adj.* LP
verb verbo LP
very muy *adv.* 1; bastante *adj.* PER V
  very often muchas veces *adv.* 4
videocassette player (VCR) videocasetera 2
video game juego de vídeo 9
video movie película en vídeo 3
village pueblo 4
visit visitar 5
voyage viaje *m.* PER III

• W •

wake up despertarse (e → ie) 6
walk caminar 2; andar 13
walker caminante 13
walking marcha 13
wallet cartera 11
want querer (e → ie) 3
war guerra PER IV
warm caliente *adj.* 14
wash (up) lavar(se) 6
watch mirar 3; ver 3; reloj *m.* 9
water agua *m.* 8
  water pollution contaminación del agua *f.* 15
we nosotras *pron.* 1; nosotros *pron.* 1
weak débil *adj.* 15
wear (clothing) llevar 9
weather tiempo 6; clima 6
wedding boda 9
Wednesday miércoles 3
week semana 3

weekend fin de semana *m.* 3
welcome bienvenido *adj.* 1
well bien *adv.* 1; pues 3
well . . . bueno… 3
west oeste *m.* LP
What? ¿Qué? LP; ¿Cómo? 1
  What career are you pursuing? ¿Qué carrera sigues? 5
  What do you think? ¿Qué le parece? 11
  What else? ¿Qué más? 10
  What's new? ¿Qué hay de nuevo? 3
  What's the exchange rate? ¿A cómo está el cambio? 12
  What's the problem? ¿Qué tiene usted? 14
  What's the temperature? ¿A cuánto está la temperatura? 6
  What's the weather like? ¿Qué tiempo hace? 6
  What's your address? ¿Cuál es tu dirección? 2
  What's your name? (informal) ¿Cómo te llamas? 1; **(formal)** ¿Cómo se llama usted? 1
  What's your telephone number? ¿Cuál es tu número de teléfono? 2
  What time is it? ¿Qué hora es? 3
When? ¿Cuándo? 3
Where? ¿Dónde? LP
  Where are you from? ¿De dónde eres (es Ud.)? 1
  Where to? ¿Adónde? 3
which que *pron.* PER I
white blanco *adj.* 11
  white wine vino blanco 8
who que *pron.* PER I
  Who? ¿Quién? 1
whose cuyo *adj.* 9
Why? ¿Por qué? 3
widowed viudo *adj.* 4
wife esposa 1
win ganar 7

winter invierno 6
wish desear 12
with con *prep.* 1
  with me conmigo *prep.* 3
  with you (informal) contigo *prep.* 8
withdraw (money) sacar 12
without sin que *conj.* 13
woman mujer *f.* 4
word palabra 1
work empleo 5; trabajar 2; **(function)** funcionar 13
world mundo LP; mundial *adj.* 13
worried preocupado *adj.* 4
worry (about) preocuparse (de) 12
worse peor *adj.* 10
write escribir 3
writer escritor(a) *m.* / *f.* 5

• Y •

yard patio 13
year año 3
yellow amarillo *adj.* 11
yesterday ayer *adv.* 4
yet todavía *adv.* 5
yogurt yogur *m.* 7
you (informal) os *pron.* 8; vosotras *pron.* 1; vosotros *pron.* 1; tú *pron.* 1; te *pron.* 8; **(formal)** los *pron.* 8; lo *pron.* 8; las *pron.* 8; la *pron.* 8; usted *pron.* 1; ustedes *pron.* 1;
  You're kidding! ¡No me digas! 12
  you're welcome por nada 10
young joven *adj.* 1
younger menor *adj.* 4
your vuestro(a, as, os) *pron.* 2; tu(s) *adj.* 2; su(s) *adj.* 2
youth juventud *f.* 13

• Z •

zero cero 2
zoo zoológico 2

• A •

a *prep.* at, to LP
  ¿A cómo está el cambio? What's the exchange rate? 12
  ¿A cuánto está la temperatura? What's the temperature? 6
  a la derecha to (on) the right 13
  a la izquierda to (on) the left 13
  a las siete at 7 o'clock PER II
  a menos que *conj.* unless 13
  a pesar de despite, in spite of 13
  ¿A qué hora? (At) What time? 3
  a veces *adv.* sometimes 4
  al aire libre open air 10
  al contado in cash 11
  al extranjero abroad 13
  al mes per month, monthly 6
abogado(a) *m. / f.* lawyer, attorney 5
abrazo hug 6
abrigo overcoat 11
abril April 3
abrir to open 8
abuela grandmother 4
abuelo grandfather 4
abuelos grandparents 4
aburrido *adj.* bored 5
acabar de + infinitive to have just 8
accesorio accessory 11
aceite *m.* oil PER II
aceituna olive 10
aceptar to accept 3
acera sidewalk 6
acompañar to accompany, to go along 7
aconsejar to advise 12
acostarse (o → ue) to go to bed 6; to lie down 14
actualmente *adv.* presently PER IV
acuerdo agreement PER I
además (de) besides, apart (from) 8
¡Adiós! Good-bye! 1
adivinar to guess 4
adjetivo adjective 1
¿Adónde? Where to? 3
adornar to adorn 10

adverbio adverb 2
aeropuerto airport 13
afeitarse to shave 6
agente de viajes *m. / f.* travel agent 5
agosto August 3
agotamiento del ozono ozone depletion 15
agricultura agriculture 5
agua *m.* water 8
ahora *adv.* now 2
  ahora mismo *adv.* right now 14
ahorrar to save (money, time) 12
aire acondicionado *m.* air conditioning 13
ajo garlic 10
albergue *m.* inn 13
álbum para fotos *m.* photo album 9
alegrarse (de) to be glad (about) 12
alegría joy 9
alemán *m.* German (language) 2
Alemania Germany 13
algo *pron.* something, anything 8
  ¿Algo más? Anything else? 10
  algo para la casa something for the home 9
alguien somebody, someone, anyone 9
algún some, any 9
alguno(a/os/as) some, any 9
  algunos días some days PER II
allí *adv.* there 4
almacén *m.* department store 9
almorzar (o → ue) to have (eat) lunch 5
almuerzo lunch 8
alquilado *adj.* rented 6
alquilar to rent 13
alto *adj.* tall 1; high 10
amarillo *adj.* yellow 11
ambiental *adj.* environmental 15
ambiente *m.* environment 12
amigo(a) *m. / f.* friend 2
amistad *f.* friendship PER I
amor *m.* love PER I
analfabetismo illiteracy 15
anaranjado *adj.* orange (color) 11
anciano *adj.* elderly 1
andar to walk, to go 13

anillo ring 9
anoche *adv.* last night 4
anteojos para el sol sunglasses 11
antes de + infinitive *prep.* before PER II
  antes (de) que *conj.* before 13
antipático *adj.* unsympathetic 1
anuncio announcement 6
año year 3
aperitivo appetizer 8
apoyo support PER II
aquí *adv.* here 2
árbol *m.* tree 15
aretes *m.* earrings 9
argentino *adj.* Argentinian LP
armas nucleares nuclear arms 15
arreglado *adj.* made up (e.g., a hotel room) 13
arroz *m.* rice 8
artesanías crafts 10
artículo article LP
ascendencia descent, ancestry 7
ascensor *m.* elevator 13
asistir (a) to attend 13
asunto affair 12; concern 13
atentamente attentively 2
aumento raise 12
aunque *conj.* although, even though 11
aversión *f.* dislike 7
avión *m.* airplane 13
ayer *adv.* yesterday 4
ayudar to help 4
azúcar *m.* sugar 8
azul *adj.* blue 7

• B •

bailar to dance 3
baile *m.* dance 2
bajo *adj.* short (in height) 1; low 10
balsa raft PER III
banco bank 12
bañarse to take a bath 6
bañera bathtub 6
baño bathroom 6
barato *adj.* inexpensive, cheap 9
barba beard 6
barrio neighborhood 10
bastante *adj.* very, rather PER V
beber to drink 3

bebida beverage, drink 7
bellas artes fine arts 2
biblioteca library 2
bicicleta bicycle 2
bien *adv.* well, fine 1; okay 3
bienvenido *adj.* welcome 1
biología biology 2
bisabuela great-grandmother 4
bisabuelo great-grandfather 4
bistec *m.* steak 8
blanco *adj.* white 11
blusa blouse 11
boca mouth 14
bocadillo snack food 7
boda wedding 9
bolígrafo ballpoint pen 9
boliviano *adj.* Bolivian LP
bolsa purse, bag 11; stock market 12
bonito *adj.* pretty 1
bosque pluvial rain forest PER II
botas boots 11
brazalete *m.* bracelet 8
brazo arm 14
brécol *m.* broccoli 10
bróculi *m.* broccoli 10
bueno *adj.* good 1
¡Buen provecho! Enjoy your meal! 8
¡Buenas noches! Good evening!; Good night! 1
¡Buenas tardes! Good afternoon! 1
bueno... well . . . 3
¿Bueno? Hello (answering the phone—México) 3
¡Buenos días! Good morning! 1
buscar (qu) to look for PER I

• C •

caballero gentleman PER I
caballo horse 7
cabeza head 14
cada *adv.* each, every 4
café *adj.* brown (to describe eyes), brown (México) 11; *m.* coffee 2
caja cash register 10; cashier's 11
calamar *m.* squid 8
calcetín *m.* sock 11
calculadora calculator 9
cálculo calculus 2

calentamiento del planeta global warming 15
caliente *adj.* hot 8; warm 14
calle *f.* street 13
cama bed 13
cámara camera 7
cambiar to change, to switch 8; to change (money), to cash (a traveler's check) 12
caminante traveler, walker 13
caminar to walk 2
camino road PER II
camisa shirt 11
camiseta T-shirt 11
campo country 5
cansado *adj.* tired 4
cantar to sing 7
cantante *m.* / *f.* singer 7
cantidad *f.* quantity 10
cara face 6
característica characteristic 1
Caribe *m.* Caribbean 15
carne *f.* meat 8
carne asada *f.* roasted meat 8
carnicería butcher shop 9
caro *adj.* expensive 9
carrera career 6; race 7
carretera highway 13
carta letter 3
cartera wallet 11
casa house 2
casado (con) *adj.* married (to) 4
casarse (con) to marry, to get married (to) 4
casi *adv.* almost 4
castaño *adj.* brown (to describe eyes and hair) 11
castillo castle 13
catarro *n.* cold 14
catorce fourteen 2
cebolla onion 8
celebrar to celebrate 8
cena dinner, supper 6
cenar to have (eat) supper (dinner) 6
centro downtown 2
cerca *adv.* nearby 5
cerca de *prep.* near 4
cereza cherry 10
cero zero 2
cerrado *adj.* closed 8; enclosed 10
cerrar (e → ie) to close 11
cervecería brewery 6
cerveza beer 3
¡Chao! Bye! (informal) 1

chaqueta jacket 11
charco puddle 13
cheque *m.* check 12
cheque de viajero *m.* traveler's check 12
chileno *adj.* Chilean LP
chino *adj.* Chinese 8
ciencia science 2
ciencias políticas political science 2
científico(a) *m.* / *f.* scientist 5
cinco five 2
cincuenta fifty 2
cine *m.* movie theater 3
cinta tape (recording) 7
cinturón *m.* belt 11
ciudad *f.* city 13
ciudadano(a) *m.* / *f.* citizen PER IV
claro *adj.* light (in color) 11
¡Claro! Sure! Of course! 8
clase *f.* class LP
clave *adj.* key PER II
clima *m.* climate 6; weather 6
clínica clinic 14
cobrar to cash (a personal check) 12
cocinar to cook 14
coliflor *f.* cauliflower 10
colmado grocery store (Spain, Puerto Rico) 10
colombiano *adj.* Colombian LP
collar *m.* necklace 9
comadre *f.* term used between mother and godmother 4
comentar to comment 6
comenzar (e → ie) to start, to begin 5
comer to eat 3
comerciante *m.* / *f.* business person 5
comida food 3; meal, lunch 8
como like, as 2
cómo how 1
¿Cómo? How?, What? 1
¿Cómo está usted? How are you? (formal) 1
¿Cómo estás? How are you? (informal) 1
cómo no of course 13
¿Cómo se llama usted? What's your name? (formal) 1
¿Cómo te llamas? What's your name? (informal) 1
cómodo *adj.* comfortable 11

compadre term used between father and godfather 4
compañero(a) de clase *m. / f.* classmate 2
compañero(a) de cuarto *m. / f.* roommate 2
compartir to share PER II
comprar to buy 6
comprender to understand 3
computación *f.* computer science 2
computadora computer 2
con *prep.* with 1
   con tal (de) que *conj.* provided (that) 13
concierto concert 7
condimento condiment 8
conferencista *m. / f.* conference attendee 15
confianza trust, confidence 4
congreso congress 13
conmigo *prep.* with me 3
conocer to meet 1; to know (somone, a place) 4
conseguir (e → i, i) to get, to obtain 13
conservar to conserve 15
contador(a) *m. / f.* accountant 5
contaminación del aire (agua) *f.* air (water) pollution 15
contar (o → ue) to count 12
contento *adj.* happy 4
contestar to answer 1
contigo *prep.* with you (informal) 8
contra *adv.* against 7
controlar to control 15
corazón *m.* heart 8; sweetheart (term of affection) 8
corbata necktie 11
correr to jog, to run 7
corrida de toros bullfight 9
cortar to cut 10
corto *adj.* short 13
cosa thing 2
costar (o → ue) to cost 9
costarricense *adj.* Costa Rican LP
crecimiento growth 12
creer to believe, to think 6
crema cream 8
cuadro painting 13
¿Cuál es tu dirección? What's your address? 2
¿Cuál es tu número de teléfono? What's your telephone number? 2

cualquier *adj.* any 12
¿Cuándo? When? 3
¿Cuántos(as)? How many? 2
   ¿Cuántos años tienes? How old are you? 1
cuarenta forty 2
cuarto room, bedroom (Latin America) 6
cuatro four 2
cubano *adj.* Cuban LP
cuello neck 14
cuenta bill (for merchandise or service) 8
   cuenta corriente checking account 12
   cuenta de ahorros savings account 12
cuerpo body 14
   Cuerpo de Paz Peace Corps PER II
cuidarse to take care 14
cultivar to cultivate 5
cumpleaños birthday 6
cuñada sister-in-law 4
cuñado brother-in-law 4
curanto food prepared in an underground oven (Chile) 8
curso course 2
cuyo *adj.* whose 9

• D •

dama lady PER I
dar to give 4
   dar a la calle to face the street 13
de of, from
   ¿De dónde? From where? 1
   ¿De dónde eres (es usted)? Where are you from? 1
   ¿De qué? Of / About what? 3
deber ought (should) 3
débil *adj.* weak 15
decir (e → i) to say, to tell 5
   ¡No me digas! You're kidding! 12
dedo finger 14
deforestación *f.* deforestation 15
delgado *adj.* thin 1
delincuencia crime 15
demasiado *adj.* too much 12
deporte *m.* sport 7
deportista *m. / f.* athlete 7
depositar to deposit (money) 12
derecho law 2; right 13
desarrollado *adj.* developed 14

desarrollar to develop 12
desayunar to have (eat) breakfast 6
desayuno breakfast 8
descansar to rest 2
desde *adv.* from (a place) 14
desear to desire, wish 12
desechos tóxicos toxic wastes 15
desfile *m.* parade PER IV
desierto desert 13
desnutrición *f.* malnutrition 15
despedirse (e → i, i) to say good-bye 1
despertarse (e → ie) to wake up 6
después *adv.* afterwards 4
   después de + infinitive *prep.* after PER II
   después (de) que *conj.* after 13
destrucción *f.* destruction 15
destruir to destroy 15
deuda debt 12
día *m.* day LP
diario *adj.* daily 6
diciembre December 3
diecinueve (diez y nueve) nineteen 2
dieciocho (diez y ocho) eighteen 2
dieciséis (diez y seis) sixteen 2
diecisiete (diez y siete) seventeen 2
dientes *m. pl.* teeth 6
diez ten 2
difícil *adj.* difficult, hard 2
dinero money 2
dirección *f.* direction LP
director(a) general *m. / f.* general manager 12
disco compacto compact disk 7
distribuidor(a) *f. / m.* distributor 10
divertirse (e → ie, i) to have fun 7
divorciado *adj.* divorced 4
doble *adj.* double 13
doce twelve 2
doler (o → ue) to hurt 14
dolor *m.* pain
   dolor de cabeza *m.* headache 14
   dolor de muelas *m.* toothache 14
   dolor de oídos *m.* earache 14

domingo Sunday 3
dominicano *adj.* Dominican LP
¿Dónde? Where? LP
dormir (o → ue, u) to sleep 5
dormirse (o → ue, u) to fall
  asleep 6
dormitorio bedroom 2
dos two 2
  dos veces *adv.* twice 4
drogas ilegales illegal drugs 15
ducha shower 13
ducharse to take a shower 6
dudar to doubt 13
dudoso *adj.* doubtful 13
duelo agony, grief 9
dueño(a) *m. / f.* owner 10
dulce *adj.* sweet 7
dulces *m. pl.* candy 9
durante *adv.* during 3
durazno peach 10
duro *adj.* hard, difficult 5

• E •

economía economy 2
ecuatoriano *adj.* Ecuadorian LP
educar to educate 15
eficaz *f.* efficiency PER V
el the LP
él *pron.* he 1
electricidad *f.* electricity 15
eléctrico *adj.* electric 2
electrónico *adj.* electronic 9
elefante *m.* elephant 15
eliminar to eliminate 15
ella *pron.* she 1
ellas *pron.* they 1
ellos *pron.* they 1
embarazada *adj.* pregnant 14
embarcar to leave (on a trip) 3
empleo work 5
empresa business 10
en *prep.* at, in, on
  en casa at home 2
  en caso (de) que *conj.* in case
    (of) 13
  en cinco minutos in five min-
    utes PER II
  en punto on the dot 3
  ¿En qué fecha? On what
    date? 3
  ¿En qué puedo servirle? How
    may I help you? 10
Encantado(a). Nice to meet
  you. 1
encontrar (o → ue) to find 5

energía energy 15
enero January 3
enfermarse to get sick 14
enfermedad *f.* illness, disease 14
enfermero(a) *m. / f.* nurse 5
enfermo *adj.* sick, ill 4
enojado *adj.* angry 4
ensalada salad 8
enseñar to teach 4
enterrado *adj.* buried PER III
entusiasmado *adj.* excited 13
equipo team 7; equipment 9
  equipo deportivo sports
    equipment 9
esa *adj.* that 8
esas *adj.* those 8
escasez *f.* shortage 15
escribir to write 3
escritor(a) *m. / f.* writer 5
escritorio desk 13
escuchar to listen 2
escurrir to drain 10
ese *adj.* that 8
eso *adj.* that 8
esos *adj.* those 8
español *m.* Spanish (language)
  LP; *adj.* Spanish (from
  Spain) LP
especialista *m. / f.* specialist 5
espejo mirror 13
esperar to hope 12
espina thorn 5
esposa wife 1
esposo husband 1
esquiar to ski 7
esta *adj.* this 8
  esta noche tonight 3
estación *f.* season 6
estado civil marital status 4
Estado Libre Asociado
  Commonwealth PER IV
Estados Unidos United
  States LP
estampilla stamp 12
estar to be 4
  Está despejado. It's clear. 6
  Está lloviendo. It 's raining. 6
  Está nevando. It's snowing. 6
  Está nublado. It's cloudy. 6
  estar de acuerdo to agree 8
estas *adj.* these 8
este *adj.* this 8; *m.* east LP
esto *adj.* this 8
estómago stomach 14
estos *adj.* these 8
estrella star 13

estudiante *m. / f.* student 1
estudiar to study 2
estudioso *adj.* studious 1
examen *m.* test 2
examinar to examine 14
exquisito *adj.* exquisite 10
extinción de animales *f.* species
  extinction 15
extranjero *adj.* foreign 13

• F •

fábrica factory 5
fabuloso *adj.* fabulous 7
fácil *adj.* easy 2
falda skirt 11
fallecido *adj.* deceased PER III
familia family 1
familiar *m.* family member 4
febrero February 3
¡Felicidades!
  Congratulations! 14
¡Felicitaciones!
  Congratulations! 3
feliz *adj.* happy 9
  ¡Feliz Navidad! Merry
    Christmas! 9
feo *adj.* ugly 1
ferrocarril *m.* railroad 12
fibra fiber 10
fiebre *f.* fever 14
fiesta party 3
fijo *adj.* fixed 8
finalmente *adv.* finally 6
fin de semana *m.* weekend 3
firmar to sign (one's name) 12
físico *adj.* physical 1
flor *f.* flower 9
florería flower shop 9
formulario form 13
francés *m.* French (language) 2
Francia France 13
fresa strawberry 10
fresco *adj.* fresh 10
frío *adj.* cold 14
frito *adj.* fried 8
fruta fruit 8
fuego fire 9
  fuegos artificiales fireworks 9
fuerte *adj.* strong 15
fumar to smoke 5
  no fumar nonsmoking 8
funcionar to work (function) 13
futbolista *m. / f.* soccer
  player 7
futuro future 5

• G •

gambas al ajillo fried shrimps flavored with garlic 8
ganar to earn 5; to win 7
garantía guarantee 5
garganta throat 14
gastar to spend (money) 9
gastos expenses 12
gato cat 2
generoso *adj.* generous 1
gente *f.* people 1
genuino *adj.* genuine 15
gerente *m. / f.* manager 5
gesto gesture 3
gobierno government 15
gordo *adj.* fat 1
grabadora tape recorder 2
gracias thank you 1
grande *adj.* big, large 1
granja farm 10
grave *adj.* serious (e.g., situation) 14
grifo tap (faucet) 14
gripe *f.* flu 14
gris *adj.* gray 11
guante *m.* glove 11
guapo *adj.* good-looking, handsome 1
guatemalteco *adj.* Guatemalan LP
guerra war PER IV
guineo ecuatorial *adj.* Ecuatorial Guinean LP
guitarra guitar 7
gustar to be pleasing
  me / te gusta I / you like 2
  me / te gustaría I / you would like 7
gusto like 7
  El gusto es mío. My pleasure. 1

• H •

habitación *f.* room (Spain) 13
hablar to speak, to talk 2
hacer to do, to make 3
  Hace buen tiempo. It's nice weather. 6
  Hace calor. It's hot. 6
  hace dos semanas two weeks ago 6
  Hace fresco. It's cool. 6
  Hace frío. It's cold. 6
  Hace mal tiempo. It's bad weather. 6

Hace sol. It's sunny. 6
hace un mes one month ago PER II
Hace viento. It's windy. 6
hacer ejercicio to exercise 4
hacer esorquel to snorkel 9
hacer un viaje to take a trip 13
hacerse rico to become rich 12
hamaca hammock 7
hasta *adv.* to (a place) 14
  Hasta... See you, Until . . . 3
  hasta las ocho until 8 o'clock PER II
  ¡Hasta luego! See you later! 1
  ¡Hasta mañana! See you tomorrow! 1
  hasta que *conj.* until 13
hay there is, there are LP
hecho *adj.* made 9
helado ice cream 7
hermana sister 2
hermanastra stepsister 4
hermanastro stepbrother 4
hermano brother 2
hervir (e → ie) to boil 14
hielo ice 8
hierro iron 10
hija daughter 1
hijo son 1
hispano *adj.* Hispanic LP
¡Hola! Hi! 1
hombre *m.* man 4
hondureño *adj.* Honduran LP
honradez *f.* honesty 15
hora hour 2; time 3
hoy *adv.* today 3
hueso bone 10
huevo (frito) (fried) egg 8
humano adj. human 14

• I •

idiomático *adj.* idiomatic 1
impresora printer 9
impuestos taxes PER V
ingeniero(a) *m. / f.* engineer 5
inglés *m.* English (language) 2
inodoro toilet 13
insistir (en) to insist (on) 12
instalación *f.* facility 13
invertir (e → ie, i) to invest 12
investigador(a) *m. / f.* researcher 5
invierno winter 6

invitado(a) *m. / f.* guest 7
invitar to invite 3
ir to go 2
  ir de compras to go shopping 7
isla island 7

• J •

jabón *m.* soap 13
jamón *m.* ham 8
japonés *adj.* Japanese 8
jefe *m.* boss 12
joven *adj.* young 1
joyas jewelry 9
joyería jewelry store 9
juego game 7
  juego de vídeo video game 9
jueves Thursday 3
jugar (u → ue) to play 4
  jugar (a las) cartas to play cards 7
  jugar (al) fútbol to play soccer 7
jugo juice 6
juguete *m.* toy 9
julio July 3
junio June 3
juntos *adv.* together 9
juventud *f.* youth 13

• L •

la the LP; *pron.* her, you (formal), it (feminine) 8
labio lip PER III
lámpara lamp 13
lápiz *m.* pencil 9
las the LP; *pron.* you (formal), them (fem.) 8
Lástima. Too bad. 12
lavabo sink 13
lavar(se) to wash (up) 6
  lavarse los dientes to brush one's teeth 6
lección *f.* lesson LP
leche *f.* milk 8
lechuga lettuce 10
leer to read 3
lejos *adv.* far 14
lengua language 2; tongue 14
lento *adj.* slow 9
letras humanities (letters) 2
levantarse to get up 6
librería bookstore 9
ligero *adj.* light (in weight) 8

limón *m.* lemon 8
limpiar (la nieve) to shovel (snow) 6
limpio *adj.* clean 13
llamar to call
 Me llamo... My name is . . . 1
llano *n.* plain 13
llave *f.* key 13
llegar to arrive 2
llevar to take, to wear (clothing) 9; to carry 11
llover (o → ue) to rain 6
lluvia rain 6
 lluvia ácida acid rain 15
lo *pron.* him, you (formal), it (masculine) 8
lógico *adj.* logical 12
los the LP; *pron.* you (formal), them (masculine) 8
luego *adv.* then 4
lugar *m.* place PER V
lujo *n.* luxury 13
lunes Monday 3
luz *f.* light 9

• M •

madrastra stepmother 4
madre *f.* mother 2
madrina godmother 4
magnífico *adj.* magnificent 10
maleta suitcase 13
malo *adj.* bad 1
mandar to send 9
manejar to drive 13
mano *f.* hand LP
mantequilla butter 8
manzana apple 10
mañana *adv.* tomorrow 3
maquillarse to put on makeup 6
máquina de afeitar shaver (electric razor) 9
máquina de escribir typewriter 9
mar *m.* sea 15
marcado *adj.* marked 13
marcha walking, trip 13
mariscos shellfish 8
marrón *adj.* brown 11
martes Tuesday 3
marzo March 3
más more
 Más o menos. So-so. 1
 más que more than 10
 más tarde *adv.* later 6
mayo May 3

mayor *adj.* older 4
me *pron.* me 8
media stocking 11
medicina medicine 14
médico *adj.* medical 14
médico(a) *m.* / *f.* physician, doctor 5
medidas means 15
medio kilo one-half kilo 10
medio ambiente environment 13
mejor *adv.* better 5
melocotón *m.* peach 10
menor *adj.* younger 4
menos que less than 10
mentón *m.* chin PER III
mercado market 8
mercancías merchandise 11
merienda snack 8
mermelada marmalade 8
mes *m.* month 3
mesa table 13
metro subway 12
mexicano *adj.* Mexican LP
mí me 5
mi *adj.* my 1
miércoles Wednesday 3
mirar to watch, to look (at) 3
mis *adj.* my 1
mismo itself 15
mochila backpack 11
molestar to bother 12
mona female monkey 11
montaña mountain 13
montar a caballo to go horseback riding 7
montar en bicicleta to go bicycling 7
morado *adj.* purple 11
moreno *adj.* dark-skinned (Mexico) 11
morirse (o → ue) to die 13
mortalidad infantil *f.* infant mortality 15
mostrador *m.* counter 12
mucho *adj.* much, a lot 2
 muchas veces *adv.* very often 4
 Muchas gracias. Thank you very much. 1
 Mucho gusto. Nice to meet you. 1
muebles *m. pl.* furniture 13
mujer *f.* woman 4
multar to fine 15
mundial *adj.* world 13

mundo world LP
museo museum 7
músico(a) *m.* / *f.* musician 5
muy *adv.* very 1

• N •

nacer to be born 6
nacionalidad *f.* nationality LP
nada nothing, not...at all 5
nadar to swim 7
nadie nobody, no one, not anyone 9
naranja *n.* orange (fruit) 8; *adj.* orange (color) 11
nariz *f.* nose 14
naturaleza nature 15
navegante *m.* / *f.* sailor PER III
Navidad *f.* Christmas 9
necesitar to need 2
negocios business 2
negro *adj.* black 11
nevar (e → ie) to snow 6
ni...ni neither . . . nor 9
nicaragüense *adj.* Nicaraguan LP
nieta granddaughter 4
nieto grandson 4
nieve *f.* snow 6
ningún no, none, not any 9
ninguno(a) no, none, not any 9
nivel *m.* level 10
noche *f.* night 15
nombre *m.* name 3
norte *m.* north LP
nos *pron.* us 8
nosotras *pron.* we 1
nosotros *pron.* we 1
noticias news 12
novela novel 3
noventa ninety 2
novia girlfriend 2
noviembre November 3
novio boyfriend 2
nuera daughter-in-law 4
nuestro(a / as / os) *adj.* our 1
nueve nine 2
nuevo *adj.* new 1
número number 2
nunca *adv.* never, not ever 4
nutritivo *adj.* nutritious 7

• O •

o *prep.* or LP
 o...o either . . . or 9
octubre October 3

ocupado *adj.* busy 4
ochenta eighty 2
ocho eight 2
oeste *m.* west LP
ofender to offend 8
oficina de correos post office 12
oficinista *m. / f.* office worker 5
ofrecer (zc) to offer 2
oír to hear 6
ojalá (que) + subjunctive let's hope (that) 12
ojo eye 7
olímpico *adj.* Olympic 7
olvidar to forget 13
ombligo navel PER III
once eleven 2; late afternoon snack (Chile) 8
oreja ear (outer) 14
organizado *adj.* organized 13
orgulloso *adj.* proud PER IV
oro gold 9
os *pron.* you (informal) 8
oscuro *adj.* dark (in color) 11
otoño fall, autumn 6
otro *adj.* other 1
  ¿Otra cosa? Anything else? 10
  otra vez *adv.* again 4

• **P** •

paciencia patience 4
paciente *m. / f.* patient 14
padrastro stepfather 4
padre *m.* father 2
padres *m. pl.* parents 2
padrino godfather 4
pagar to pay (for) 11
país *m.* country LP
palabra word 1
palomitas de maíz popcorn 7
pan *m.* bread 8
  pan tostado *m.* toast 8
panameño *adj.* Panamanian LP
pantalones *m. pl.* pants 11
papas (fritas) (French fried) potatoes 7
papel *m.* role 8
  papel higiénico *m.* toilet paper 13
  papel para cartas *m.* stationery 9
papelería stationery store 9
para *prep.* for, in order to 2
  para que *conj.* so (that) 13

paraguas *m.* umbrella 11
paraguayo *adj.* Paraguayan LP
parar to stop 6
pardo *adj.* brown 11
pariente *m. / f.* relative 4
parque *m.* park 7
partido game, match 7
pasado past 4
pasaporte *m.* passport 13
pasar to spend (time) 9
pasatiempo pastime 7
pasear to take a walk 7
paso adelante step forward PER V
patatas (fritas) (french fried) potatoes 7
pastel *m.* pastry 8
pastelería pastry shop 9
pastilla pill 14
patinar to skate 7
patio yard 13
pedazo piece 8
pedir (e → i, i) to ask for 1; to order 5; to request 12
  pedir prestado to borrow 12
peinarse to comb one's hair 6
pelar to peel 14
película en vídeo video movie 3
pelirrojo *adj.* redheaded 7
peluquería hair salon 11
pensar (e → ie) to think, to intend 5
peor *adj.* worse 10
pequeño *adj.* small 1
pera pear 10
perezoso *adj.* lazy 1
perfil *m.* profile PER I
perfumería perfume shop 9
periódico newspaper 3
periodismo journalism 2
periodista *m. / f.* journalist 5
permitir to permit 12
pero *conj.* but PER I
perro dog 2
persona person 2
personalidad *f.* personality 1
peruano *adj.* Peruvian LP
pescado fish 8
pie *m.* foot 13
piedra stone PER III
pierna leg 14
pieza de recambio spare part 13
pijama *m.* pajamas 6
pimiento pepper 10
pintura painting 2

piña pineapple 10
piscina swimming pool 7
plantación bananera *f.* banana plantation 5
plantar to plant 15
plátano banana 10
plato plate, dish 8
playa beach 6
pobre *adj.* poor 15
pobreza poverty 15
poder (o → ue) to be able 5
poder *m.* power PER V
poderoso *adj.* powerful PER I
poesía poetry 15
policía *m. / f.* police officer 5
polinesio *adj.* Polynesian 7
politécnico community college 12
política politics 15
político(a) *m. / f.* politician 15
pollo chicken 8
poner to put, to turn on 4; to play (e.g., a stereo) 9; to put in 10
ponerse to put on 6
por *prep.* for, on 2
  por ejemplo for example PER V
  por eso therefore PER V
  por fin finally PER II
  por la mañana in the morning 3
  por media hora for a half-hour PER II
  por nada you're welcome 10
  por la noche at night 2
  por la tarde in the afternoon 2
  por otro lado on the other hand PER V
  ¿Por qué? Why? 3
  por último in the final analysis 15
porque *conj.* because 3
posesivo *adj.* possessive 2
postre *m.* dessert 8
precio price 10
preferir (e → ie, i) to prefer 5
pregunta question LP
prejuicio prejudice 15
prenda article (of clothing) 11
preocupación *f.* concern 15
preocupado *adj.* worried 4
preocuparse (de) to worry (about) 12

preparar to prepare 6; to make (a meal) 8
preposición *f.* preposition 2
prestar to lend 12
presupuesto budget 12
prevenir (e → ie, i) to prevent 4
primavera spring 6
primero *adv.* first 3
primo(a) *m. / f.* cousin 4
privado *adj.* private 13
probar (o → ue) to try (something), to taste 8
probarse (o → ue) to try on 11
problema *m.* problem 14
producir to produce 15
producto product 15;
   productos comestibles groceries 10
profesor(a) *m. / f.* instructor, teacher, professor 1
programador(a) *m. / f.* computer programmer 5
prohibir to forbid 12
pronombre *m.* pronoun 1
pronto *adv.* soon 6
propina tip 8
prosperidad *f.* prosperity 15
proteger to protect 13
próximo *adj.* next 9
público *n.* public 15
pueblo village, town 4
puerta door 13
puertorriqueño *adj.* Puerto Rican LP
pues well 3
punto clave main issue 15

• Q •

que *pron.* that, which, who PER I
   ¿Qué? What? LP
   ¡Qué bueno! Great! 3
   ¿Qué carrera sigues? What career are you pursuing? 5
   ¿Qué hay de nuevo? What's new? 3
   ¿Qué hora es? What time is it? 3
   ¿Qué le parece? What do you think? 11
   ¿Qué más? What else? 10
   ¡Qué rico! How delicious! 3
   ¿Qué tal? How's everything? 1
   ¿Qué tiempo hace? What's the weather like? 6

¿Qué tiene usted? What's the problem? 14
quedarle to fit (clothing) 11
quedarse to remain, to stay 11
quejarse (de) to complain (about) 12
querer (e → ie) to want 3; to love 5
   ¿Quieres ir al cine? Do you want to go to the movies? 3
   Quiero presentarte a... I want you to meet . . . 1
querido(a) dear (term of affection) 3
queso cheese 8
¿Quién? Who? 1
química chemistry 2
quince fifteen 2
quitarse to take off 6

• R •

rancho ranch 4
rápido *adj.* fast, rapidly, quickly 2
razón *f.* reason PER V
recepción *f.* front desk 13
recibir to receive 3
recibo receipt 10
reciclar to recycle 15
recomendar (e → ie) to recommend 12
recordar (o → ue) to remember 8
recurso resource 12
reducir to reduce 15
refresco soft drink 3
regalado *adj.* gifted 12
regalar to give (as a gift) 9
regalo gift, present 3
regatear to bargain 10
registrarse to register 13
relacionado *adj.* related 15
reloj *m.* watch, clock 9
relojería clock shop 9
relucir to shine, to glitter 12
relleno *adj.* filled 10
remojar to dip 10
reserva reservation (Spain) 13
resfriado *n.* cold 10
resolver (o → ue) to solve 15
responsabilidad *f.* responsibility 15
responsable *adj.* responsible 15
resto rest, remainder 6
reunión *f.* meeting, reunion 4

revista magazine 12
rico *adj.* delicious 8; rich 11
ridículo *adj.* ridiculous 12
ritmo rhythm 15
rogar (o → ue) to beg, implore 12
rojo *adj.* red 11
romper to break PER IV
ropa clothes, clothing PER I
rosa rose 5
rosado *adj.* pink 11
ruido noise 6
ruta route 13
rutina routine 6

• S •

sábado Saturday 3
   el sábado on Saturday PER II
   sábado pasado last Saturday PER II
saber to know (how, a fact) 4
sacar to take out 10; to withdraw (money) 12; to stick out (e.g., one's tongue) 14
   sacar fotos to take pictures 7
sala *m.* living room 4
salir to go out, to leave 3
salud *f.* health 10
   ¡Salud! Cheers! (a toast) 8
saludar to greet 1
salvadoreño *adj.* Salvadoran LP
sandalias sandals 11
sangre *f.* blood 9
secador de pelo *m.* hair dryer 9
secarse to dry off 6
seda silk 11
seguir (e → i, i) to pursue 5
según *adv.* according to 4
seguridad *f.* safety 5
seguro *adj.* sure 10; certain 13; *n.* insurance 14
seis six 2
selva jungle 13
selvático *adj.* jungle-like PER II
semana week 3
   semana pasada *adv.* last week 4
   Semana Santa Holy Week 9
sencillo *adj.* simple 13
sendero trail PER II
señor (Sr.) Mr., sir 1
señora (Sra.) Mrs., ma'am 1
señorita (Srta.) Miss 1
sentarse (e → ie) to sit down 10
sentido sense 15

sentir (e → ie, i) to be sorry 12
  Lo siento (mucho). I'm (very) sorry. 13
sentirse (e → ie, i) to feel 14
septiembre September 3
ser to be 1
servicio service 13
servir (e → i, i) to serve, to be of use 5
sesenta sixty 2
setenta seventy 2
sicología psychology 2
siempre *adv.* always 4
siete seven 2
siglo century 9
silla chair 13
sillón *m.* easy chair 13
simpático *adj.* nice 1
sin embargo nevertheless 5
sin que *conj.* without 13
sobre *adv.* about 4; *m.* envelope 9
sobrepoblación *f.* overpopulation 15
sobrina niece 4
sobrino nephew 4
socio partner PER I
sólo *adv.* only 15
soltero *adj.* single 4
sombrero hat 11
sopa soup 8
su(s) *adj.* his, her, your, its, their 2
sucio *adj.* dirty 13
suegra mother-in-law 4
suegro father-in-law 4
sueldo salary 5
sueño dream PER I
suéter *m.* sweater 6
sugerir (e → ie, i) to suggest 11
sur *m.* south LP
sustantivo noun LP

• T •
tacaño *adj.* stingy 3
tal vez *adv.* maybe, perhaps 11
talla size (clothing) 11
también *adv.* also, too 2
tampoco neither, not . . . either 9
tan...como as . . . as 10
tan pronto como *conj.* as soon as 13
tanto so much 13
  tanto / tanta...como as much . . . as 10

tantos / tantas...como as many . . . as 10
tarde *adv.* late 6
tarea homework 4
tarjeta card 9
  tarjeta postal postcard 9
taza cup 8
te *pron.* you (informal) 8
té *m.* tea 8
  té helado *m.* iced tea 8
tecnología technology 15
teléfono telephone 2
telenovela soap opera 5
televisor *m.* television set 13
  televisor a colores *m.* color TV set 2
temporada corta short time 12
temprano *adv.* early 6
tener to have 2
  tener calor to be hot 6
  tener éxito to be successful 10
  tener frío to be cold 6
  tener ganas de + infinitive to feel like 7
  tener hambre to be hungry 8
  tener miedo to be afraid 10
  tener náuseas to feel nauseated 14
  tener que + infinitive to have to 5
  tener razón to be right 4
  tener sed to be thirsty 8
  tener sueño to be sleepy 4
  tener suerte to be lucky 10
teleférico cable car PER II
terminar to finish 6
tía aunt 4
tiempo time 4; weather 6
tienda store 5
  tienda de ultramarinos grocery store (Spain) 10
tierra land 5
tintorería dry cleaner's 11
tío uncle 4
tipo type(s), kind(s) 7
  tipo de cambio rate of exchange 12
título title 1
toalla towel 13
tocar (qu) (un instrumento) to play (an instrument) 7; to touch 10
todavía *adv.* yet, still 5
  toda la mañana all morning PER II

todo *adv.* everything 4
todos all 3; **todos los días** every day 4
tomar to take, to drink 2
tomate *m.* tomato 8
tortilla potato omelette (Spain) 8
tos *f.* cough 14
trabajador(a) *adj.* hard-working 1
trabajador(a) social *m. / f.* social worker 5
trabajar to work 2
traer to bring 4
tráfico traffic 6
traje *m.* suit 11
  traje de baño *m.* swimsuit 9
trece thirteen 2
treinta thirty 2
tremendo *adv.* tremendous 6
tres three 2
triste *adj.* sad 4
tú *pron.* you (informal) 1
tu(s) *adj.* your 2

• U •
último *adj.* last 9
un a, an, one LP
  un poco a little 2
una a, an, one LP
  una vez *adv.* once 4
unas some LP
uno one 2
unos some LP
uruguayo *adj.* Uruguayan LP
usar to use 15
usted *pron.* you (formal) 1
ustedes *pron.* you 1

• V •
vamos a ver let's see 12
vaso glass (for water, milk) 8
vecino neighbor 8
vegetal *m.* vegetable 8
veinte twenty 2
vendedor(a) *m. / f.* salesperson 5
vender to sell 10
venezolano *adj.* Venezuelan LP
venir (e → ie, i) to come 3

venta sale 10
ver to see, to watch 3
verano summer 6
verbo verb LP
verdad correct, right 7; *f.* truth 11
verde *adj.* green 11
verdura vegetable 8
vestido dress 11
vestirse (e → i) to get dressed 6
viajar to travel 13
viaje *m.* voyage PER III; trip 13
vida life 5

videocasetera videocassette player (VCR) 2
viejo *adj.* old 1
viernes Friday 3
vino wine 8
   vino blanco white wine 8
   vino tinto red wine 8
violeta *adj.* lavender 11
visitar to visit 5
viudo *adj.* widowed 4
vivir to live 3
volver (o → ue) to return, to go back 5
vosotras *pron.* you (informal) 1
vosotros *pron.* you 1

vuelo flight 13
vuestro(a, as, os) *pron.* your 2

• Y •

y *conj.* and 1
yerno son-in-law 4
yo *pron.* I 1
yogur *m.* yogurt 7

• Z •

zanahoria carrot 10
zapato shoe 11
zoológico zoo 2

ÍNDICE

Photo Credits

p. 9, Jacques Brun / Photo Researchers; p. 16, Robert Frerck / Odyssey; p. 23, (left) Robert Frerck / Odyssey, (right) Ulrike Welsch; p. 66, (top) Robert E. Faemmrich / Tony Stone Image, Inc., (bottom) Larry Downing / SYGMA; p. 70, Bob Daemmrich / Stock Boston; p. 78, Bob Daemmrich / Stock Boston; p. 110, James M. Hendrickson; p. 123, (top) James M. Hendrickson, (bottom) K. Preuss / Image Works; p. 128, John Curtis / DDB Stock Photo; p. 138, Sportschrome East / West; p. 165, Robert Frerck / Odyssey; p. 178, Robert Frerck / Tony Stone Images, Inc.; p. 185, (top left) James M. Hendrickson, (top right) David Bryant / DDB Stock Photo, (bottom) Peter Menzel / Comstock; p. 190, "La familia," detail from the mural, "Chicano Time Trip," by Wayne Alaniz Healy and David Rivas Botello of the East Los Angeles Streetscapers, done for the Citywide Mural Project in Lincoln Heights, East Los Angeles, photo by Wayne Alaniz Healy, source: Timothy Drescher; p. 195, Stuart Cohen / Comstock; p. 197, Robert Frerck / Odyssey; p. 199, Paul Merideth / Tony Stone Images, Inc.; p. 205, Peter Menzel / Stock Boston; p. 219, Robert Frerck / Odyssey; p. 228, Cameramann International, Ltd.; p. 244, (top left) Bob Daemmrich / Stock Boston, (top right) Stuart Cohen / Comstock, (bottom left) Cameramann International, Inc., (bottom right) "Casa Nicaragua" by P. Rodríguez, Cathlyn Melloan / Tony Stone Images, Inc.; p. 248, Peter Menzel, Stock Boston; p. 270, Robert Frerck / Tony Stone Images, Inc.; p. 271, Comstock; p. 272, Bob Daemmrich / Stock Boston; p. 292, Robert Frerck / Tony Stone Images, Inc.; p. 298, (left) Cathlyn Melloan / Tony Stone Images, Inc., (right) M. Antman / The Image Works

Text Credits

p. 56 "Cómo sobrevivir la familia" reprinted from *El mexicano* newspaper, 2 Dec. 1992, Tijuana, México; p. 56 "Arma mortal" reprinted from *El mexicano* newspaper, 2 Dec. 1992, Tijuana, México; p. 65 "Perspectivas económicas" reprinted by permission of *Almanaque mundial* 1994; p. 67 "Caballeros para damas" and "Damas para caballeros" reprinted from *El Latino* newspaper, 5–12 Nov. 1993, San Diego, CA; p. 125 "U.S. Peace Corps" reprinted by permission of the U.S. Peace Corps, Washington, DC; p. 125 "UNICEF" reprinted by permission of Asociación UNICEF–España, Madrid, Spain; p. 125 "World Vision" reprinted from *World Vision Magazine,* Pasadena, CA; p. 144 "Budweiser" reprinted from *Más Magazine,* April 1993, Los Angeles, CA; p. 197 "Mejore su salud y alargue su vida con comida" reprinted from *Buen hogar* No. 20, 20 Sept. 1988 by permission of Editorial América, SA, Virginia Gardens Florida; p. 208 "Manzanas rellenas de helado" reprinted from *Hogar Práctico Magazine* No. 27, June 1992, Caracas, Venezuela; p. 215 "Levi" reprinted from *Imagen Magazine,* May 1992. San Juan, Puerto Rico; p. 246 "El ahorro es una forma da vida de los japoneses" *El periódico* USA, domingo, 13 de agosto de 1989; p. 282 "Cruz Roja" reprinted from *La República* newspaper, 3 Sept. 1992, San José, Costa Rica; p. 300 "La Costa Brava: un paraíso turístico de España" por Miriam del Bosque, *Réplica,* Año 1989, Edición No. 873, páginas 26-28.